W0047196

POTSDAM

Kunst, Architektur und Landschaft | Art, Architecture, and Landscape | Art, architecture et paysage

POTSDAM

Herausgegeben von | Edited by | Sous la direction de **Rolf Toman**
Fotografien von | Photographs by | Photographies de **Achim Bednorz**

Texte von | Text by | Textes de **Barbara Borngässer**
Produziert von | Produced by | Réalisation de **Thomas Paffen**

h.f.ullmann

INHALT

Arkadischer Traum und preußische Wirklichkeit – Potsdam und seine Kulturlandschaft

Residenz und Rückzugsort – Schlösser und Gärten von Sanssouci

CONTENTS

Arcadian Dream and Prussian Reality—Potsdam and Its Cultural Landscape

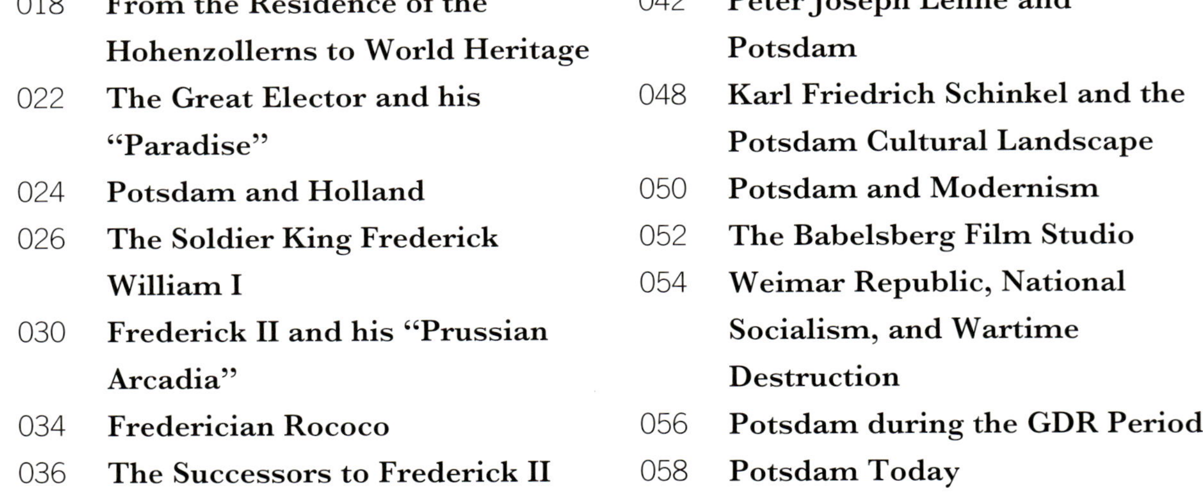

Royal Residence and Retreat—The Palaces and Gardens of Sanssouci

Landscape as a Painting—The Neuer Garten and Its Buildings

A Wreath of Palaces—Potsdam and Its Environs

From Garrison to City of Culture—The City of Potsdam

SOMMAIRE

Rêve arcadien et réalité prussienne – Potsdam et son paysage culturel

Résidence et lieu de retraite – Palais et parcs de Sans-Souci

Arkadischer Traum und
preußische Wirklichkeit

Potsdam und seine Kulturlandschaft

Arcadian Dream
and Prussian Reality

Potsdam and Its Cultural Landscape

Rêve arcadien et
réalité prussienne

Potsdam et son paysage culturel

Von der Hohenzollern-Residenz zur Welterbestätte | From the Residence of the Hohenzollerns to World Heritage | De la résidence des Hohenzollern au Patrimoine mondial de l'humanité

»Daz gantze eyland muß ein paradeys werden ...«, dies riet der niederländische Feldmarschall Moritz von Nassau seinem Freund, dem Großen Kurfürsten, als dieser das Havelstädtchen Potsdam zur brandenburgischen Residenz erhob. Und tatsächlich begründete die umfassende, an holländischen Vorstellungen orientierte Raumplanung Friedrich Wilhelms die einzigartige Potsdamer Kulturlandschaft. In der zweiten Hälfte des 17. Jahrhunderts konzipiert, wurde sie im 18. Jahrhundert großartig ausgestaltet und im 19. Jahrhundert romantisch neu interpretiert. Seit 1990 darf sich das vom Wasser gerahmte Schlösser- und Gartenreich Weltkulturerbe nennen.

993 als »Poztupimi« gegründet und 1345 zur Stadt erhoben, erlebte Potsdam seine Glanzzeiten unter den Fürsten des Hauses Hohenzollern, die die Stadt nach dem Ende des Dreißigjährigen Kriegs herrschaftlich ausbauten. Sie waren es, die selbst entwerfend in die Stadtplanung und in die Gestaltung von Schlössern und Gärten eingriffen, deren philosophische wie musische Neigungen den preußischen Hof und die Residenz prägten.

"The whole island must become a paradise ..." This was the advice of the Dutch field-marshal Moritz von Nassau to his friend, the Great Elector, when the latter elevated Potsdam, a little town on the Havel, to the status of a royal residence in the state of Brandenburg. And indeed, it was Frederick William's comprehensive spatial planning scheme, based on Dutch ideas, that established the unique cultural landscape of Potsdam. Devised in the second half of the 17th century, it was magnificently developed in the 18th century and reinterpreted in Romantic terms in the 19th century. Since 1990, this realm of palaces and gardens, framed by water, has been designated a World Heritage Site.

Founded as "Poztupimi" in 993 and granted a town charter in 1345, Potsdam experienced its heyday under the princes of the house of Hohenzollern, who extended the city in lordly style after the end of the Thirty Years War. It was they who intervened as designers in the urban planning and the layout of palaces and gardens, they whose inclinations, both philosophical and artistic, characterized the Prussian court and the royal residence.

▷ Carl Blechen, Das Palmenhaus auf der Pfaueninsel, 1832–34

Carl Blechen, The Palm House on the Pfaueninsel, 1832–34

Carl Blechen, La maison des palmiers sur l'île aux Paons, 1832-1834.

▽ Karl Christian Wilhelm Baron, Blick vom Klausberg auf das Neue Palais, 1775

Karl Christian Wilhelm Baron, View of the Neues Palais from the Klausberg, 1775

Karl Christian Wilhelm Baron, Vue de la Klausberg sur le Nouveau Palais, 1775.

« Toute l'île doit devenir un paradis... », conseilla le feld-maréchal Moritz von Nassau à son ami, le Grand Électeur, lorsque celui-ci éleva Potsdam, une petite ville des bords de la Havel, au statut de résidence royale du Brandebourg. Et de fait, le vaste plan d'aménagement du territoire de Frédéric Guillaume, inspiré du modèle hollandais, est à l'origine du paysage culturel unique de Potsdam. Conçu au cours de la seconde moitié du XVIIe siècle, il fut magnifiquement agencé au XVIIIe siècle et réinterprété romantiquement au cours du XIXe siècle. En 1990, ce domaine de palais et de parcs entouré d'eau fut intégré au Patrimoine mondial de l'humanité.

Potsdam, fondé en 993 sous le nom de « Poztupimi » et élevé au rang de ville en 1345, connut son ère de splendeur sous les princes de la Maison des Hohenzollern qui l'aménagèrent majestueusement à la fin de la Guerre de Trente Ans. Ils intervinrent personnellement dans la conception de la ville, des palais et des jardins, et leur penchant pour la philosophie et la musique marqua de son empreinte la cour de Prusse et la résidence.

Das Zusammenspiel von Fürst und Künstler wurde legendär: Friedrich II. fand in dem Architekten Georg Wenzeslaus von Knobelsdorff, dem Maler Antoine Pesne, den Bildhauern Johann Michael und Johann Christian Hoppenhaupt ideale Partner – das »friderizianische Rokoko« trägt nicht umsonst seinen Namen. Eine ähnliche Seelenverwandtschaft dürfte im 19. Jahrhundert zwischen Friedrich Wilhelm III., Friedrich Wilhelm IV. und dem genialen Gartenbaumeister Peter Joseph Lenné bestanden haben: Gemeinsam mit den Architekten um Karl Friedrich Schinkel und Ludwig Persius verwandelte dieser die weitläufige Havellandschaft in ein »meilengroßes, lebendes Landschaftsgemälde«, wie es die antikenbegeisterten Fürsten imaginierten.

Das späte 19. Jahrhundert verschob die Akzente: Potsdam entwickelte sich zum Forschungs- und Industriestandort. Davon zeugt, weithin sichtbar, der Telegraphenberg, der bis heute wegweisende Einrichtungen der Astrophysik vereint. 1920/21 wurde er durch den emblematischen Einsteinturm von Erich Mendelsohn bekrönt, einer, wenn nicht der Inkunabel der Baukunst des frühen 20. Jahrhunderts. Den Ruhm der Medienstadt Babelsberg/Potsdam tragen seit 1911 die Babelsberger Filmstudios in die Welt – über unterschiedliche Herrschaftssysteme hinweg.

Gezeichnet von den Folgen des 2. Weltkriegs, lädiert durch die Prämissen sozialistischen Städtebaus, der meinte, das feudale preußische Erbe ausradieren zu müssen, ist Potsdam nun auf dem Weg zu neuem altem Glanz. Die Stadt ist aus ihrem Dornröschenschlaf erwacht: Anspruchsvolle zeitgenössische Architektur verbindet sich mit der Wiederfindung der verlorenen Mitte, für die die Rekonstruktion des barocken Stadtschlosses als Sinnbild steht.

The interaction between prince and artists became legendary: Frederick II found ideal partners in the architect Georg Wenzeslaus von Knobelsdorff, the painter Antoine Pesne, the sculptors Johann Michael and Johann Christian Hoppenhaupt—it is not for nothing that the "Frederician Rococo" bears its name. A similar congeniality seems to have existed in the 19th century between Frederick William III, Frederick William IV, and the brilliant master landscaper Peter Joseph Lenné: together with the architects in the circle of Karl Friedrich Schinkel and Ludwig Persius, Lenné transformed the spacious Havel landscape into a "mile-wide, living landscape painting," as the princes, those enthusiasts for classical antiquity, imagined it.

The late 19th century saw a shift in emphasis take place. Potsdam developed into a center of research and industry. The Telegraphenberg, visible for miles around, which to this day unites pioneering geophysical and astrophysical devices, attests to this. In 1920/21 it was crowned by Erich Mendelsohn's Einstein Tower, perhaps the outstanding incunabulum of early-20th-century architecture. Since 1911, spanning diverse systems of government, the Babelsberg film studios have spread the fame of Babelsberg/Potsdam as a media city throughout the world.

Ravaged by the consequences of World War II, battered by the principles of Socialist urban planners who saw it as their aim to erase its feudal Prussian heritage, Potsdam is now on its way to a renewal of its old splendor. This Sleeping Beauty of a city has awakened from its long slumber. Ambitious contemporary architecture is linked with the rediscovery of the city's lost center, symbolized by the reconstruction of the Baroque Stadtschloss, the city palace.

L'action conjuguée du prince et des artistes devint légendaire. Le roi s'entoura des partenaires idéaux : l'architecte Georg Wenzeslaus von Knobelsdorff, le peintre Antoine Pesne, les sculpteurs Johann Michael et Johann Christian Hoppenhaupt – ce n'est pas un hasard si le « rococo frédéricien » porte son nom. Une affinité similaire semble avoir existé entre Frédéric Guillaume III, Frédéric Guillaume IV et le génial paysagiste Peter Joseph Lenné. En collaboration avec les architectes autour de Karl Friedrich Schinkel et Ludwig Persius, Lenné métamorphosa le vaste paysage de la Havel en un « tableau paysager vivant s'étirant sur des lieues », tel que se l'imaginaient les princes épris de l'Antiquité.

La fin du XIXe siècle marqua une grande évolution : Potsdam devint un site de recherche et d'industrie. On en veut pour témoin la Telegraphenberg, le très visible mont du Télégraphe, qui, aujourd'hui encore, abrite des installations d'astrophysique. En 1920-1921, il fut couronné par la tour Einstein, d'Erich Mendelsohn, un incunable, pour ne pas dire l'incunable de l'architecture du début du XXe siècle. Les studios de cinéma de Babelsberg propagent depuis 1911 la renommée de Babelsberg/Potsdam, la ville des médias, de par le monde – au-delà des différents gouvernements.

Marqué par les conséquences de la Seconde Guerre mondiale et enlaidi par les prémisses de l'urbanisme socialiste qui entendait faire table rase de l'héritage féodal prussien, Potsdam est désormais sur la voie de la renaissance de sa gloire passée. La ville s'est réveillée de son sommeil de Belle au bois dormant : une architecture contemporaine ambitieuse va de pair avec la redécouverte du centre-ville symbolisée par la reconstruction du palais baroque de la ville.

Fernsichten, Sichtachsen
Die Potsdamer Kulturlandschaft ist wie ein überdimensionales Gemälde konzipiert: Über Wasserläufe und Parkgelände hinweg verbinden kilometerlange Sichtachsen die einzelnen Monumente. Hier der Blick vom Marmorpalais im Neuen Garten auf die Kuppel der Nicolaikirche (ca. 2 km), das Schloss auf der Pfaueninsel (ca. 5 km) und das Grüne Haus am Ufer des Heiligen Sees (ca. 700 m).

Clear Views, Visual Axes
The cultural landscape of Potsdam is designed in the manner of a colossal painting. Across miles of watercourses and expanses of parkland, visual axes link individual structures. Here we see the view from the Marmorpalais in the Neuer Garten of the dome of the Nikolaikirche (c. 2 km), the castle on the Pfaueninsel (c. 5 km), and the Grünes Haus on the banks of the Heiliger See (c. 700 m).

Perspectives, axes de vue
Le paysage culturel de Potsdam est conçu comme un gigantesque tableau : des axes de vue de plusieurs kilomètres de long relient les différents monuments entre eux, au-delà des cours d'eau et des étendues du parc. Ici, la vue, dans le Nouveau Jardin, sur le dôme de l'église Saint-Nicolas (environ 2 km), le château de l'île aux Paons (environ 5 km) et la Maison Verte, sur la berge du lac Sacré (environ 700 m).

Der Große Kurfürst und sein »Paradies« | The Great Elector and his "Paradise" | Le Grand Électeur et son paradis

Seiner Vorliebe für die Jagd ist es zu verdanken, dass Friedrich Wilhelm, der Große Kurfürst, Potsdam und die umliegenden Güter aus der Hand märkischer Adliger auslöste, um, neben Berlin, eine zweite Hohenzollernresidenz zu errichten. Als erste Maßnahme begann 1662 der Ausbau des vierflügeligen Stadtschlosses über den Ruinen einer älteren Burganlage; die Pläne dazu lieferte Johann Gregor Memhardt, der seinerseits auf Entwürfe des niederländischen Architekten Jacob von Campen zurückgriff.

Mehr als für das neue Schloss begeisterte sich der Große Kurfürst allerdings für Gartenkunst und Landschaftsgestaltung. Nach dem Ende des Dreißigjährigen Kriegs waren auf diesem Gebiet holländische Meister führend. Durch seine engen Beziehungen zu den Niederlanden – Friedrich Wilhelm hatte seine Studienjahre in Leiden verbracht und mit Luise-Henriette von Oranien eine Holländerin geheiratet – war der Kurfürst mit den modernsten Entwicklungen im Städte- und Landschaftsbau vertraut.

Als unmittelbares Vorbild für die Potsdamer Anlagen gilt das niederrheinische Residenzstädtchen Kleve, wo Johann Moritz von Nassau-Siegen, Statthalter des Hohenzollern, Mitte des 17. Jahrhunderts eine ausgreifende Landschaftskonzeption verwirklicht hatte. Johann Moritz war es dann auch, der seinem Freund für das von Wasser umschlungene Potsdam riet, »Daz gantze eyland muß ein paradeys werden ...«.

Mithilfe des Gartenarchitekten Dietrich van Langelaer und holländischer »Planteure«, Pflanzmeister, war bereits 1660 mit der Gestaltung des schachbrettartigen Lustgartens vor dem Schloss begonnen worden, wenig später entstanden die baumbestandenen Alleen, die zu einem Kranz von Aussichtspunkten und Lustschlössern führten, so nach Glienicke, Golm, Caputh, zur Fasanerie und zum heutigen Pfingstberg. Nicht alle Projekte konnten realisiert werden. In seinen barocken Formen erhalten ist lediglich das Schloss Caputh am Schwielow- und Templiner See.

It was his love of hunting that induced Frederick William, the Great Elector, to release Potsdam and the surrounding estates from the hands of the Brandenburg nobility, in order to construct a Hohenzollern royal residence second only to Berlin. The first step was taken in 1662 with the extension of the four-wing Stadtschloss beyond the ruins of an older palace complex. The plans were created by Johann Gregor Memhardt, who himself was influenced by the designs of the Dutch architect Jacob von Campen.

Even more than the new palace, admittedly, it was landscape gardening and design that aroused the enthusiasm of the Great Elector. Here, after the end of the Thirty Years War, Dutch masters led the field. Thanks to his close connection with the Netherlands—Frederick William had spent his student years at Leiden and had married a Dutch princess, Louise Henriette of Orange—the Elector was familiar with the most recent developments in urban and landscape design.

The direct model for the Potsdam complexes is considered to be Kleve in the Lower Rhine region, a former royal residence, where Johann Moritz of Nassau-Siegen, the Hohenzollern governor, had realized a far-reaching landscape concept. It was Johann Moritz, too, who advised his friend on the waterlocked city of Potsdam, "The whole island must become a paradise...".

With the help of the landscape gardener Dietrich van Langelaer and Dutch "planteurs," or tree-masters, work had begun as early as 1660 on the design of the chessboard-like pleasure garden in front of the palace. A little later, the tree-lined avenues were created which led to a circle of observation points and summer palaces, such as Glienicke, Golm, and Caputh, to the Pheasantry, and to the Pfingstberg of the present day. Not all these projects could be realized. Only Caputh Palace, by the Schwielow and Templin lakes, is preserved today in its Baroque form.

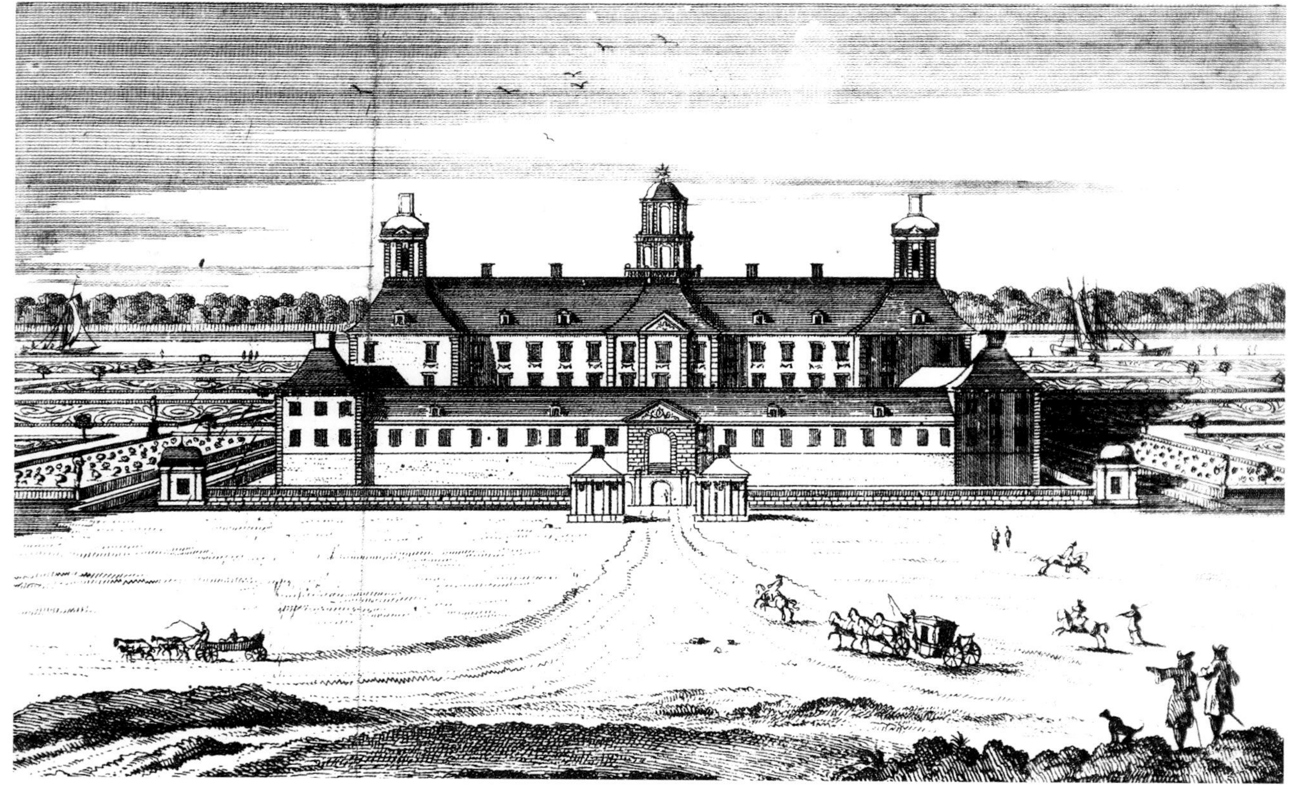

◁ Unbekannter Künstler, Stadtschloss von der Landseite aus gesehen, Stich aus: John Toland, Relation von den Königlichen Preußischen Höfen..., Frankfurt 1706

Unknown artist, The Stadtschloss seen from the land side, print from John Toland, *Relation von den Königlichen Preußischen Höfen...*, Frankfurt 1706

Artiste inconnu, Le château de ville vu de la campagne, gravure extraite de : John Toland, *Relation von den Königlichen Preußischen Höfen...* Francfort 1706.

C'est sa passion pour la chasse qui incita Frédéric Guillaume, le Grand Électeur, à libérer Potsdam et les domaines environnants de l'emprise de la noblesse du Brandebourg pour, en plus de Berlin, y aménager une seconde résidence des Hohenzollern. Dans un premier temps, il ordonna, en 1662, la construction du palais de la ville et de ses quatre ailes sur les ruines d'un ancien château. Johann Gregor Memhardt s'inspira des esquisses de l'architecte néerlandais Jacob von Campen pour en dessiner les plans.

Le Grand Électeur se passionnait toutefois davantage pour le jardinage et l'aménagement du paysage que pour le nouveau palais lui-même. À la fin de la Guerre de Trente Ans, les maîtres hollandais étaient à la pointe dans ce domaine. Grâce à ses étroites relations avec les Néerlandais – Frédéric Guillaume avait fait ses études à Leiden et épousé une Hollandaise, Louise-Henriette d'Orange –, le Grand Électeur s'était familiarisé avec les évolutions les plus modernes dans les domaines de l'urbanisme et du paysage.

Kleve, une petite ville de résidence du Bas-Rhin, était considérée comme le modèle direct des domaines de Potsdam. Johann Moritz von Nassau-Siegen, le gouverneur des Hohenzollern, y avait réalisé, au milieu du XVIIe siècle, un vaste concept paysagiste. C'est lui qui, d'ailleurs, avait conseillé à son ami de faire de Potsdam, la ville entourée d'eau : « Toute l'île doit devenir un paradis. »

L'aménagement du jardin d'agrément en forme d'échiquier devant le palais commença dès 1660, à l'aide de l'architecte paysagiste Dietrich van Langelaer et de « planteurs » hollandais, des spécialistes des plantes. Peu après furent réalisées les allées bordées d'arbres qui mènent à des points de vue disposés en couronne et à des châteaux de plaisance, comme, par exemple, Glienicke, Golm, Caputh, la Faisanderie et l'actuelle Pfingstberg. Tous les projets ne furent toutefois pas menés à bien. Seul le château de Caputh, sur les rives des lacs de Schwielow et de Templin, existe encore dans sa forme baroque.

△ Wilhelm Frederik van Royen, Zwergsäger auf der Havel, im Hintergrund die älteste Darstellung von Caputh, um 1670/75

Wilhelm Frederik van Royen, Smew (Mergellus albellus) on the Havel, in the background the oldest depiction of Caputh, c. 1670/75

Wilhelm Frederik van Royen, Harlepiette sur la Havel, en arrière-plan, la plus ancienne représentation de Caputh, vers 1670/1675.

◁ Pieter Nason, Der Große Kurfürst und seine Gemahlin Luise Henriette, 1666

Pieter Nason, The Great Elector and his consort Luise Henriette, 1666

Pieter Nason, Le Grand prince électeur et son épouse, Luise Henriette, 1666.

Potsdam und Holland | Potsdam and Holland | Potsdam et la Hollande

Das Haus Hohenzollern, das von 1415 bis 1918 die Geschicke Brandenburgs und Preußens lenkte, war eng mit Holland verbunden, eine Beziehung, die sich in politischen Allianzen, gesellschaftlichen Reformen und künstlerischem Austausch niederschlug. Hatte bereits der Große Kurfürst niederländische Baumeister und Gartenarchitekten nach Potsdam geholt, um das Stadtschloss und seine Umgebung nach modernen Gesichtspunkten gestalten zu lassen, so folgten seine Nachfolger diesem Vorbild. Friedrich I., der nach seiner Krönung zum »König in Preußen« Potsdam neuen Glanz zu verleihen trachtete, berief den in Frankreich, Holland und England ausgebildeten Architekten Jean de Bodt, der u. a. das Fortunaportal schuf (heute weitgehend rekonstruiert und versetzt). Das überkuppelte und mit Skulpturen geschmückte Tor bildete nun den glanzvollen Auftakt zu der älteren Vierflügelanlage des Schlosses.

Friedrich Wilhelm I., dem »Soldatenkönig«, lagen vor allem der Ausbau Potsdams zur Garnison und die Förderung der preußischen Wirtschaft am Herzen. Planmäßig angelegte neue Stadtviertel boten den Soldaten Wohnraum, ein wie eine Gracht angelegter Kanal diente dem Transport von Gütern. Mit ihrem knapp 90 Meter hohen Turm und dem Glockenspiel erhielt die Garnisonkirche einen holländischen Akzent. Für die angeworbenen niederländischen Handwerker ließ er ab 1737 das Holländische Viertel anlegen, das mit seinen typisierten Ziegelhäusern modernsten städtebaulichen Vorstellungen entsprach. Mit Jan Boumann d. Ä. zeichnete auch hier ein niederländischer Architekt verantwortlich. Von den wenigen Schlossbauten, die unter Friedrich Wilhelm I. entstanden, sei das Jagdschloss Stern erwähnt, ein eher bescheiden anmutendes Ziegelgebäude inmitten eines achtstrahligen Jagdsterns. Auch hier standen holländische Bürgerhäuser Pate.

The house of Hohenzollern, which guided the destinies of Brandenburg and Prussia from 1415 to 1918, was closely linked with Holland, a relationship that was reflected in political alliances, social reforms, and artistic exchange. The Great Elector had already brought Dutch architects and landscape gardeners to Potsdam to design the Stadtschloss and its environs in accordance with modern perspectives, and his successors followed his example. Frederick I, who after his coronation as "King in Prussia" sought to lend new splendor to Potsdam, summoned Jean de Bodt, who had trained as an architect in France, Holland, and England. Among other structures, he created the Fortuna Portal (today largely reconstructed and relocated). This arch, crowned with a cupola and adorned with sculptures, was to form the splendid introduction to the older, four-winged palace complex.

Frederick William I, the soldier king, was particularly concerned with the extension of Potsdam as a garrison and with the promotion of the Prussian economy. Systematically designed new urban districts offered living space to the soldiers, and an urban canal served for the transport of goods. Its barely 90-meter-high tower and carillon lent the Garrison Church a Dutch character. From 1737, Frederick William had the Dutch Quarter designed for the Dutch craftsmen he had enlisted. With its stylized red-brick houses, it conformed to the most modern ideas in urban planning. Here, too, a Dutch architect, Jan Boumann the elder, was responsible. Of the few mansion buildings created under Frederick William I, we will mention the Stern (Star) Hunting Lodge, a rather unpretentious brick building in the center of an eight-pointed, star-shaped hunting ground. Here too, the inspiration came from Dutch town houses.

◁ Cornelius van den Bosch, Jagdschloss Stern, 1730–32

Cornelius van den Bosch, Stern Hunting Lodge, 1730–32

Cornelius van den Bosch, Le pavillon de chasse de Stern, 1730-1732.

La maison des Hohenzollern qui, de 1415 à 1918, guida la destinée du Brandebourg et de la Prusse, était étroitement liée à la Hollande. Cette relation avait des retombées sous la forme d'alliances politiques, de réformes sociales et d'échanges artistiques. Le Grand Électeur avait fait venir à Potsdam des maîtres d'œuvre et des architectes paysagistes néerlandais pour travailler à une conception moderne du palais de la ville et de son environnement. Ses successeurs suivirent son exemple. C'est ainsi que Frédéric Ier, qui, après son couronnement en tant que «Roi en Prusse», aspirait à donner à Potsdam une nouvelle gloire, fit venir Jean de Bodt, un architecte formé en France, en Hollande et en Angleterre qui avait notamment érigé le portail Fortuna (en grande partie reconstruit et déplacé aujourd'hui). On franchissait alors cette magnifique porte surmontée d'une coupole et décorée de sculptures pour accéder à l'ancien domaine des quatre ailes du château.

Frédéric Guillaume Ier, le «roi soldat», tenait surtout à faire de Potsdam une ville de garnison et à promouvoir l'économie prussienne. Il fit loger les soldats dans de nouveaux quartiers aménagés à cet effet. Le transport de fret se faisait par un canal inspiré des canaux urbains hollandais. Avec sa tour de près de 90 mètres de haut dotée d'un carillon, l'église de la garnison arborait un accent hollandais. À partir de 1737, Frédéric Guillaume Ier fit construire pour les artisans venus des Pays-Bas le Quartier Hollandais qui, avec ses maisons de brique standardisées, répondait pleinement aux conceptions urbanistiques modernes. Un architecte néerlandais, Jan Boumann l'Ancien, en dessina les plans. Parmi les rares châteaux construits par Frédéric Guillaume Ier, il convient de citer le pavillon de chasse de Stern, un bâtiment de brique d'apparence modeste au centre d'une étoile à huit branches, lui aussi inspiré par les maisons bourgeoises hollandaises.

△ Antoine Pesne, König Friedrich I. von Preußen auf dem Thron, vor 1713

Antoine Pesne, King Frederick I of Prussia on the throne, before 1713

Antoine Pesne, Le roi Frédéric Ier de Prusse sur le trône, avant 1713.

◁ Häuserfassaden im Holländischen Viertel, ab 1737

House façades in the Dutch Quarter, after 1737

Façades de maison dans le Quartier Hollandais, à partir de 1737.

Der Soldatenkönig Friedrich Wilhelm I. | The Soldier King Frederick William I | Le roi soldat Frédéric Guillaume Ier

Als Friedrich Wilhelm I. seinem Vater Friedrich I. 1713 auf dem Thron folgte, übernahm er die Herrschaft über ein wirtschaftlich marodes Reich. Dem verschwenderisch-höfischen Lebensstil seiner Eltern setzte er eine militärisch-spartanische Haltung gegenüber, die er gleichermaßen allen Untertanen abverlangte. Pragmatisch denkend und dem Pietismus nahestehend, sah er seine Hauptaufgaben in der Förderung der Wirtschaft und dem Ausbau der Militärmacht Preußens. Seine religiöse Grundhaltung machte ihn offen für soziales Engagement. Künstlerische Belange berührten ihn dagegen kaum, auch die Wissenschaften förderte er nur in äußerst begrenztem Rahmen.

Mit strengen Sparmaßnahmen, mit eiserner Wirtschafts- und Siedlungspolitik gelang es Friedrich Wilhelm I., die Staatsfinanzen zu sanieren und seinem Land zu Stabilität und Wachstum zu verhelfen. Die ganze Liebe des Soldatenkönigs galt indes der Armee und insbesondere den »Langen Kerls«, jungen, mehr als 1,88 Meter messenden Männern, die er im In- und Ausland »sammelte«, d. h. für erhebliche Summen erwarb oder auch als »Geschenk« überantwortet bekam. Sie schienen am besten geeignet, mit dem neuen Vorderlader, dem Füsil, zu hantieren. Seinem eigenen Sohn, dem späteren Friedrich II., dem Großen, brachte er nur wenig Verständnis entgegen: Im Sinne »preußischer Tugenden« mit Härte erzogen, widersetzte sich der eher feinsinnige und künstlerisch ambitionierte Thronfolger den Heiratsplänen seines Vaters und floh mithilfe seines Vertrauten, des Leutnants Hans Hermann von Katte, aus Preußen. Das Vorhaben misslang, Friedrich wurde zwei Jahre in der Festung Küstrin an der Oder arrestiert, von Katte dort vor den Augen seines Freundes hingerichtet. Bald versöhnte sich Friedrich jedoch mit seinem strengen Vater.

When Frederick William I succeeded his father Frederick I to the throne in 1713, he took on the rule of an economically ailing realm. He opposed a military, Spartan attitude, which he also demanded of all his subjects, to the spendthrift, courtly lifestyle of his parents. A pragmatic thinker with a leaning toward Pietism, he saw as his chief tasks the promotion of the economy and the expansion of Prussia's military power. His religious stance made him open to social commitment. Artistic concerns, on the other hand, hardly affected him, and it was only in a very limited context that he supported the sciences.

By means of severe cost-cutting and drastic economic and settlement policies, Frederick William I succeeded in restoring the state's finances and leading his country toward stability and growth. However, all the soldier king's passion was devoted to the army, and in particular to the Lange Kerls or Tall Fellows, young men over 1.88 meters in height, whom he "collected" at home and abroad, that is, acquired for substantial sums, or who were sent to him as gifts. They seemed the best suited to handle the new fusils, or muzzle-loading guns. He had little understanding to offer his own son, the later Frederick II (the Great): Given a harsh education based on "Prussian virtues," this comparatively sensitive and artistically ambitious successor to the throne opposed his father's marriage plans for him and fled Prussia with the help of his confidant, Lieutenant Hans Hermann von Katte. His plan failed, and he was detained for two years in the fortress of Küstrin on the Oder, where Katte was executed before the eyes of his friend. But soon Frederick was reconciled with his severe father.

Antoine Pesne, Bildnis Friedrich Wilhelms I., des Soldatenkönigs, um 1733

Antoine Pesne, Portrait of Frederick William I, the Soldier King, c. 1733

Antoine Pesne, tableau représentant Frédéric Guillaume Ier, le roi soldat, vers 1733.

△ Langer Kerl, nach einem Gemälde von Johann Christoph Merck, 1. Hälfte 18. Jh.

"Langer Kerl," after a painting by Johann Christoph Merck, first half of the 18th century

« Langer Kerl », sur un tableau de Johann Christoph Merck, première moitié du XVIIIe siècle.

▷ Die unter dem Soldatenkönig erbaute Garnisonkirche in Potsdam, Ausschnitt aus dem Gemälde von Carl Hasenpflug, 1827

The Garrison Church in Potsdam built under the Soldier King, detail of the painting by Carl Hasenpflug, 1827

L'église de la garnison, construite à Potsdam sous le roi soldat, détail d'un tableau de Carl Hasenpflug, 1827.

Lorsque, en 1713, Frédéric Guillaume Ier succéda à son père, Frédéric Ier, sur le trône de Prusse, il reprit les rênes d'un empire en piteux état économique. Au style de vie dispendieux de ses parents à la cour, il opposa une attitude militaire spartiate qu'il exigea de tous ses sujets. Penseur pragmatique avec un fort penchant pour le piétisme, il se donna comme tâche principale la promotion de l'économie prussienne et le renforcement de la puissance militaire de la Prusse. De par sa piété, c'était un homme favorable à l'engagement social. Il n'était en revanche guère sensible à l'art et n'œuvra à la promotion des sciences que du bout des lèvres.

Ses mesures de restriction strictes et sa politique économique et de colonisation sans faille permirent à Frédéric Guillaume Ier de redresser les finances de l'État et de remettre le pays sur la voie de la stabilité et de la croissance. Le roi soldat vouait toute son affection à l'armée, et en particulier aux «Langen Kerls», des jeunes hommes de plus de 1,88 mètre qu'il «recueillait» dans le pays et à l'étranger, c'est-à-dire qu'il les acquérait pour des sommes importantes ou les recevait en «cadeau». Ceux-ci semblaient être plus aptes au maniement du fusil, une nouvelle arme à feu qui se chargeait par la bouche. Il ne montra que peu de compréhension envers son fils, le futur Frédéric II le Grand. Élevé à la dure conformément aux «vertus prussiennes», ce successeur au trône plutôt fin et versé dans l'art s'opposa aux plans de mariage de son père et tenta de fuir la Prusse avec l'aide de son confident, le lieutenant Hans Hermann von Katte. Frédéric fut enfermé pendant deux ans dans le château de Küstrin sur l'Oder et von Katte fut exécuté sous ses yeux. Frédéric se réconcilia toutefois rapidement avec son père d'une grande sévérité.

Von der Aufrüstung Preußens profitierte Potsdam in besonderem Maße: 1713 zur Garnison erklärt und fortan Standort von Eliteregiments wie den »Langen Kerls«, steigerte sich die Einwohnerzahl der Havelresidenz bald um das Siebenfache. Ab 1718 belieferte eine Gewehrfabrik ganz Preußen mit Kriegsgerät und schuf, neben den florierenden Woll- und Seidenmanufakturen, zahlreiche Arbeitsplätze. Wohnraum wurde knapp, und so erfolgte eine erste barocke Stadterweiterung bereits 1721/22, eine zweite 1734–44; Letztere umfasste auch die Gründung des Holländischen Viertels.

Für den Ausbau der neuen, über regelmäßigem Grundriss angelegten Viertel nördlich der Altstadt mussten Seen zugeschüttet und sumpfige Areale trockengelegt werden. Die zweigeschossigen, meist fünfachsigen Häuser, die dort entstanden, besaßen einheitliche Fassaden und bekrönende Zwerchhäuser; ihr Inneres war zweckmäßig unterteilt und bot Gruppen unverheirateter Soldaten Unterkunft. Ehepaare logierten in Kasernen mit Gemeinschaftsküchen. Kirchen, Schulen und ein Militärwaisenhaus dienten der Versorgung der Familien. Allerdings war auch hier das strenge Regiment des Königs deutlich spürbar: Eine 3,70 Meter hohe Akzisemauer umschloss die Stadt wie eine Festung, sie sicherte die Zollerhebung, sollte aber vor allem verhindern, dass die meist zwangsverpflichteten Soldaten und »Langen Kerls« desertierten.

Friedrich Wilhelm I. stellte für seine eigenen Aufenthalte in Potsdam keine Ansprüche: Bis auf das bescheidene Jagdschlösschen Stern ließ der Soldatenkönig keine repräsentativen Bauten errichten. Im Gegenteil: Er verkaufte einige seiner Schlösser und veräußerte deren Inventar, so auch das des Stadtschlosses. Den umgebenden Lustgarten verwandelte er in einen Exerzierplatz.

Potsdam benefited to a large degree from the Prussian arms build-up. The city by the Havel was declared a garrison in 1713 and henceforth became the headquarters for elite regiments such as the "Lange Kerls"—as a consequence, its population soon rose sevenfold. From 1718 an arms factory supplied all of Prussia with military equipment and, together with the flourishing wool and silk manufacturers, generated many jobs. Living space became scarce, and so a first Baroque extension of the city took place as early as 1721/22, and a second in 1734–44; the latter also included the foundation of the Dutch Quarter.

For the extension of the new districts north of the old city, which were based on a regular ground plan, lakes had to be filled in and swampy areas reclaimed. The two-story, mostly five-axis houses that were built there had uniform façades and were crowned by gable lucarnes; their interiors were systematically subdivided and offered accommodation to groups of unmarried soldiers. Married couples lodged in barracks with communal kitchens. Churches, schools, and a military orphanage catered to the needs of the families. Here too, admittedly, the strict rule of the King was clearly discernible: a 3.7-metre-high Customs and Excise wall surrounded the city like a fortress, to enable the collection of duties, but above all to prevent desertion by the mostly conscripted soldiers and "Lange Kerls."

Frederick William I made no demands for his own stays in Potsdam: apart from the modest little Stern hunting lodge, the soldier king commissioned no representative buildings. On the contrary, he sold some of his palaces and auctioned off their stock, including that of the Stadtschloss. He also transformed the surrounding pleasure garden into a parade ground.

Potsdam profita tout particulièrement de l'effort d'armement de la Prusse : devenue garnison en 1713, la résidence sur les bords de la Havel accueillit ensuite les régiments d'élite, comme les « Langen Kerls », et sa population fut bientôt multipliée par sept. À partir de 1718, une usine de fusils livra des équipements de guerre dans toute la Prusse et créa un grand nombre d'emplois, en plus de ceux des usines de laine et de soie. On agrandit une première fois la ville avec un quartier baroque, en 1721-1722, pour pallier le manque de logements, et du second agrandissement de la ville, entre 1734 et 1744, émergea le Quartier Hollandais.

La création de ce nouveau quartier imposa de remblayer des lacs et d'assécher des zones marécageuses. Ses maisons à deux étages arboraient des façades uniformes et étaient surmontées d'un pignon à fenêtre. La répartition des espaces intérieurs était prévue pour accueillir des groupes de soldats célibataires. Les couples logeaient dans des casernes avec cuisines communes. Les églises, les écoles et un orphelinat militaire subvenaient aux besoins des familles. Mais ici aussi, le roi exerçait un pouvoir autoritaire : un mur d'enceinte de 3,70 m de haut ceignait la ville comme une fortification, certes pour s'assurer le prélèvement des droits de douane, mais aussi pour éviter que les soldats et les « Langen Kerls », le plus souvent incorporés de force dans l'armée, ne désertent.

Frédéric Guillaume Ier n'exprimait aucune exigence au cours de ses propres séjours à Potsdam : le pavillon de chasse de Stern fut l'unique édifice de prestige qu'il fit construire. Au contraire : il vendit un certain nombre de ses propres châteaux et leur mobilier, ainsi que celui du palais de la ville, et fit transformer le jardin d'agrément en aire d'exercice.

Friedrich II. und sein »preußisches Arkadien« | Frederick II and his "Prussian Arcadia" | Frédéric II et son « Arcadie prussienne »

Unter Friedrich II. wandelte sich die spröde Garnison in eine glanzvolle Residenz, in der Künste und Wissenschaften florierten. Schon in Schloss Rheinsberg, Rückzugsort vor dem überstrengen Vater, hatte sich der musisch begabte Kronprinz ein »märkisches Arkadien« geschaffen, spielte Flöte, studierte Philosophie und Poesie und verfasste politische Abhandlungen. Rheinsberg war es auch, wo sich die lebenslange Freundschaft mit dem französischen Philosophen Voltaire vertiefte, der dem Preußen die Gedanken der Aufklärung nahebrachte.

Nach dem Ableben Friedrich Wilhelms I. bestieg Friedrich II. am 31. Mai 1740 den preußischen Thron. Nachdem ihm zunächst Schloss Charlottenburg als Regierungssitz diente, verfügte er ab 1743 den Ausbau der Residenz Potsdam. Mit dem Umbau des Stadtschlosses und der repräsentativen Neugestaltung der Innenstadt betraute er die bedeutendsten Künstler seiner Zeit, die Architekten Georg Wenzeslaus von Knobelsdorff und Johann Boumann d. Ä., den Bildhauer Friedrich Christian Glume, den Maler Antoine Pesne, die Dekorateure Johann August Nahl und Johann Christian Hoppenhaupt d. J. 1764 trat der Klassizist Carl Friedrich von Gontard in seine Dienste. Nicht immer zur Freude aller Beteiligten griff der König regelmäßig in die Planungen ein, lieferte eigene Skizzen. Wesentlich auf seine Vorstellungen zurück ging die Verschönerung der Stadt, deren Bürgerhäusern er kulissenhafte Fassaden vorblenden ließ – sie waren römischen und oberitalienischen Palästen nachempfunden, freilich in reduziertem Maßstab.

Auch Friedrich II. sorgte sich, wie sein Vater, um Militär und Wirtschaft: Das durch Kriege geschwächte Preußen suchte er mit dem Bau von Manufakturen und Arbeitersiedlungen zu stärken. Im Zuge dieses Wirtschaftsprogramms entstand nahe Potsdam die Weberkolonie Nowawes.

Under Frederick II, the unrefined garrison was transformed into a glittering capital where the arts and sciences flourished. At Rheinsberg Palace, his refuge from his excessively strict father, the artistically talented crown prince had already created a "Brandenburg Arcadia," where he played the flute, studied philosophy and poetry, and wrote political treatises. It was at Rheinsberg, too, that he developed his close lifelong friendship with the French philosopher Voltaire, who gave his Prussian friend an understanding of the ideas of the Enlightenment.

After the death of Frederick William I, Frederick II ascended the Prussian throne on May 31, 1740. His initial seat of government was Schloss Charlottenburg, but in 1743 he ordered that the royal residence at Potsdam should be expanded. He entrusted the rebuilding of the Stadtschloss and the impressive redevelopment of the inner city to the most important artists of his time, the architects Georg Wenzeslaus von Knobelsdorff and Johann Boumann the Elder, the sculptor Friedrich Christian Glume, the painter Antoine Pesne, and the interior designers Johann August Nahl and Johann Christian Hoppenhaupt the Younger. In 1764 the neoclassicist Carl Friedrich von Gontard entered his service. The King regularly intervened in the planning, delivering some sketches of his own, though not always to the delight of all those involved. The embellishment of the city was largely based on his ideas; he had façades similar to stage sets superimposed on the domestic architecture, in imitation of Roman and Upper Italian palaces, though on a reduced scale.

Like his father, Frederick II concerned himself with the military and the economy. Prussia had been weakened by war, and his aim was to strengthen it by building factories and setting up workers' settlements. In the course of this economic program, the weavers' colony of Nowawes came into being near Potsdam.

Weberhaus der Kolonie Nowawes, ab Mitte 18. Jh., Weberplatz in Babelsberg

Weavers' house at the Nowawes colony, from mid-18th century, Weberplatz in Babelsberg

Maison de tisserand de la colonie Nowawes, à partir du milieu du XVIIIe siècle, Weberplatz à Babelsberg.

Sous Frédéric II, la garnison peu avenante se métamorphosa en une somptueuse résidence dans laquelle s'épanouissaient les arts et les sciences. Le prince héritier, doué pour la musique, s'était déjà créé une «Arcadie de Brandebourg» dans le château de Rheinsberg, le lieu de retraite de son père d'une grande sévérité. Il y jouait de la flûte, étudiait la philosophie et la poésie, et il y rédigeait des études politiques. C'est également à Rheinsberg que s'approfondit son amitié à vie avec le philosophe français Voltaire, qui avait initié le Prussien aux idées des Lumières.

Frédéric II monta sur le trône de Prusse le 31 mai 1740, après la mort de Frédéric Guillaume II. Il établit dans un premier temps le siège de son gouvernement dans le palais de Charlottenburg, puis ordonna, à partir de 1743, l'agrandissement de la résidence de Potsdam. Il confia la transformation du palais et le réaménagement prestigieux du cœur de la ville aux artistes les plus en vue de son temps : les architectes Georg Wenzeslaus von Knobelsdorff et Johann Boumann l'Ancien, le sculpteur Friedrich Christian Glume, le peintre Antoine Pesne, les décorateurs, Johann August Nahl et Johann Christian Hoppenhaupt le Jeune. En 1764, le classiciste Carl Friedrich Gontard entra à son service. Le roi s'immisçait régulièrement dans les projets et proposait ses propres esquisses, pas toujours à la plus grande joie de tous les participants. L'embellissement de la ville doit toutefois beaucoup à ses idées. Il fit en effet revêtir les maisons bourgeoises de façades factices – inspirées des palais romains ou de l'Italie du Nord, naturellement à une échelle plus réduite.

Comme son père, Frédéric II prit à cœur les affaires économiques et militaires : il tenta de renforcer la Prusse affaiblie par la guerre en construisant des manufactures et des lotissements ouvriers. C'est ainsi que Nowawes, la colonie de tisserands près de Potsdam, fut créée dans le sillage de ce programme économique.

△ Antoine Pesne, Friedrich II., der Große, 1745

Antoine Pesne, Frederick II, the Great, 1745

Antoine Pesne, Frédéric II le Grand, 1745.

◁ Andreas Ludwig Krüger, Alter Markt mit »Vorhemdchen«, Rathaus, Obelisk und Palast Barberini, um 1775, Federzeichnung, Berlin SMB, Kupferstichkabinett

Andreas Ludwig Krüger, Alter Markt with »Vorhemdchen«, city hall, obelisk, and Barberini Palace, c. 1775, pen and ink drawing, Berlin SMB, Kupferstichkabinett

Andreas Ludwig Krüger, Vieux Marché, hôtel de ville, obélisque et palais Barberini, vers 1775, dessin à la plume, Berlin SMB, cabinet de gravures sur cuivre.

△ Johann Christoph Frisch, Friedrich II. und der Marquis d'Argens vor der Gruft auf der Terrasse von Sanssouci, Gemälde von 1802

Johann Christoph Frisch, Frederick II and the Marquis d'Argens in front of the tomb on the terrace at Sanssouci, painting of 1802

Johann Christoph Frisch, Frédéric II et le marquis d'Argens devant le caveau sur la terrasse de Sans-Souci, tableau de 1802.

▽ Johann Friedrich Meyer, Communs (Wirtschaftgebäude) am Neuen Palais, um 1770

Johann Friedrich Meyer, Communs (administrative buildings) at the Neues Palais, c. 1770

Johann Friedrich Meyer, Les Communs du Nouveau Palais, vers 1770.

Die Anlage von Schloss und Park Sanssouci gleicht einem Vermächtnis Friedrichs des Großen. Hier, wo er sich »frei von Sorgen« fühlte, lebte der König das bescheidene Leben eines Philosophen, musizierte und ging »ohne Gepränge« den Staatgeschäften nach. Sein Wunsch, auf der Terrasse des Weinbergschlosses bestattet zu werden, wurde erst 1991 Wirklichkeit.

Schloss Sanssouci, mit seinem privaten Charakter eher Maison de Plaisance als Schloss, wurde 1745–47 unter der Leitung von Georg Wenzeslaus von Knobelsdorff errichtet, der König selbst lieferte den Entwurf. Der breit gelagerte und mit einer Kuppel überhöhte Bau bildet den oberen Abschluss des künstlich angelegten Weinbergs und der umgebenden Parkanlagen, deren Bildprogramm die Weltanschauung des »Philosophen von Sanssouci« widerspiegelt und seinen Ruhm in Krieg und Frieden preist.

Seitlich der Terrassen erstrecken sich die Neuen Kammern (1747), die zunächst als Orangerie dienten, sowie die Große Bildergalerie (1755–63), die zu den frühesten öffentlich zugänglichen Museumsbauten gehörte. Staffagearchitekturen, wie der mahnende Ruinenberg (1748), der exotische »Teepavillon« (1755–64), der Antiken- und der Freundschaftstempel (nach 1768) oder das Belvedere auf dem Klausberg (1770–72) vervollkommneten das symbolträchtige Ensemble.

Aus repräsentativen Gründen, als Pendant zum privaten Weinbergschloss, ließ Friedrich 1763–69 das Neue Palais am westlichen Ende der großen Gartenachse erbauen. Es sollte der letzte und größte Schlossbau der preußischen Herrscher werden. Der weiträumigen, durch Annexe erweiterten Dreiflügelanlage stehen durch Säulenarkaden verbundene Communs (Wirtschaftsgebäude) gegenüber; in ihrer Größe und herrschaftlichen Inszenierung blieben sie einmalig.

Unter Friedrichs Nachfolgern erfuhr vor allem der Park von Sanssouci einschneidende Veränderungen.

Sanssouci, Blick von der großen Fontäne
auf Weinberg und Schloss, 1744

Sanssouci, View of the vineyard and palace
from the large fountain, 1744

Sanssouci, Vue de la Grande Fontaine sur
le vignoble et le château, 1744.

The complex of the palace and park of Sanssouci is, as it were, the legacy of Frederick the Great. Here, where he felt "free from cares," the King led the modest life of a philosopher, played music, and pursued state affairs "without ostentation." His wish to be buried on the terrace of the "vineyard palace" was not fulfilled until 1991.

Sanssouci, whose private character made it a maison de plaisance rather than a palace, was built from 1745 to 1747 under the direction of Georg Wenzeslaus von Knobelsdorff, to a design supplied by the King himself. The broadly based structure, heightened by a dome, forms the upper conclusion of the artificial vineyard and surrounding parklands, whose iconographic program reflects the world view of the "philosopher of Sanssouci" and celebrates his fame in war and peace.

The Neue Kammern (New Chambers) (1747), which initially served as an orangery, as well as the Great Picture Gallery (1755–63), which was among the earliest museum buildings open to the public, extend alongside the terraces. Decorative architecture such as the warning ruins of the Ruinenberg (1748), the exotic "Tea Pavilion" (1755–64), the Antique Temple and the Temple of Friendship (post-1768), and the Belvedere on the Klausberg (1770–72) completed the heavily symbolic ensemble.

For reasons of prestige, as a counterpart to the private vineyard palace, Frederick had the Neues Palais (New Palace) built in 1763–69 at the western end of the axis which structured the great park. It was to be the last and largest palace built by the Prussian rulers. Opposite the spacious three-wing complex, extended by means of annexes, stand the Communs or administrative buildings; they remain unique in their size and the grandeur of their staging.

Under Frederick's successors, it was above all the park at Sanssouci that was subjected to radical alterations.

Le domaine du château et du parc de Sans-Souci ressemble à un legs de Frédéric le Grand. Le roi menait, en cet endroit où il se sentait « libre de tout souci », la vie simple d'un philosophe. Il se consacrait à la musique et vaquait « sans pompe » aux affaires de l'État. Son souhait d'être enterré sur la terrasse du « palais des vignes » ne fut réalisé qu'en 1991. Le palais de Sans-Souci, qui, avec son caractère privé, tenait davantage de la maison de plaisance que du château, fut construit entre 1745 et 1747 sous la houlette de Georg Wenzeslaus von Knobelsdorff d'après des plans faits de la propre main du roi. Le bâtiment, érigé à l'extrémité de la vigne et surmonté d'un dôme, s'étire en largeur. Il domine le domaine dont le programme iconographique reflète la vision du monde du « philosophe de Sans-Souci » et célèbre sa gloire dans la guerre et dans la paix.

Les Nouvelles Chambres (1747), qui firent dans un premier temps office d'orangerie, s'étirent à côté des terrasses, ainsi que la Grande Galerie des tableaux (1755-1763) qui compta parmi les premiers bâtiments de musée ouverts au public. Des édifices décoratifs, comme la très évocatrice Ruinenberg (1748), l'exotique « pavillon de thé » (1755-1764), le Temple Antique et le Temple de l'Amitié (après 1768) ou le Belvédère sur la Klausberg (1770-1772), viennent compléter cet ensemble très symbolique.

Pour des raisons de prestige, Frédéric fit construire entre 1763 et 1769 le Nouveau Palais, à l'extrémité occidentale de l'axe principal du parc, en écho au palais privé des vignes. Ce devait être la plus importante et la dernière construction de palais du monarque prussien. À l'opposé des trois ailes du complexe et de ses annexes se trouvent les communs, reliés par des colonnes en arcades. Ils sont uniques de par leur taille et leur mise en scène impérieuse.

C'est surtout au parc de Sans-Souci que les successeurs de Frédéric apportèrent par la suite des modifications radicales.

Das friderizianische Rokoko | Frederician Rococo | Le rococo frédéricien

Die Innenräume von Sanssouci gehören zum Schönsten, was das deutsche Rokoko vorzuweisen hat, so im Weinbergschloss die von einer güldenen Sonne überstrahlte Bibliothek oder das so genannte Voltaire-Zimmer mit seiner bunten Vogelwelt, in den Neuen Kammern die Ovidgalerie, im Neuen Palais der Grottensaal oder die fantasievoll ausgestatteten Parade- und Wohnappartements des Hofes. Eine andere Saite des friderizianischen Rokoko wird im Chinesischen Teehaus angeschlagen: Die leidenschaftliche Bewunderung asiatischer Kunst, die Sehnsucht nach Exotik haben hier monumentalen Ausdruck gefunden. Der vollkommene Zusammenklang aller Gattungen ist Künstlern geschuldet, die zum Teil bereits in Rheinsberg, dem Rückzugsort des einstigen Kronprinzen, tätig waren: Zu ihnen zählen der Architekt Georg Wenzeslaus von Knobelsdorff, der Maler Antoine Pesne und der Bildhauer Friedrich Christian Glume; in Potsdam gesellten sich diesem Trio die Innenarchitekten und Dekorateure Johann August Nahl, Johann Michael Hoppenhaupt d. Ä. und Johann Christian Hoppenhaupt d. J. hinzu.

In geringerem, wenngleich nicht minder anmutigem Maße prägte das Rokoko die Fassaden friderizianischer Bauten: Hier ist vor allem die festlich-heitere Gartenfront des Weinbergschlosses zu nennen, die mit Paaren bacchischer Hermen gegliedert ist. Sie verweisen einmal mehr auf die Unbeschwertheit und Naturnähe des Ortes. Der sanft ausschwingende überkuppelte Mittelrisalit leitet elegant in die ebenfalls geschwungenen Weinbergterrassen über. Einige repräsentative Bauten in der Innenstadt tragen ebenfalls exquisiten Rokokodekor, so das einstige Bürgerpalais, die heutige Dortuschule.

In der Spätzeit des friderizianischen Rokoko drangen verstärkt klassizistische Elemente in den Dekor ein.

The interiors at Sanssouci are among the finest examples of German Rococo, including the library lit by a golden sun in the vineyard palace, the so-called Voltaire Room with its colorful world of birds, the Ovid Gallery in the Neue Kammern, the Grotto Hall in the New Palace, and the imaginatively decorated show and domestic apartments of the court. Another side of Frederician Rococo is to be seen in the Chinese Teahouse, where the King's passionate admiration of Asiatic art and the longing for exoticism have found monumental expression.

The perfect harmony of all genres is owed to artists who were in some cases already active in Rheinsberg, the refuge of the former Crown Prince. Among these were the architect Georg Wenzeslaus von Knobelsdorff, the painter Antoine Pesne, and the sculptor Friedrich Christian Glume; in Potsdam these three were joined by the interior architects and designers Johann August Nahl, Johann Michael Hoppenhaupt the Elder, and Johann Christian Hoppenhaupt the Younger.

To a lesser extent, but in no less charming a manner, Rococo characterized the façades of Frederician buildings. Mention should be made above all of the festively cheerful garden front of the vineyard palace, which is structured by pairs of Bacchic herms. Once again they underline the easygoing quality and closeness to nature of the location. The gently curving, domed median risalit leads elegantly to the similarly curved vineyard terraces. Some imposing buildings in the inner city, such as the Bürgerpalais, today the Dortu School, are also exquisitely decorated in the Rococo style.

During the late period of Frederician Rococo, Neoclassical elements increasingly found their way into the decorative schemes.

◁ Rokoko-Wanddetail in der Königswohnung des Neuen Palais

Rococo wall detail in the royal apartment at the Neues Palais

Détail rococo du mur dans les appartements du roi au Nouveau Palais.

△ Krokodil, Deckendetail im Grottensaal
des Neuen Palais

Crocodile, ceiling detail in the Grotto Hall
of the Neues Palais

Crocodile, détail de plafond dans la Salle
de la Grotte du Nouveau Palais.

△ Chinesisches Haus, Szene des
Deckengemäldes von Thomas Huber, 1756

Chinese House, scene from the ceiling
painting by Thomas Huber, 1756

Maison chinoise, scène de la peinture
de plafond de Thomas Huber, 1756.

Les espaces intérieurs de Sans-Souci comptent parmi les plus belles réalisations du rococo allemand. On en veut pour exemple dans le château de Weinberg la bibliothèque sur laquelle rayonne un soleil doré ou la chambre de Voltaire avec son monde bigarré d'oiseaux, mais aussi la galerie d'Ovide dans les Nouvelles Chambres, la salle des grottes dans le Nouveau Palais ou les appartements d'habitation et de parade de la cour dont l'agencement fait preuve de beaucoup de fantaisie. La maison à thé montre une autre facette du rococo frédéricien : l'admiration inconditionnelle pour l'art asiatique et la nostalgie de l'exotisme s'y expriment dans leur monumentalité. Cette harmonie totale de tous les styles est le fruit du travail d'artistes dont certains avaient déjà œuvré à Rheinsberg, le lieu de retraite du prince héritier de l'époque, dont l'architecte Georg Wenzeslaus von Knobelsdorff, le peintre Antoine Pesne et le sculpteur Friedrich Christian Glume. Les architectes d'intérieur et décorateurs Johann August Nahl, Johann Michael Hoppenhaupt l'Ancien et Johann Christian Hoppenhaupt le Jeune collaborèrent avec ce trio d'artistes à Potsdam. Le rococo marqua d'une empreinte certes plus légère, mais néanmoins gracieuse, les façades des édifices frédériciens : on évoquera ici notamment la façade sur le jardin, d'une solennité gracieuse, du château de Weinberg, structurée par des couples d'hermès bachiques. Ils soulignent une nouvelle fois l'insouciance du lieu et sa proximité avec la nature. Le léger arrondi du ressaut de façade central fait une élégante transition avec l'arrondi similaire des terrasses de la vigne. Un certain nombre de bâtiments imposants du centre-ville, comme le Bürgerpalais, l'actuelle école Dortu, sont également somptueusement décorés dans le style rococo.

Des éléments classiques s'imposèrent davantage dans le décor vers la fin du rococo frédéricien.

Mit dem Tod Friedrichs II. im Jahr 1786 brach für Potsdam ein neues Zeitalter an. Sein Neffe, der als Friedrich Wilhelm II. den preußischen Thron bestieg, erteilte dem friderizianischen Lebensstil eine klare Absage. Weithin sichtbar wurde dies durch die Rückverlegung des Regierungssitzes nach Berlin und durch die Ablösung des überkommenen Rokoko durch den Klassizismus, der sich mit aufklärerischen Idealen verband.

Die anhaltinische Residenz Wörlitz mit ihrem frühklassizistischen Schloss und dem weitläufigen Landschaftsgarten nach englischem Vorbild lieferte dem König die ästhetischen Anregungen für die Neugestaltung der Landschaft um Sanssouci – für die Stadt Potsdam interessierte er sich kaum. Im Weinbergschloss veranlasste er den klassizistischen Umbau einiger Säle – weniger, um diese selbst zu nutzen, als vielmehr seinem Onkel ein würdiges, dem Stil der Zeit entsprechendes Denkmal zu setzen.

Aus Wörlitz konnte Friedrich Wilhelm II. mit Friedrich Wilhelm von Erdmannsdorf den maßgeblichen Architekten des neuen Stils und mit Johann August Eyserbeck einen der innovativen Dessauer Hofgärtner nach Potsdam berufen. Bereits ein Jahr nach seinem Regierungsantritt beschloss der König den Bau einer neuen Sommerresidenz am Heiligen See nordöstlich von Sanssouci. Ihr Zentrum bildete der frühklassizistische Bau des Marmorpalais, das sich inmitten eines weitläufigen Landschaftsgartens, des »Neuen Gartens«, erhebt. Ganz nach Geschmack englischer Vorbilder ist es von Staffagebauten in mannigfaltigen »historischen« Stilformen sowie von Ruinenarchitekturen umgeben. Sichtachsen, die sich bis hin zur einige Kilometer entfernten Pfaueninsel erstrecken, lenken den Blick auf imposante Bauwerke und schaffen Landschaftsbilder von idyllischer Schönheit. Eine Farm mit Kühen signalisierte natürliches Leben. Andere Staffagen, wie die Küche in Gestalt eines halb versunkenen Tempels oder der Eiskeller in Pyramidenform, verweisen auf die mystischen Anschauungen der Rosenkreuzer, deren Mitglied der König war. Die Pfaueninsel erhielt mit der künstlichen Ruine eines turmbewehrten Schlösschens einen romantischen *point de vue.*

With the death of Frederick II in 1786, a new age began for Potsdam. His nephew, who ascended the Prussian throne as Frederick William II, decisively rejected the Frederician lifestyle. This became widely evident when he relocated the seat of government to Berlin and replaced the now slightly dated Rococo style by Neoclassicism.

The residence at Wörlitz in Saxony-Anhalt, with its early Neoclassical palace and spacious landscape garden in the English style, provided the King with aesthetic stimulation for the redevelopment of the landscape around Sanssouci—the city of Potsdam was of little interest to him. In the vineyard palace he effected the Neoclassical development of some rooms, not so much in order to use these himself but rather to create a worthy memorial to his uncle, in conformity to the style of the time.

From Wörlitz, Frederick William II was able to summon to Potsdam the leading architect of the new style, Friedrich Wilhelm von Erdmannsdorf, and one of the innovative court

gardeners from Dessau, Johann August Eyserbeck. As early as a year after his accession to the throne, the King decided to build a new summer residence on the Heilige See (Holy Lake) northeast of Sanssouci. Its center was formed by the early Neoclassical structure of the Marmorpalais, which rises in the midst of a spacious landscape garden, the New Garden. Very much according to the taste of English models, it is surrounded by decorative buildings in a variety of "historic" styles and artificial ruins. Visual axes that extend as far as the Pfaueninsel (Peacock Island) several kilometers away conduct the gaze to impressive buildings and create landscape images of idyllic beauty. A farm with cows signified the natural life. Other decorative structures, such as the kitchen in the form of a half-sunken temple and the cold store in pyramidal form, draw attention to the mystical views of the Rosicrucian Order, of which the King was a member. With the artificial ruin of a small castle defended by a tower, the Pfaueninsel was given a Romantic *point de vue.*

Johann Heinrich Schröder, Friedrich Wilhelm II., 1790, Pastell

Johann Heinrich Schröder, Frederick William II, 1790, pastel

Johann Heinrich Schröder, Frédéric Guillaume II, 1790, pastel.

La mort de Frédéric II, en 1786, marqua le début d'une ère nouvelle pour Potsdam. Son neveu, qui monta sur le trône de Prusse sous le nom de Frédéric-Guillaume II, rejeta en bloc le style de vie frédéricien. La démonstration la plus visible en fut le rapatriement du siège du gouvernement à Berlin et l'éviction du rococo en faveur du classicisme lié aux idéaux du Siècle des Lumières.

La résidence de Wörlitz, dans le Anhalt, avec son palais des débuts du classicisme et son vaste jardin paysager à l'anglaise, donna au roi les impulsions esthétiques nécessaires au réaménagement du paysage autour de Sans-Souci – il ne s'intéressa en revanche guère à la ville de Potsdam. Il fit aménager un certain nombre de salles dans le style classique – moins pour son usage personnel que pour ériger un mémorial digne de son oncle, dans le style de l'époque.

De Wörlitz, Frédéric-Guillaume II put faire venir à Potsdam, en la personne de Friedrich Wilhelm von Erdmannsdorf, l'architecte à la pointe du nouveau Style, et avec Johann August Eyserbeck, l'un des jardiniers novateurs de la cour de Dessau. Un an seulement après son arrivée aux affaires, le roi ordonna la construction d'une nouvelle résidence d'été sur les rives du Heiliger See (le lac sacré), au nord-est de Sans-Souci. Le Marmorpalais (palais de marbre), une construction des débuts du classicisme qui s'élève au cœur d'un vaste jardin paysager, le « Neuer Garten », en constituait le centre. Tout à fait dans le style de l'exemple anglais, il est entouré d'édifices factices dans une grande diversité de styles « historiques », ainsi que de ruines artificielles. Les perspectives visuelles, qui s'étirent jusqu'à la Pfaueninsel (l'île aux Paons) distantes de plusieurs kilomètres, dirigent le regard vers des édifices imposants et créent des paysages d'une beauté idyllique. Une ferme avec des vaches faisait référence à la vie naturelle. D'autres éléments factices, comme la cuisine, qui adopte la forme d'un temple à demi enseveli, et le garde-manger, en forme de pyramide, font référence aux vues mystiques de l'ordre de la Rose-Croix dont le roi était membre. La ruine artificielle d'un petit château défendu par une tour confère un point de vue romantique à l'île aux Paons.

Marmorpalais im Neuen Garten,
Nordwestansicht, Carl von Gontard und
Carl Gotthard Langhans, 1787–91

Marmorpalais in the Neuer Garten, view
from the north-west, Carl von Gontard and
Carl Gotthard Langhans, 1787–91

Palais de Marbre dans le Nouveau Jardin,
vue du nord-ouest, Carl von Gontard et
Carl Gotthard Langhans, 1787-1791.

△ Schloss Charlottenhof, Karl Friedrich Schinkel, Ludwig Persius, begonnen 1826

▽ Friedrich Georg Weitsch, Friedrich Wilhelm III. und Königin Luise, 1799

Schloss Charlottenhof, Karl Friedrich Schinkel, Ludwig Persius, begun in 1826

Friedrich Georg Weitsch, Frederick William III and Queen Luise, 1799

Palais de Charlottenhof, Karl Friedrich Schinkel, Ludwig Persius, commencé en 1826.

Friedrich Georg Weitsch, Frédéric-Guillaume III et la reine Luise, 1799.

Friedrich Wilhelm III. übernahm nach dem frühen Tod seines Vaters 1797 die Regierungsgeschäfte. 43 Jahre bestimmte er mit seiner restaurativen Politik die Geschicke Preußens. Selbst wortkarg und schüchtern, bevorzugte er ein zurückgezogenes, nahezu bürgerliches Leben. Charakteristisch für seine Haltung ist die Anlage des Schlosses und Dorfes von Paretz (Pläne von David Gilly), eines Musterguts, das dem König mit seiner Gemahlin als sommerlicher Aufenthaltsort diente.

Wie sein Vorgänger schenkte Friedrich Wilhelm III. der Stadt Potsdam wie dem Stadtschloss kaum Beachtung. Umso mehr widmete er sich der Inszenierung der Havellandschaft und der Neugestaltung des Parks von Sanssouci, die Eyserbeck grandios begonnen hatte. 1816 konnte der König mit Peter Joseph Lenné den führenden Gartenarchitekten seiner Zeit nach Preußen berufen. In einvernehmlicher Abstimmung mit seinem Auftraggeber entwickelte Lenné die Vision einer weitläufigen Kulturlandschaft, deren Gärten und Architekturen die Idealwelt des frühen 19. Jahrhunderts beschworen. Darüber hinaus gestattete Wilhelm III. seinen drei Söhnen, eigene Sommerresidenzen innerhalb dieses Landschaftskonzepts zu gestalten: So spiegeln die Schlösser und Parkanlagen von Charlottenhof, Glienicke und Babelsberg die unterschiedlichen Geschmäcker der Kronprinzen, aber auch die Facetten der Baukunst ihrer Zeit wider. Vorrangiger Bezugspunkt war die römische Antike, die in Form von Villen, Bädern und Tempeln wiederauferstand. Mit dem burgähnlichen Schloss Babelsberg zog jedoch auch die englische Gotik in die visionäre Parklandschaft ein.

Schloss Babelsberg, Karl Friedrich
Schinkel, Ludwig Persius u. a.,
1833–49

Schloss Babelsberg, Karl Friedrich
Schinkel, Ludwig Persius and others,
1833–49

Le palais de Babelsberg, de Karl Friedrich
Schinkel et Ludwig Persius entre autres,
1833-1849.

On the early death of his father in 1797, Frederick William III took over the affairs of government. For 43 years he determined the destiny of Prussia with his restorative policies. Personally taciturn and shy, he preferred a withdrawn, almost bourgeois life. Characteristic of his attitude is the design of the palace and village of Paretz (with plans by David Gilly), a model estate which served the King and his consort as a summer residence.

Like his predecessor, Frederick William III paid scarcely any attention to the city of Potsdam or to the Stadtschloss. He dedicated himself all the more to the staging of the Havel landscape and the redevelopment of the park at Sanssouci, which had been begun in grandiose style by Eyserbeck. In 1816 the King summoned the leading garden designer of his day, Peter Joseph Lenné, to Prussia. In amicable agreement with his client, Lenné developed the vision of a spacious cultural landscape, whose gardens and architecture invoked the ideal world of the early 19th century. Furthermore, Frederick William III allowed his three sons to create their own summer residences within this landscape concept. Thus, the palaces and parks of Charlottenhof, Glienicke, and Babelsberg reflect the varied tastes of the Crown Princes, but also the different facets of the architecture of their time. The primary point of reference was Roman antiquity, which was resurrected in the form of villas, baths, and temples. With the fortress-like Babelsberg Palace, however, the English Neo-Gothic style also entered the visionary park landscape.

Frédéric-Guillaume III accéda au trône à la mort précoce de son père, en 1797. Sa politique de restauration détermina pendant 43 ans la destinée de la Prusse. Peu loquace et timide, il privilégiait une vie retirée, pour ainsi dire bourgeoise. Le château et le village de Paretz (d'après des plans de David Gilly), un domaine modèle servant de résidence d'été au couple royal, sont représentatifs de sa personnalité.

Comme son prédécesseur, Frédéric-Guillaume III n'accorda guère d'intérêt à la ville de Potsdam et à son palais. Il se consacra d'autant plus à la mise en scène du paysage de la Havel et au réaménagement du parc de Sans-Souci, commencé de manière grandiose par Eyserbeck. En 1816, le roi fit venir en Prusse Joseph Lenné, le plus grand architecte paysager de l'époque. En accord avec son client, ce dernier développa la vision d'un vaste paysage culturel, dont les jardins et les architectures évoquaient le monde idéal du début du XIXe siècle. Frédéric III offrit en outre à ses trois fils la possibilité de concevoir leurs propres résidences d'été au sein de ce concept paysager : c'est ainsi que les châteaux et les parcs de Charlottenhof, Glienicke et Babelsberg reflètent les différents goûts des princes héritiers, mais aussi les diverses facettes de l'architecture de l'époque. L'antiquité romaine, leur référence principale, s'y manifeste sous la forme de villas, de bains et de temples. Le gothique anglais s'invita toutefois dans ce paysage de parc visionnaire avec le château de Babelsberg, conçu comme une forteresse.

1833 legte Lenné einen umfassenden »Verschönerungsplan von Potsdam und seiner Umgebung« vor, der »die ganze Insel Potsdam und noch weiter hinaus, über die Uferberge der Havel hin, in das herrlichste und grandioseste, meilengroße, lebende Landschafts-Gemälde« verwandeln sollte. In dem romantisch veranlagten Kronprinzen Friedrich Wilhelm, der 1840 als Friedrich Wilhelm IV. den preußischen Thron bestieg, fand Lenné den idealen Förderer, der das ambitionierte Gesamtkonzept zu vollenden gewillt war. Die stimmungsvollen Bauten von Karl Friedrich Schinkel, Friedrich Ludwig Persius und ihren Mitarbeitern verwandelten die Havellandschaft in eine weitläufige Idealwelt, in der sich Kulturepochen und Bauaufgaben sinnstiftend vereinen. Wohl kalkulierte Sichtachsen und stimmungsvolle *points de vue* schufen immer neue bildliche wie inhaltliche Bezüge. Antikischen und mittelalterlichen Ensembles traten bald auch exotische Architekturen an die Seite, so das Pumpwerk in Form einer Moschee.

Das größte realisierte Bauunternehmen Friedrich Wilhelms IV., der im Übrigen die Residenz wieder nach Potsdam zurückbrachte, ist die Orangerie, die sich mitsamt ihren breit angelegten Terrassengärten erhaben über dem Park von Sanssouci erhebt. Der Villa Medici in Rom nachempfunden, war sie als Teil einer Triumphstraße geplant, deren Monumente das Wirken des Preußenkönigs verherrlichten. Die Entwürfe, die jener übrigens eigenhändig skizzierte, blieben jedoch weitgehend unausgeführt.

Die Potsdamer Kulturlandschaft hat trotz Industrialisierung, Kriegswirren und sozialistischer Ignoranz die Zeiten weitgehend unbeschadet überstanden.

In 1833, Lenné presented a comprehensive "Plan for the Beautification of Potsdam and its Environs," which was to transform "the whole island of Potsdam and beyond, across the hilly banks of the Havel, into the most splendid and grandiose, mile-wide, living landscape painting." Lenné found his ideal patron in the romantically inclined Crown Prince Frederick William, who ascended the Prussian throne in 1840 as Frederick William IV, and was willing to execute his ambitious master plan. The atmospheric edifices of Karl Friedrich Schinkel, Friedrich Ludwig Persius, and their colleagues transformed the Havel landscape into a spacious ideal world in which cultural eras and building projects met in a meaningful unity. Well calculated visual axes and evocative points de vue created a series of continually new aspects both of imagery and content. Classical and medieval ensembles were soon supplemented by exotic architectural creations, such as the pumping station in the form of a mosque.

The largest of the building projects executed by Frederick William IV (who incidentally brought the royal residence back to Potsdam) is the Orangery, which rises above Sanssouci park with its broadly laid-out terrace gardens. Modeled on the Villa Medici in Rome, it was planned as part of a triumphal avenue whose monuments would glorify the achievements of the Prussian King. However, the designs, which he incidentally sketched with his own hand, remained largely unrealized.

Despite industrialization, the turmoil of war, and Socialist ignorance, the cultural landscape of Potsdam has remained largely untouched by the years.

En 1833, Lenné présenta un vaste «plan d'embellissement de Potsdam et de ses environs» qui devait métamorphoser «l'intégralité de l'île de Potsdam et plus loin encore, sur des lieues, au-delà des berges vallonnées de la Havel, en un tableau paysager vivant, le plus magnifique et le plus grandiose». En la personne de Frédéric-Guillaume III, le prince héritier au caractère romantique qui accéda au trône en 1840, Lenné trouva le promoteur idéal, bien décidé à mener à son terme cet ambitieux projet. Les édifices évocateurs de Karl Friedrich Schinkel, Friedrich Ludwig Persius et leurs collaborateurs métamorphosèrent le paysage de la Havel en un vaste monde idéal dans lequel s'unissaient harmonieusement les diverses époques culturelles et les projets de construction. Les perspectives visuelles minutieusement calculées et les points de vue évocateurs créaient sans cesse de nouvelles références, en termes d'image et de contenu. Des ensembles antiques et moyenâgeux côtoyèrent bientôt des architectures exotiques, comme, par exemple, la station de pompage à l'architecture de mosquée.

Le plus grand projet de construction réalisé par Frédéric-Guillaume IV qui, par ailleurs, déménagea de nouveau la résidence à Potsdam, est l'Orangerie qui s'élève avec ses vastes jardins en terrasse au-dessus du parc de Sans-Souci. Inspirée de la villa Médicis de Rome, elle fut conçue comme une partie d'une Voie Triomphale dont les monuments faisaient l'apologie des actions du roi de Prusse. La plupart des esquisses que ce dernier dessina de sa main restèrent toutefois au stade de projet.

Le paysage culturel de Potsdam a traversé pratiquement sans dommages les époques, malgré l'industrialisation, les guerres et l'ignorance des dirigeants socialistes.

◁ Franz Krüger, Friedrich Wilhelm IV.,
1844

Franz Krüger, Frederick William IV,
1844

Franz Krüger, Frédéric Guillaume IV,
1844.

△ Ansicht des Rehgartens beim
Parkgraben

View of the Deer Park (Rehgarten)
by the park moat

Le Jardin de la Biche, le fossé
du parc.

Peter Joseph Lenné und Potsdam | Peter Joseph Lenné and Potsdam | Peter Joseph Lenné et Potsdam

Peter Joseph Lenné, der bedeutendste deutsche Gartenarchitekt des 19. Jahrhunderts, wirkte 50 Jahre in preußischen Diensten. Von seiner Berufung 1816 bis zu seinem Tod 1866 schuf er dank seines botanischen Wissens und seines architektonischen Gespürs in Potsdam und Berlin einzigartige »Landschaftsgemälde«, die die Gartenkunst revolutionierten.

Lenné wurde 1789 in Bonn geboren. Bezeichnenderweise studierte er nicht in England, das seiner Zeit als Eldorado des Landschaftsgartens galt, sondern in Paris, wo Jean-Nicolas-Louis Durand in seinen »Vorlesungen« ein rationalistisches System der Baukunst entwickelte. Die einfühlsame Einbindung der Architektur in die Natur, ihre historische Dimension wie die Berücksichtigung denkmalpflegerischer Gesichtspunkte sollten so auch die Grundzüge Lennéscher Planungen werden.

Nach Anstellungen in München und Wien berief Friedrich Wilhelm III. Lenné 1816 als »Gartengeselle« nach Potsdam. Lennés Talente stießen schnell auf Anerkennung: 1823/24 erfolgte die Ernennung zum Gartendirektor, vier Jahre später zeichnete er bereits für die preußischen Hofgärten verantwortlich, 1854 übernahm er das Amt des Generalgartendirektors. Lennés Diensthaus lag nahe den Weinbergterrassen von Schloss Sanssouci.

Peter Joseph Lenné, the most important German landscape gardener of the 19th century, was active in the service of Prussia for 50 years. From his appointment in 1816 to his death in 1866, thanks to his botanical knowledge and architectural flair, he created unique "landscape paintings" in Potsdam and Berlin which revolutionized garden design.

Lenné was born in Bonn in 1789. Significantly, he did not study in England, which was considered in his day the Eldorado of the landscape garden, but in Paris, where Jean-Nicolas-Louis Durand developed a rationalistic system of architecture in his lectures. Thus, the sensitive integration of architecture into the natural surroundings, its historical dimension, as well as the consideration of conservational aspects were to become the basic features of Lenné's designs.

In 1816, after engagements in Munich and Vienna, Lenné was summoned to Potsdam by Frederick William III as an "assistant gardener." Lenné's talents were soon recognized: in 1823/4 he was appointed garden director, four years later he was responsible for the Prussian court gardens, and in 1854 he took on the position of general director of gardens. Lenné's offices lay close to the vineyard terraces of Sanssouci Palace.

Peter Joseph Lenné, le plus renommé des architectes paysagistes allemands du XIX\u1D49 siècle, exerça son art pendant un demi-siècle en Prusse. Grâce à ses connaissances botaniques et à sa fibre architectonique, il créa à Potsdam et à Berlin, de son arrivée, en 1816, à sa mort, en 1866, des « tableaux paysagers » singuliers qui révolutionnèrent l'art du jardin. Il ne fit toutefois pas ses études en Angleterre, alors considérée comme l'Eldorado du parc paysager, mais à Paris où Jean-Nicolas-Louis Durand développait au cours de ses « conférences » un concept rationalisé d'architecture. Les conceptions de Lenné étaient imprégnées par l'intégration intuitive de l'architecture dans la nature, par sa dimension historique, et par le souci de conservation des monuments historiques.

En 1816, Frédéric-Guillaume III fit venir à Potsdam en tant que « jardinier » Lenné qui travaillait à Munich et à Vienne. Les talents de Lenné furent vite reconnus : il fut nommé directeur des jardins en 1823-1824, puis, quatre ans plus tard, il assuma la responsabilité des plans des jardins de la cour de Prusse. En 1854, il accéda au poste de directeur général des jardins. La maison de fonction de Lenné se situait à proximité des terrasses du vignoble de Sans-Souci.

»Plan von Sanssouci und dessen Umgebungen …«, Peter Joseph Lenné, 1816

Plan of Sanssouci and its environs… , Peter Joseph Lenné, 1816

« Plan de Sans-Souci et de ses environs… », Peter Joseph Lenné, 1816.

Karl Begas, Bildnis des Gartenbaudirektors
Peter Joseph Lenné, 1830

Karl Begas, Portrait of the master landscape gardener Peter Joseph Lenné, 1830

Karl Begas, Portrait du directeur général
des jardins, Peter Joseph Lenné, 1830.

Bildungsreisen führten Lenné 1822 nach England, wo er sich mit den neuesten Aspekten des Landschaftsgartens vertraut machte, nach Süddeutschland sowie in den 1840er-Jahren mehrfach nach Italien: Hier schärfte sich sein Blick für die Antike und deren Rezeption in den Gärten der Renaissance. In seiner Italiensehnsucht und seinem kulturgeschichtlichen Interesse traf sich Lenné mit dem Kronprinzen, der als Friedrich Wilhelm IV. 1840 den preußischen Thron bestieg. In Karl Friedrich Schinkel, Ludwig Persius und Friedrich August Stüler fand er kongeniale Baumeister, die seine arkadischen Landschaften architektonisch ausschmückten.

Zunächst war es Lennés Aufgabe, die vernachlässigten königlichen Parkanlagen in Potsdam neu zu gestalten. Dies betraf den barocken Schlosspark von Sanssouci, dessen Charakter und dessen schnurgerade Hauptachse er respektvoll akzentuierte, wie den Eyserbeckschen Englischen Garten um das Neue Palais, welchen er nun in weite Sichtachsen einbezog. In den folgenden Jahren konzipierte Lenné die vielfältigen Einzelprojekte als Teile eines groß angelegten Parkgürtels, der die »Insel Potsdam« weiträumig umschloss: 1833 veröffentlichte er den umfassenden »Verschönerungsplan von Potsdam ...«, der die Stadt und ihre Umgebung zu einem visionären Gesamtkunstwerk erheben sollte. In romantischen Landschaftsbildern, mittels poetischer Staffagen und immer neuer, bedeutsamer Blickbezüge schuf er eine Ideallandschaft, die sich mit der Herrschaft der Preußenkönige assoziieren sollte. Geschwungene, stets überraschende Perspektiven bietende Wege verbinden die Knotenpunkte dieser weitläufigen Parkanlagen, die dem Betrachter stets historische Reflexion abfordern. Separatgärten, die sich dem Stil der jeweiligen Architektur oder dem Charakter der Bauaufgabe anpassen, schicken ihn auf eine Reise durch Botanik, Zeit und Kulturgeschichte. Immer wieder setzte Lenné, anders als die meisten seiner Zeitgenossen, exotische Pflanzen zum Schmuck seiner Gärten ein. Vorbildhaft wirkten seine Pleasuregrounds – blumengeschmückte und künstlerisch inszenierte Rasenflächen –, die den Übergang vom »natürlichen« Park zum geordneten Bereich des Hauses oder Schlosses markieren.

Educational travels took Lenné to England in 1822, where he became familiar with the latest aspects of landscape gardening; to southern Germany; and in the 1840s, several times, to Italy, where he sharpened his eye for classical art and its reception in the gardens of the Renaissance. His longing passion for Italy and his interest in cultural history

observer. Small separate gardens, in conformity with the style of the architecture in question or the character of the building assignment, send one on a journey through botany, time, and cultural history. Again and again, in contrast to most of his contemporaries, Lenné used exotic plants to adorn his gardens. His "pleasure grounds"—flower-bedecked and skillfully staged expanses of lawn—were exemplary in their effect, marking the transition from the "natural" park to the ordered realm of the house or palace.

matched those of the Crown Prince, who ascended the Prussian throne as Frederick William IV in 1840. Karl Friedrich Schinkel, Ludwig Persius, and Friedrich August Stüler were congenial colleagues who added architectural adornments to his Arcadian landscapes.

Lenné's initial task was to remodel the neglected royal park complexes in Potsdam. These included the Baroque palace park of Sanssouci, whose character and perfectly straight main axis he respectfully accentuated, as well as Eyserbeck's English Garden around the New Palace, which he now incorporated into wide vistas. In the years that followed, Lenné perceived the multiplicity of individual projects as parts of a large-scale garden zone, which spaciously enclosed the "Island of Potsdam." In 1833, he published his comprehensive "Plan for the Beautification of Potsdam," which was to raise the city and its surroundings to the status of a visionary *Gesamtkunstwerk*. His romantic landscape views, poetic decorative structures and ever more new, significant visual references were intended to create an ideal landscape which was to reflect the rule of the Prussian kings. Curving paths which constantly offer surprising perspectives link the main junctions of these spacious park designs, which constantly demand historical reflection on the part of the

En 1822, Lenné partit affiner sa formation en Angleterre, où il assimila les nouveaux aspects du parc paysager, et dans le sud de l'Allemagne. Dans les années 1840, il partit en Italie pour affûter ses vues de l'Antiquité et l'intégration de celle-ci dans les jardins de la Renaissance. Inconditionnel de l'Italie et très porté sur l'histoire des civilisations, Lenné possédait de fortes accointances avec le prince héritier qui monta sur le trône de Prusse, en 1840, sous le nom de Frédéric-Guillaume IV. Il trouva en Karl Friedrich Schinkel, Ludwig Persius et Friedrich August Stüler des architectes de génie qui surent parer de leur architecture ses paysages arcadiens.

Dans un premier temps, la mission de Lenné consista à réaménager les parcs royaux mal entretenus de Potsdam. Il travailla sur le parc baroque du palais de Sans-Souci, dont il accentua scrupuleusement le caractère et la perspective visuelle rectiligne, mais aussi sur le Jardin Anglais d'Eyserbeck, autour du Nouveau Palais, qu'il intégra dans de vastes perspectives visuelles. Au cours des années suivantes, Lenné intégra la grande diversité des projets individuels dans une vaste ceinture de parcs qui entourait amplement l' «île de Potsdam ». En 1833, il publia l'imposant « Plan d'embellissement de Potsdam », qui devait faire de la ville et de ses environs une œuvre d'art visionnaire globale. Dans des tableaux paysagers romantiques, il créa, au moyen d'éléments factices poétiques un paysage idéal qui devait refléter le pouvoir du roi de Prusse. Des chemins sinueux, proposant constamment des perspectives surprenantes, relient entre eux les nœuds de communication de ces vastes parcs qui imposent sans cesse au visiteur une réflexion historique. Des jardins séparés, en harmonie avec l'architecture du site ou avec le caractère du projet architectural, le guident le long d'un voyage à travers la botanique, le temps et l'histoire des civilisations. Contrairement à la plupart de ses contemporains, Lenné embellissait le plus souvent ses jardins avec des plantes exotiques. Ses *pleasuregrounds* – des surfaces de pelouse à la mise en scène artificielle et décorées de fleurs –, qui faisaient la transition entre le parc «naturel» et l'espace agencé de la maison ou du palais, sont exemplaires.

In der hügeligen Havellandschaft hatte Lenné häufig mit Bewässerungsproblemen zu kämpfen. In Babelsberg scheiterten seine ambitionierten Projekte nicht nur an den Vorstellungen der überaus kritischen Prinzessin Augusta, sondern auch an der Trockenheit des Geländes. Um diesem Missstand zumindest partiell abzuhelfen, vor allem aber, um die Fontänen und Wasserspiele in Sanssouci wirkungsvoll in Szene zu setzen, ließ Friedrich Wilhelm IV. 1841–43 ein Dampfmaschinenwerk errichten, das Flusswasser in die höher gelegen Partien des Parks pumpte. Das von Ludwig Persius errichtete Gebäude erhielt origineller Weise das Aussehen einer Moschee.

Lennés »Verschönerungen« verhalfen der Havellandschaft zwischen Potsdam und Berlin zu paradiesischem Reiz. Sein Wirken ist omnipräsent: Neben der bereits erwähnten Überarbeitung des Neuen Gartens (ab 1816) wie der barocken Parkanlagen von Sanssouci (ab 1818) widmete er sich dem Ausbau des Parks von Glienicke, einem Landgut des Staatskanzlers Karl August Fürst von Hardenberg, sowie der romantischen Inszenierung der Pfaueninsel (beide ab 1816). 1825 begann die Erweiterung des südlichen Parks von Sanssouci mit den Arealen um Schloss Charlottenhof, Fasanerie (ab 1842), Marlygarten und Friedensgarten (1845), 1826 erfolgte die Anlage der russischen Vorbildern nachempfundenen Blockhauskolonie Alexandrowka. Ab 1834 gestaltete er den Pleasureground und das Bowling Green des im pittoresken Stil der englischen Gotik errichteten Schlosses Babelsberg, musste hier aber hinnehmen, dass ein anderer begnadeter Landschaftsarchitekt, Hermann von Pückler-Muskau, das

Werk vollendete. 1842 entstand der Park um Schloss und Kirche von Sacrow. In den späten 1850er-Jahren schuf Lenné die mediterranen Terrassenanlagen der Orangerie und legte zu deren Seite den Nordischen und den Sizilianischen Garten an. 1862 gestaltete er die Anlage des Belvedere auf dem Pfingstberg. Nicht verwirklicht wurden, wie die gesamte Triumphstraße auf dem Höhenrücken von Sanssouci, das Schloss und die Gärten von Belriguardo (Planung 1823).

In the hilly Havel landscape, Lenné frequently had to struggle with irrigation problems. In Babelsberg his ambitious projects failed not only because of the notions of the highly critical Princess Augusta, but also because of the dryness of the terrain. To redress this state of affairs, at least in part, and above all to present effectively the fountains and water features at Sanssouci, Frederick William IV had a steam-powered device set up in 1841–43 which pumped river water into the more elevated parts of the park. This building, by Ludwig Persius, was imaginatively given the appearance of a mosque.

Lenné's "beautifications" lent a paradisiacal charm to the Havel landscape between Potsdam and Berlin. His influence is omnipresent: apart from the remodeling, already mentioned, of the Neuer Garten (from 1816) and the Baroque park designs of Sanssouci (from 1818), he devoted himself to the expansion of the park at Glienicke, an estate owned by the chancellor, Prince Karl August von Hardenberg, as well as the romantic realization of the Pfaueninsel, or Peacock Island

Glienicke, Schlossgarten, Pleasureground von Peter Joseph Lenné, begonnen 1816, Rekonstruktion ab 1979

Glienicke, palace garden, pleasure ground by Peter Joseph Lenné, begun in 1816, reconstruction from 1979

Glienicke, pleasureground de Peter Joseph Lenné, commencé en 1816, reconstruction à partir de 1979.

(both from 1816). In 1825, the extension of the southern park at Sanssouci began with the areas around Charlottenhof Palace, the Pheasantry (from 1842), Marly Garden, and Garden of Peace (1845). In 1826 there followed the building of the blockhouse colony of Alexandrowka, based on Russian models. From 1834 Lenné designed the pleasure ground and the Bowling Green of the palace of Babelsberg, built in the picturesque English Neo-Gothic style, but he had to accept that the work was completed by another highly gifted landscape designer, Hermann von Pückler-Muskau. In 1842, the park around the palace and church of Sacrow was laid out. In the late 1850s, Lenné created the Mediterranean terraces of the Orangery and added by their side the Norse and Sicilian Gardens. In 1862 he designed the Belvedere on the Pfingstberg. Like the entire triumphal avenue on the mountain ridge of Sanssouci, the palace and gardens of Belriguardo remained unrealized (planned in 1823).

Dans cette contrée vallonnée des bords de la Havel, Lenné fut souvent confronté à des problèmes d'irrigation. À Babelsberg, ses ambitieux projets ne se heurtèrent pas uniquement aux vues on ne peut plus critiques de la princesse Augusta, ils échouèrent également en raison de la sécheresse du terrain. Afin de surmonter au moins partiellement ce problème, mais surtout pour mettre en scène les fontaines et jets d'eau de Sans-Souci, Frédéric-Guillaume IV fit construire une machine à vapeur pour pomper l'eau de la rivière vers les parties plus

élevées du parc. Ludwig Persius eut l'idée originale de l'abriter dans un bâtiment ressemblant à une mosquée.

Les « embellissements » de Lenné conférèrent à cette contrée de la Havel entre Berlin et Potsdam un charme paradisiaque. Son œuvre est omniprésente : outre le réaménagement déjà mentionné du Nouveau Jardin (à partir de 1816) ainsi que du parc baroque de Sans-Souci (à partir de 1818), il se consacra (à partir de 1816) à l'aménagement du parc de Glienicke, un domaine appartenant au Chancelier d'État Karl August, prince de Hardenberg, et à la mise en scène romantique de l'île aux Paons. L'agrandissement du parc sud de Sans-Souci commença en 1826, avec les terrains autour du château de Charlottenhof, la Faisanderie (à partir de 1842), le Jardin Marly et le Jardin de la Paix (1845). La colonie Alexandrowka de cabanes de rondins, inspirée du modèle russe, fut construite à partir de 1826. Il entreprit à partir de 1834 la conception du *pleasureground* et du Bowling Green du château de Babelsberg, érigé dans le style pittoresque du gothique anglais, mais il dut accepter qu'un autre architecte paysagiste talentueux, Hermann von Pückler-Muskau, achève cette œuvre. Le parc autour du château et de l'église de Sacrow date de 1842. Vers la fin des années 1850, Lenné conçut les terrasses méditerranéennes de l'Orangerie, à côté desquelles il aménagea le Jardin Nordique et le Jardin Sicilien. Il créa en 1862 le domaine du Belvédère sur le Pfinstberg. Le château et les jardins de Belriguardo (planification 1823) ne furent toutefois pas réalisés, de même que l'intégralité de la Voie Triomphale sur la crête de Sans-Souci.

Neuer Garten, Baumgruppe am Jungfernsee, entsprechend Lennés Plan von 1828

Neuer Garten, clump of trees by the Jungfernsee, corresponding to Lenné's plan of 1828

Nouveau Jardin, bosquet près du lac de la Vierge, selon des plans de Lenné de 1828.

Karl Friedrich Schinkel und die Potsdamer Kulturlandschaft | Karl Friedrich Schinkel and the Potsdam Cultural Landscape | Karl Friedrich Schinkel et le paysage culturel de Potsdam

Niemand anderes vermochte die Baukunst Preußens so zu prägen wie Karl Friedrich Schinkel. Dabei agierte der 1781 in Neuruppin geborene Künstler keineswegs nur als Architekt, sondern brillierte gleichfalls als Maler und Bühnenbildner, als Denkmalpfleger und Theoretiker sowie als Entwerfer von Gebrauchsgegenständen. Schüler von Friedrich und David Gilly und Student der Berliner Bauakademie, trat er ab 1800 mit eigenständigen Entwürfen hervor, u. a. für den Pomonatempel auf dem Potsdamer Pfingstberg. Mit dem Amt des Geheimen Bauassessors begann 1810 seine einzigartige Karriere, die ihn zum bevorzugten Architekten der Preußenkönige werden ließ. Zunächst dem Klassizismus zugetan, öffnete sich das Spektrum seiner Arbeiten zunehmend historistischen Strömungen. Schinkels Begeisterung für die Architektur des Mittelalters verhalf der Neugotik in Deutschland zum Durchbruch.

Schinkels Werke setzten die entscheidenden baulichen Akzente in der Berlin-Potsdamer Kulturlandschaft. Mit seinen einfühlsamen Eingriffen in Glienicke, auf der Pfaueninsel, in Nikolskoe schuf er romantische Ensembles, die über weite Blickachsen miteinander kommunizierten. Mit dem im Stil der Tudorgotik gestalteten Schloss Babelsberg, dem antikischen Schloss Charlottenhof und seinen Römischen Bädern gelang ihm ein Panorama der Weltarchitektur, das sich ingeniös mit den Landschaftsvisionen des Hofgärtners Peter Joseph Lenné verband.

In der Innenstadt von Potsdam errichtete Schinkel u. a. ein Kasino, eine Offiziersschule sowie weitere Wohn- und Zweckbauten. Ab 1832 renovierte er den Innenraum der von Knobelsdorff errichteten Französischen Kirche. Schinkels Hauptwerk in Potsdam ist jedoch der ab 1826 geplante Neubau der Nikolaikirche mit ihrer die Stadt dominierenden Kuppel.

No one was as capable of shaping the architecture of Prussia as Karl Friedrich Schinkel. At the same time, this artist, born in Neuruppin in 1781, was by no means active only as an architect, but shone equally as a painter and stage designer, as conservator and theorist, as well as designer of articles of daily use. A pupil of Friedrich and David Gilly, and student at the Berlin Building Academy, he made his mark from 1800 with his own designs, including those for the Temple of Pomona on the Pfingstberg at Potsdam. In 1810, with the position of privy assessor of building, he began his unique career, which made him the preferred architect of the Prussian kings. At first he was attracted to Neoclassicism, but he increasingly opened the spectrum of his work to historicist tendencies. Schinkel's enthusiasm for the architecture of the Middle Ages assisted the breakthrough of the Neo-Gothic in Germany.

Schinkel's works set the decisive architectural trends in the cultural landscape of Potsdam. With his perceptive interventions in Glienicke, on the Pfaueninsel, or in Nikolskoe, he created Romantic ensembles which communicated with each other across broad visual axes. Babelsberg Palace, designed in the Tudor Gothic style, the antique-like Schloss Charlottenhof, and his Roman Baths, he succeeded in creating a panorama of world architecture, which combined ingeniously with the landscape visions of the court gardener Peter Joseph Lenné.

In the inner city of Potsdam, Schinkel built a casino, an academy for officers, and other residential and functional buildings. From 1832 he renovated the interior of the French Church built by Knobelsdorff. Schinkel's main work in Potsdam, however, is the newly constructed Nikolaikirche, designed from 1826, whose dome towers over the city.

Karl Friedrich Schinkel marqua plus que quiconque de son empreinte l'architecture prussienne. Cet artiste né en 1781 à Neuruppin n'œuvrait pas uniquement en qualité d'architecte. Il brillait également en tant que peintre, scénographe, restaurateur de monuments historiques et théoricien, ainsi que comme concepteur d'objets de la vie courante. Il fut un élève de Friedrich et David Gilly, et étudia à l'école d'architecture de Berlin. Il conçut ses premières réalisations à partir de 1800, et notamment le temple de Pomona sur le Pfinstberg de Potsdam. C'est en tant que conseiller privé en architecture qu'il commença, en 1810, sa remarquable carrière qui fit de lui l'architecte privilégié des rois de Prusse. Dans un premier temps très orienté vers le Classicisme, le spectre de ses travaux s'ouvrit de plus en plus aux courants historiques. L'enthousiasme de Schinkel pour l'architecture médiévale contribua à l'avènement du néogothique en Allemagne. Les œuvres de Schinkel sont autant d'accents architecturaux majeurs dans le paysage culturel de Berlin-Potsdam. Ses interventions délicates à Glienicke, sur l'île aux Paons et à Nikolskoe, donnèrent naissance à des ensembles romantiques qui communiquaient les uns avec les autres à travers de vastes perspectives visuelles. Avec le château de Babelsberg dans le style Tudor gothique, le château de caractère antique de Charlottenhof et ses bains romains, il créa un panorama de l'architecture mondiale qui s'harmonisait de manière ingénieuse avec les visions du paysagiste de la cour, Peter Joseph Lenné.

Schinkel réalisa entre autres un casino et une école d'officiers au cœur de la ville de Potsdam, mais aussi des maisons d'habitation et des bâtiments fonctionnels. À partir de 1832, il rénova l'intérieur de l'Église Française construite par Knobelsdorff. L'œuvre majeure de Schinkel à Potsdam reste toutefois la construction, à partir de 1826, de l'église Saint-Nicolas dont le dôme domine la ville.

◁ Carl Schmidt, Porträt des Architekten Karl Friedrich Schinkel, 1851/52

Carl Schmidt, Portrait of the architect Karl Friedrich Schinkel, 1851/52

Carl Schmidt, Portrait de l'architecte Karl Friedrich Schinkel, 1851/1852.

△ Schloss Babelsberg, Seitenansicht, Karl Friedrich Schinkel, Ludwig Persius u. a., 1833–49

Schloss Babelsberg, side view, Karl Friedrich Schinkel, Ludwig Persius, and others, 1833–49

Le palais de Babelsberg vu de côté, de Karl Friedrich Schinkel, Ludwig Persius entre autres, 1833-1849.

◁◁ Park Sanssouci, Blick über den Maschinenteich auf das Bauensemble der Römischen Bäder, Entwürfe von Friedrich Wilhelm IV. und Karl Friedrich Schinkel, Ausführung Ludwig Persius, 1826–40

Sanssouci Park, view across the "machine pond" of the Roman Baths complex, designs by Frederick William IV and Karl Friedrich Schinkel, executed by Ludwig Persius, 1826–40

Parc de Sans-Souci, vue du complexe des Bains Romains par-dessus le plan d'eau des machines, plans de Frédéric Guillaume IV et de Karl Friedrich Schinkel, réalisation de Ludwig Persius, 1826-1840.

Die Industrialisierung Preußens im Laufe des 19. Jahrhunderts nahm nur marginalen Einfluss auf die Entwicklung Potsdams. Vereinzelte Fabrikanlagen vermochten das Bild der barocken Residenz und der erneut florierenden Garnison kaum zu beeinträchtigen. Ausnahmen bilden die bereits von Friedrich II. begründete Weberkolonie Nowawes, die um die Mitte des 19. Jahrhunderts immensen Aufschwung erfuhr, sowie das astronomisch-physikalische Wissenschaftszentrum auf dem so genannten Telegraphenberg südlich der Stadt.

Mit dem Einsteinturm entstand hier 1920/21 das wichtigste Zeugnis der expressionistischen Architektur in Deutschland. Der als astronomische Beobachtungsstation und Laboratorium dienende Turm ist alles andere als ein nüchterner Zweckbau: Wie von Bildhauerhand geformt ist der Beton des Sockelbaus hingegossen, der aus technischen Gründen noch in Backstein ausgeführte Turm – Behälter des Teleskops – wirkt wie ein futuristisches Monument. Erich Mendelsohns Werk gilt zu Recht als Meilenstein der Moderne.

Auch andere junge und ambitionierte Architekten zog es nach Potsdam: In den Villenkolonien, insbesondere in Neubabelsberg am Ufer des Griebnitzsees, fanden sie betuchte Auftraggeber, die ihnen den Bau ihrer Wohnhäuser anvertrauten. Zu ihnen zählten u. a. Hermann Muthesius, Joseph Maria Olbrich, Peter Behrens, Paul Bonatz, Ludwig Mies van der Rohe, Hans Scharoun und Egon Eiermann – allesamt später Protagonisten der Architektur des 20. Jahrhunderts. Avantgardistische Bauten wird man hier allerdings noch vergeblich suchen: Zu sehr verpflichtete das traditionsgebundene Ambiente zu mehr oder weniger klassischen Lösungen. Dennoch lassen sich an den Potsdamer Villen, vor allem in der Konzeption des Innenraums, die Anfänge und Wurzeln der Moderne in Deutschland verfolgen.

The industrialization of Prussia in the course of the 19th century had only a marginal influence on the development of Potsdam. Isolated factory plants were hardly able to tarnish the image of the Baroque royal residence and the newly flourishing garrison. Exceptions were the weavers' colony of Nowawes, already founded by Frederick II, which experienced a huge upswing around the mid-19th century, and the astrophysical science center on the so-called Telegraphenberg south of the city.

The Einstein Tower, built here in 1920/21, is the most important example of Expressionist architecture in Germany. This tower, serving as an astronomical observatory and laboratory, is no mere functional building: the concrete of the base appears to flow as though formed by the sculptor's hand, and the tower, for technical reasons still executed in brick, which contains the telescope, has the appearance of a futuristic monument. Erich Mendelsohn's work is rightly considered a milestone of Modernism.

Other young, ambitious architects were drawn to Potsdam. In the villa colonies, particularly in Neubabelsberg on the banks of the Griebnitzsee, they found well-heeled clients who entrusted to them the building of their homes. They included, among others, Hermann Muthesius, Joseph Maria Olbrich, Peter Behrens, Paul Bonatz, Ludwig Mies van der Rohe, Hans Scharoun, and Egon Eiermann—all of them later protagonists of 20th-century architecture. But one will search in vain here for avant-garde buildings—the tradition-bound surroundings placed too much of a commitment on the part of the architects to more or less classical solutions. Nevertheless, in the Potsdam villas, above all in the concepts of their interiors, it is possible to trace the beginnings and roots of Modernism in Germany.

L'industrialisation de la Prusse au cours du XIXe siècle n'eut qu'une influence marginale sur l'évolution de Potsdam. Les quelques bâtiments industriels isolés ne modifièrent que peu l'image de la résidence baroque et de la garnison de nouveau florissante. Nowawes, la colonie de tisserands autrefois fondée par Frédéric II et qui connut un énorme essor vers le milieu du XIXe siècle, constitue une exception avec le centre scientifique d'astronomie physique sur le mont dit du Télégraphe, au sud de la ville.

Avec la tour d'Einstein fut érigé, en 1920-1921, le témoin le plus important de l'architecture expressionniste en Allemagne. La tour, qui sert simultanément de station d'observation et de laboratoire, n'a rien du bâtiment exclusivement fonctionnel : le béton de son socle semble avoir été comme coulé par un sculpteur, et la tour – qui abrite le télescope – tient du monument futuriste. Cette œuvre d'Erich Mendelssohn est à juste titre considérée comme un jalon du Moderne.

D'autres architectes jeunes et ambitieux furent attirés par Potsdam : ils trouvèrent dans les colonies de villas des rives du lac de Griebnitz, et notamment à Neubabelsberg, une clientèle aisée qui leur confia la construction de leurs maisons. Parmi eux se trouvaient entre autres Hermann Muthesius, Joseph Maria Olbrich, Peter Behrens, Paul Bonatz, Ludwig Mies van der Rohe, Hans Sharoun et Egon Meiermann – autant de futurs protagonistes de l'architecture du XXe siècle. On cherchera toutefois ici en vain des édifices avant-gardistes : l'ambiance par trop soumise à la tradition incitait aux solutions plus ou moins classiques. On y décèle toutefois les prémisses et les racines du Moderne en Allemagne surtout dans les aménagements intérieurs.

△ Berliner Vorstadt, Wohnhaus Tizianstr. 16, Architekt und Bauherr Josef Bischof, 1929–31, Frontal- und Seitenansicht

Berlin suburbs, house on Tizianstr. 16, architect and builder Josef Bischof, 1929–31, front and side view

Banlieue de Berlin, maison d'habitation, Tizianstr., 16 ; architecte et maître d'œuvre, Josef Bischof, 1929-1931, vue de face et de côté.

◁ Haus Gugenheim, Architekt: Hermann Muthesius, 1921/22, Babelsberg, Johann-Strauß-Platz 11

Haus Gugenheim, architect: Hermann Muthesius, 1921/22, Babelsberg, Johann-Strauß-Platz 11

Haus Gugenheim, architecte : Hermann Muthesius, 1921/1922, Babelsberg, Johann-Strauß-Platz 11.

◁◁ Villa Urbig, Architekt: Mies van der Rohe, 1915–17, Babelsberg, Virchowstraße 23

Villa Urbig, architect: Mies van der Rohe, 1915–17, Babelsberg, Virchowstraße 23

Villa Urbig, architecte : Mies van der Rohe, 1915-1917, Babelsberg, Virchowstraße 23.

Das Filmstudio Babelsberg | The Babelsberg Film Studio | Le studio de cinéma de Babelsberg

Ob *Metropolis, Der Blaue Engel* oder *Die Drei von der Tankstelle*, ob *Jud Süß, Die Mörder sind unter uns* oder *Die Bourne-Verschwörung* – deutsche Filmgeschichte wurde und wird in Potsdam-Neubabelsberg geschrieben.

Die Babelsberger Filmstudios gelten als die ältesten Großstudios der Welt. Ihr Aufstieg begann mit dem Umzug der Deutschen Bioscop Filmproduktionsgesellschaft, die u. a. aus sicherheitstechnischen Erwägungen ihren Sitz von der Mitte Berlins an den Stadtrand verlegte. 1911 erfolgte der Ankauf des Geländes einer Kunstblumenfabrik an der Stahnsdorfer Straße, unmittelbar darauf wurde ein geräumiges Glasatelier für Tageslichtaufnahmen errichtet. Bereits 1912 konnte man mit dem Film *Der Totentanz* (Urban Gad/Asta Nielsen) hier einen Aufsehen erregenden Stummfilm produzieren.

1922 übernahm die Ufa (Universal Film AG) die einstige Bioscop-AG und errichtete eine Reihe spektakulärer Neubauten, so das Kunstlicht-Filmatelier der »Stummen Halle« (heute Marlene-Dietrich-Halle). Der Tonfilm sorgte für einen weiteren Innovationsschub, der sich technisch wie architektonisch niederschlug: Das so genannte Tonkreuz, ein expressiver Klinkerbau aus vier schallfreien, in einem zentralen Aufnahmebereich einander schneidenden Hallen sicherte der Ufa ihren Rang als führende Filmproduktionsstätte ihrer Zeit.

Adolf Hitler maß der Ufa staatstragende Bedeutung zu, die Filmproduktion unterstand Goebbels' Propagandaministerium. Hunderte ideologisch verbrämter Filme verließen die Studios. In das Jahr 1933 datiert ein ambitionierter Bebauungsplan des Geländes, der jedoch nur in Teilen umgesetzt wurde. Nach Kriegsbeginn erhielten Zwangsarbeiter die Produktion aufrecht. Bei Kriegsende fiel die Filmstadt Babelsberg Zerstörungen und Plünderungen anheim; im April 1945 beschlagnahmten sowjetische Truppen das Areal.

1946 erfolgte die Gründung der DEFA (Deutsche Film A.G.). Nach ersten Dreharbeiten in Notquartieren konnte man ab Januar 1948 wieder in Babelsberg arbeiten. Das inzwischen 430 000 Quadratmeter umfassende Produktionsgelände erhielt moderne Ateliers und Kinosäle.

In Zeiten der DDR unterstand die DEFA dem Ministerium für Kultur und hatte somit die politischen Positionen der SED zu vertreten. Die Hoffnung auf künstlerische Freiheit und internationalen Austausch zerschlugen sich schnell, hochkarätige Schauspieler und Regisseure setzten sich in den Westen ab, um Zensur und Arbeitsverboten zu entgehen. Nur wenige Filme, wie etwa *Die Spur der Steine* mit Manfred Krug, wagten die Gratwanderung zwischen Anpassung und Aufmüpfigkeit.

Nach dem Fall der Mauer wurde die DEFA und mit ihr das Filmstudio Babelsberg privatisiert und 1992 an den französischen Konzern CGE verkauft; unmittelbar darauf wurde die Medienstadt Babelsberg ins Leben gerufen. Namhafte Architekten gestalteten die differenzierten Bereiche, zu denen neben Produktions- und Sendestätten für Film, Fernsehen und Rundfunk auch Archive und Museen sowie die Hochschule für Film und Fernsehen Konrad Wolf gehören. Angeschlossen ist der Filmpark Babelsberg, der mit seinen Shows und Themenparks als Eventcenter dient.

Von 1992 bis 1997 leitete der weltweit geachtete Regisseur Volker Schlöndorff die Produktion; seit 2004 betreiben die Filmbetriebe Berlin Brandenburg GmbH das Unternehmen. Studio Babelsberg gilt heute wieder als das größte europäische Filmzentrum und realisiert in zunehmendem Maße Hollywoodproduktionen, vor allem technisch aufwändige Kulissen oder 3D-Adaptionen.

From *Metropolis, The Blue Angel,* and *Die Drei von der Tankstelle* to *Jew Süss, Murderers Among Us,* and *The Bourne Conspiracy,* German film history was and is still written in Neubabelsberg, Potsdam. The Babelsberg film studios are considered the oldest large-scale film studios in the world. Their rise began with the relocation of the German Bioscop Filmproduktionsgesellschaft, which for safety-related reasons, amongst others, moved its place of business from the center of Berlin to the edge of the city. In 1911, the company bought the site of an artificial-flower factory on Stahnsdorfer Straße, and immediately afterwards a spacious glass studio was built for daylight shots. As early as 1912, the silent film *Der Totentanz* (directed by Urban Gad and starring Asta Nielsen) was produced here, creating a sensation.

In 1922, Ufa (Universal Film AG) took over the former Bioscop-AG and commissioned a series of spectacular new buildings, such as the artificial-light studio called the "Silent Hall" (today the Marlene Dietrich Hall). The rise of the talking film provided a further innovative impetus which was expressed in both technical and architectural terms. The so-called Tonkreuz sound studio, an expressive brick building consisting of four soundproof halls intersecting each other in a central recording area, secured Ufa's status as the leading film production company of its time.

Adolf Hitler considered Ufa important as a state-supporting institution, and film production was under the control of Goebbels' Ministry of Propaganda. Hundreds of ideologically motivated films dressed up as entertainment left the studios. The year 1933 saw an ambitious building plan for the site, which was only partially realized. After the beginning of World War II, production was maintained by forced labor. At the end of the war, the film city of Babelsberg fell victim to destruction and looting; in April 1945 Soviet troops commandeered the area. DEFA (Deutsche Film A.G.) was founded in 1946. After initial filming in emergency locations, from January 1948 work was resumed at Babelsberg. The production area, now covering 430,000 square meters, boasted modern studios and cinema halls.

During the GDR period, DEFA was under the control of the Ministry of Culture and thus had to represent the political positions of the SED (Socialist Unity Party of Germany). Hopes of artistic freedom and international exchange were soon dashed, and top-class actors and directors decamped for the West, to avoid censorship and being banned from working. Only a few films, such as *Die Spur der Steine* with Manfred Krug, dared to attempt the tightrope walk between conformity and insubordination.

After the fall of the Berlin Wall, DEFA, and with it the Babelsberg film studio, were privatized and in 1992 sold to the French company CGE; immediately afterwards the media city of Babelsberg came into being. Noted architects designed the different areas, which include not only film, television, and radio production and transmitting stations, but also archives and museums, as well as the Konrad Wolf Film and Television Academy. The associated Filmpark Babelsberg serves as an event center.

From 1992 to 1997, the internationally respected director Volker Schlöndorff was in charge at Babelsberg; since 2004 it has been run by the film company Berlin Brandenburg GmbH. Today, Studio Babelsberg is once again recognized as the greatest European film center and increasingly executes Hollywood productions, above all specializing in technically demanding sets and 3D adaptations.

Que ce soit *Metropolis, L'ange bleu* ou *Le chemin du paradis, Jud Süss* ou *Les assassins sont parmi nous,* ou encore *La mort dans la peau* – l'histoire du cinéma allemand a été écrite et s'écrit encore à Potsdam-Neubabelsberg.

Les studios de Babelsberg sont considérés comme les plus anciens des grands studios de cinéma au monde. Leur essor commença lors du déménagement pour des raisons de sécurité du siège de la Deutsche Filmproduktionsgesellschaft du cœur de Berlin vers la périphérie de la ville. Acheté en 1911, le site d'une usine de fleurs artificielles de la Stahnsdorfer Strasse se couvrit bientôt d'un vaste atelier de verre pour les prises de vue diurnes. C'est ici que fut tourné, dès 1912, *Danse macabre* (Urban Gad / Asta Nielsen), un film muet qui fit beaucoup parler de lui.

En 1922, la UFA (Universal Film AG) reprit la Bioscop AG et construisit un ensemble d'édifices spectaculaires, comme, par exemple, la « Stumme Halle » (aujourd'hui Halle Marlene Dietrich), un atelier cinématographie avec lumière artificielle. L'arrivée du cinéma parlant provoqua un nouvel élan novateur aux conséquences techniques et architectoniques : ladite Tonkreuz (croix du son), un bâtiment expressif en brique constitué de quatre halles insonorisées convergeant sur un site de tournage central, fit de la UFA le plus important site de production cinématographique au monde de cette époque.

Adolf Hitler utilisa la UFA au service de l'État et la production cinématographique était alors à la botte du ministère de la Propagande de Goebbels. Des centaines de films quittèrent les studios, porteurs d'une idéologie idéalisée. Un ambitieux plan de construction du site datant de 1933 ne fut toutefois que partiellement réalisé. Après le début de la guerre, la production fut assurée par des travailleurs soumis au travail obligatoire. À la fin de la guerre, Babelsberg, la ville du cinéma, fut détruite et pillée et, en 1945, les troupes soviétiques réquisitionnèrent le site. La DEFA (Deutsche Filme A.G.), créée en 1946, tourna ses premiers films dans des sites de fortune, mais elle put réintégrer Babelsberg dès janvier 1948. Le site de production de 430 000 mètres carrés fut doté d'ateliers et de salles de cinéma modernes.

À l'époque de la RDA, la DEFA était soumise au ministère de Culture et elle devait se faire l'écho des opinions politiques du SED. Les espoirs de liberté artistique et d'échanges internationaux furent vite déçus et moult acteurs et régisseurs de renom passèrent à l'Ouest pour fuir la censure et l'interdiction de travailler. Quelques rares films, comme *La trace des étoiles,* de Manfred Krug, tentèrent de trouver un équilibre entre adaptation et audace. Le spectre de la DEFA finit par se réduire aux productions conformes au système, même si le nombre des films restait élevé : pas moins de 700 films y furent tournés entre 1946 et 1990. Après la chute du mur, la DEFA, et avec elle le studio de cinéma de Babelsberg, fut privatisée, puis elle fut vendue, en 1992, au consortium français CGE. Babelsberg devint peu après la ville des médias. Des architectes de renom en conçurent les différents secteurs, dont des sites de production et de diffusion de films, de programmes télévisés et radiophoniques, mais également des archives et des musées, ainsi que l'université Konrad Wolf pour le cinéma et la télévision. Le parc de cinéma mitoyen de Babelsberg accueille des shows et parcs à thèmes.

La direction de la production fut assumée de 1992 à 1997 par le régisseur de réputation mondiale Volker Schlöndorff. Depuis 2004, l'entreprise est gérée par la Filmbetriebe Berlin Brandenburg GmbH.

△△ Szene aus dem Film „Der Blaue Engel" mit Marlene Dietrich und Emil Jannings, 1930, Regie: Josef von Sternberg

Scene from the film *The Blue Angel* with Marlene Dietrich and Emil Jannings, 1930, directed by Josef von Sternberg

Scène du film *L'ange bleu,* avec Marlene Dietrich et Emil Jannings, 1930, régisseur : Josef von Sternberg.

△ Filmkulisse des Studios Babelsberg auf dem Gelände der Medienstadt Babelsberg in Potsdam, Luftfoto vom 04.09.2012

Film set at the Babelsberg studio in the Babelsberg media city complex in Potsdam, aerial photograph of September 4, 2012

Coulisses de film du studio de Babelsberg sur le site de la ville des média Babelsberg, à Potsdam, prise de vue aérienne du 4 septembre 2012.

Weimarer Republik, Nationalsozialismus, Kriegszerstörung | Weimar Republic, National Socialism, and Wartime Destruction | La République de Weimar, le national-socialisme, les destructions de guerre

Nach Ende des 1. Weltkriegs hatte Potsdam, wie alle deutschen Städte, mit erheblicher Wohnungsnot zu kämpfen. Abhilfe schuf eine Vielzahl neuer Siedlungen, die die stilistische Bandbreite der Architektur der 1920er- und frühen 1930er-Jahre widerspiegeln.

Am 21. März 1933 musste die Stadt den »Tag von Potsdam« verzeichnen, den symbolhaften Handschlag zwischen Hitler und Hindenburg in der Garnisonkirche. Die Nationalsozialisten stilisierten Potsdam und seine militärische Tradition zum Abbild preußischer Tugend; das Stadtbild suchten sie von allzu gefälligen barocken und neobarocken Akzenten zu befreien. Der aufkeimenden Moderne setzte man den traditionsgebundenen Heimatstil entgegen. Nach Eingemeindungen umliegender Ortschaften erhielt Potsdam 1935 den Status der Großstadt.

Für die Filmstadt Babelsberg legte Emil Fahrenkamp 1939 einen axial betonten Bebauungsplan vor, der jedoch nur partiell realisiert wurde. Allerdings vollendete man noch 1943 am Rande der Filmstadt das kriegstechnisch wichtige Präsidialgebäude des Deutschen Roten Kreuzes mit seiner 37-achsiger Hauptfront und dem Führerbalkon. Im Stil eines preußischen Klassizismus entstanden Wohnanlagen mit monumentalen Pfeilerhallen und Thingstätte.

Am 14. April 1945 fielen die Bomben englischer Flugstaffeln auf Potsdam. Sie zerstörten große Teile der Altstadt mit ihren historischen Häuserzeilen. Stadtschloss und Garnisonkirche brannten aus. Der Einzug sowjetischer Truppen am 27. April bedeutete weitere Schäden; so beschoss die Rote Armee Kirchentürme und -kuppeln, die als Beobachtungsposten dienten. Weitgehend verschont blieben zum Glück die barocken Stadterweiterungen, darunter auch das Holländische Viertel, sowie die Schlösser und Gärten um Sanssouci. Im Sommer 1945 tagte die so genannte Potsdamer Konferenz in Schloss Cecilienhof und besiegelte die Einteilung Deutschlands in vier Besatzungszonen.

◁ Wohnanlage am Schillerplatz, Detailansicht eines der Bauten: Architekt Georg Fritsch, 1935–38, Wiederaufbau 1959–61. Die Siedlung am einstigen Adolf-Hitler-Platz gilt wegen ihrer Verbindung neoklassizistischer und historisch Potsdamer Elemente als bedeutendes Zeugnis nationalsozialistischen Städtebaus.

Housing complex on the Schillerplatz, detail of a building by: architect Georg Fritsch, 1935–38, rebuilt in 1959–61. Because of its combination of Neoclassical and historical Potsdam elements, this settlement on the former Adolf Hitler Platz is considered an important example of National Socialist urban construction

Lotissement de la Schillerplatz, vue d'un bâtiment : architecte Georg Fritsch, 1935-1938, reconstruction en 1959-1961. Le lotissement de l'ancienne place Adolf Hitler est considéré comme un témoin important de l'urbanisme national-socialiste en raison de son association d'éléments néoclassiques et d'éléments historiques de Potsdam.

▷ Das im Krieg zerstörte Potsdamer Stadtschloss wurde, obwohl ausbaufähig, 1959/60 abgerissen.

The Stadtschloss in Potsdam was demolished in 1959/60 although it could have been expanded

Bien que pouvant être reconstruit, le château de ville de Potsdam fut rasé de 1950 à 1960.

At the end of World War I, Potsdam, like all German cities, had to battle with severe housing shortages. A remedy was provided by the creation of a number of new settlements, which reflect the stylistic range of the architecture of the 1920s and early 1930s.

On March 21, 1933, the city was obliged to mark the "Day of Potsdam," the symbolic handshake between Hitler and Hindenburg in the Garrison Church. The National Socialists characterized Potsdam and its military tradition as the embodiment of Prussian virtue; they sought to free the city's image from its excessively pleasing Baroque and Neo-Baroque elements. The tradition-bound Domestic Revival style was used to oppose to the burgeoning Modernist trend. In 1935, after the incorporation of surrounding villages, Potsdam acquired the status of a Großstadt (major city).

In 1939, Emil Fahrenkamp presented an axially based land-use plan for the film city of Babelsberg, which was only partially realized. However, by 1943, at the edge of the film city, the presidential building of the German Red Cross, which was of importance in terms of military technology, was completed with its 37-axis main front and Fuehrer's Balcony. In the style of Prussian Neoclassicism, housing complexes were built with monumental pillared halls and thingstead or assembly meeting place.

On April 14, 1945, British bombing raids attacked Potsdam. The bombs destroyed large areas of the old city with their historic rows of houses. The Stadtschloss and Garrison Church were burnt out. The entry of Soviet troops on April 27 caused further damage; the Red Army targeted church towers and domes, which served as observation posts. Luckily, the Baroque city extensions were largely spared, including the Dutch Quarter as well as the palaces and gardens around Sanssouci. In the summer of 1945, the so-called Potsdam Conference met in Schloss Cecilienhof and sealed the division of Germany into four occupation zones.

À la fin de la Première Guerre mondiale, Potsdam, comme toutes les villes allemandes, souffrait du manque crucial de logements. On construisit alors un grand nombre de lotissements qui reflètent la palette stylistique de l'architecture des années 1920 et du début des années 1930.

La poignée de mains très symbolique d'Hitler et Hindenburg dans l'église de la garnison fit du 21 mars 1933 le «jour de Potsdam». Les nazis stylisèrent Potsdam et sa tradition militaire en exemple de la vertu prussienne. Ils cherchèrent à affranchir la ville de ses accents baroques et néobaroques par trop plaisants et opposèrent au Moderne émergeant le style national traditionnel. Après le rattachement des communes voisines, Potsdam obtint, en 1935, le statut de grande ville.

En 1939, Emil Fahrenkamp exposa un plan d'aménagement axial de Babelsberg qui ne fut toutefois que partiellement réalisé. Le bâtiment de la présidence de la Croix Rouge allemande, important en ces temps de guerre, fut encore achevé en 1943, à la périphérie de la ville du cinéma, avec sa façade principale à 37 axes et le balcon du Führer. En harmonie avec le classicisme prussien, on construisit des habitations avec des halles sur piliers et des sites de réunion citoyenne monumentaux.

Le 14 avril 1945, l'aviation anglaise bombarda Potsdam et détruisit de vastes parties de la vieille ville et de ses rangées de maisons. Le château et l'église de la garnison furent détruits par les flammes. L'entrée des troupes soviétiques dans la ville, le 27 avril, provoqua encore davantage de dégâts. L'Armée rouge mitrailla la tour et le dôme de l'église qui servaient de postes d'observation. Par bonheur, les extensions baroques de la ville ne furent pas touchées, dont le Quartier Hollandais et les palais et jardins autour de Sans-Souci. Le palais de Cecilienhof accueillit à l'été 1945 la conférence de Potsdam où fut décidée la partition de l'Allemagne en quatre zones d'occupation.

Potsdam in Zeiten der DDR | Potsdam during the GDR Period | Potsdam à l'époque de la RDA

Nach der Auflösung des preußischen Staates 1947 und der Gründung der DDR 1949 wurde Potsdam 1952 eine der drei Bezirkshauptstädte des Landes Brandenburg.

Der Wiederaufbau der kriegszerstörten Innenstadt erfolgte vorrangig unter sozialistischen Gesichtspunkten, d. h., die Spuren »feudalistischer« Vergangenheit und militaristischen Preußentums wurden getilgt und im Sinne des Arbeiter- und Bauernstaates überformt. So wurden u. a. die ausgebrannten, jedoch rekonstruktionsfähigen Ruinen von Stadtschloss und Garnisonkirche noch in den 1960er Jahren gesprengt. Die Neubebauung des Alten Markts und des Lustgartenareals negierte gezielt die historische Struktur der preußischen Residenz. Selbst der städtebaulich prägnante, von Lindenalleen und Bürgerhäusern gerahmte Stadtkanal – 1721 nach dem Vorbild holländischer Grachten angelegt – wurde zwischen 1961 und 1975 zugeschüttet.

Ausnahmen dieser kurzsichtigen Maßnahmen stellten der Wiederaufbau des Alten Rathauses, der Nikolaikirche oder die Wiederherstellung einiger klassizistischer Straßenzüge dar, deren Fassaden in ihren historischen Formen rekonstruiert wurden. Hier dürfte der Stolz auf das künstlerische Erbe, allem voran auf das Werk Schinkels, die ideologischen Argumente überstimmt haben. Eine grundlegende Trendwende im Umgang mit historischer Bausubstanz erfolgte erst in den 1970er-Jahren.

Doch es gab auch durchaus bemerkenswerte Planungen, etwa das Konzept der »Stadt am Wasser«, das Potsdam zur Havellandschaft öffnete und der Stadt neue Lebensqualität verschaffte. Einzelne Bauten, wie die Schalenkonstruktion des Café Seerose oder der an Werken der klassischen Moderne orientierte Fachhochschulkomplex des Staudenhof am Alten Markt, belegen die anspruchsvolle und international konkurrenzfähige Seite der DDR-Baukunst.

After the dissolution of the Prussian state in 1947 and the foundation of the GDR (German Democratic Republic) in 1949, in 1952 Potsdam became one of the three district capitals of the state of Brandenburg.

The rebuilding of the war-damaged inner city was conducted primarily on Socialist principles. This meant that traces of the "feudalist" past and Prussian militarism were obliterated and reshaped in the spirit of the workers' and peasants' state. Thus, among other buildings, the ruins of the Stadtschloss and Garrison Church, which were burnt out but still could have been reconstructed, were blown up in the 1960s. The new building of the Old Market and the Pleasure Garden area deliberately negated the historic structure of the Prussian royal residence. Even the city canal, eye-catchingly framed in urban planning terms by avenues of linden trees and domestic architecture and laid out in 1721 on the model of Dutch canals, was filled in between 1961 and 1975.

Exceptions to these short-sighted measures were represented by the rebuilding of the Old Rathaus (City Hall) and of the Nikolaikirche, and the restoration of some Neoclassical streets, whose façades were reconstructed in their historic forms. Here it was probably pride in the city's artistic heritage, above all in the work of Schinkel, that edged out the ideological arguments. A fundamental trend reversal in dealing with historic structures did not take place until the 1970s.

Yet, there were also highly remarkable planning projects, for example the concept of the "city by the water," which opened Potsdam to the Havel landscape and gave a new quality of life to the city. Individual buildings, such as the shell structure of the Café Seerose or the Staudenhof technical college at the Alte Markt, modeled on works of classical Modernism, bear witness to the ambitious and internationally competitive side of GDR architecture.

Café »Seerose«, Architekten: Ulrich Muther und Dieter Athing, 1980–83, ein an mexikanischen Vorbildern orientiertes Hauptwerk der sog. Ostmoderne

Café "Seerose" (water lily), architects: Ulrich Müther and Dieter Athing, 1980–83, a major work of the so-called Eastern Modernism movement, based on Mexican models

Le café « Seerose » : architectes : Ulrich Müther et Dieter Athing, 1980–1983, une œuvre majeure dudit moderne de l'Est d'inspiration mexicaine.

Suite à la dissolution de l'État de Prusse, en 1947, et à la fondation, en 1949, de la RDA, Potsdam devint, en 1952, l'un des trois chefs-lieux de district du land de Brandebourg. La reconstruction du cœur de la ville détruit pendant la guerre se conforma principalement aux principes socialistes, c'est-à-dire que les traces du passé « féodal » et militaire prussien furent effacées et retravaillées dans le sens de l'État ouvrier et paysan. C'est ainsi que les ruines du palais de la ville et de l'église de la garnison, détruits par le feu et pourtant à même d'être reconstruits, furent dynamitées dans les années 1960. La nouvelle construction de l'Alter Markt et de la zone du Lustgarten renia volontairement la structure historique de la résidence prussienne. Le canal de la ville lui-même, une construction urbanistique marquante bordée d'allées de tilleuls et d'habitations bourgeoises – construit en 1721 sur l'exemple des canaux hollandais –, fut remblayé entre 1961 et 1975.

La reconstruction de l'ancienne mairie et de l'église Saint-Nicolas, ainsi que le réaménagement de certaines artères classiques dont les façades furent reconstruites dans leur forme historique, constituent les exceptions à ces mesures à court terme. La fierté de l'héritage artistique, et notamment l'œuvre de Schinkel, semble avoir prévalu sur les arguments idéologiques. Ce n'est que dans les années 1970 que l'on observa un renversement de l'approche des substances architecturales historiques.

On réalisa toutefois quelques projets très intéressants, comme le concept de la « ville au bord de l'eau » qui ouvrit Potsdam sur le paysage de la Havel et procura à la ville une nouvelle qualité de vie. Certains édifices, comme la construction en coque du Café Seerose ou le complexe universitaire de Staudenhof, près de l'Alter Markt (l'ancien marché), orientés vers le Classique moderne, mettent en exergue la facette ambitieuse de l'architecture de la RDA, tout à fait apte à rivaliser avec la concurrence internationale.

△ Hotel Mercure, ehem. Interhotel, Architekten: Kollektiv Sepp Weber, 1966/67

Hotel Mercure, formerly Interhotel, architects: Sepp Weber Collective, 1966/67

Hôtel Mercure, ancien Interhotel, architectes : Kollektiv Sepp Weber, 1966 et 1967.

◁ Wohnanlage Burgstraße, Architekten: Kollektiv Hans-Jürgen Kluge/Hermann Poetzsch, 1961–74

Burgstraße housing complex, architects: Hans-Jürgen Kluge/Hermann Poetzsch Collective, 1961–74

Lotissement de la Burgstraße, architectes : Kollektiv Hans-Jürgen Kluge/Hermann Poetzsch, 1961-1974.

Der Fall der Mauer 1989 und die Wiedervereinigung gaben dem über 1000-jährigen Potsdam seine historische Dimension zurück. Der Wegfall der Grenzen ließ die in Jahrhunderten gewachsene Kulturlandschaft südwestlich Berlins wieder als Einheit erscheinen. Nach und nach konnten marode Park- und Schlossanlagen, vor allem aber die die Havel überspannenden Sichtachsen wiederhergestellt werden. Bereits 1990 wurden die Potsdamer Schlösser und Gärten in die Liste des UNESCO-Kulturerbes aufgenommen. Die Bundesgartenschau 2001 half, weitere Lücken zu schließen und dem Potsdamer Umland neue Wege zu weisen. Schwieriger gestaltete und gestaltet sich der Umgang mit der Potsdamer Innenstadt: Hier hat die sozialistische Überformung unwiederbringliche Verluste gefordert, jedoch auch eigene historische Akzente gesetzt, die es zu erhalten gilt.

Seit 1990 Hauptstadt des Landes Brandenburg, hat sich Potsdam ein neues Profil erarbeitet, das die Bereiche Kultur und Wissenschaft in den Vordergrund rückt. Die Gründung der Universität, die Einrichtung des Wissenschaftsparks Golm, vor allem aber die Privatisierung und der Ausbau der Filmstadt Babelsberg legten den Grundstein für den wirtschaftlichen Aufschwung des letzten Jahrzehnts. Mit renommierten Instituten der Astrophysik und Biotechnologie konnte die Stadt an ihre Rolle als Forschungsstandort anknüpfen.

Dank wirtschaftlicher Prosperität, bevorzugter Lage im Grünen wie wohlwollend-distanzierter Nachbarschaft zu Berlin verzeichnet Potsdam seit dem Jahr 2000 ständigen Zuwachs. Heute zählt die Stadt knapp 160 000 Einwohner, darunter etliche Prominente, die sich um Kunst und Kultur verdient machen.

In der Potsdamer Innenstadt schließen sich indes die Wunden, die Krieg und Sozialismus geschlagen haben: Die Straßenzüge der barocken Stadterweiterungen, darunter das Holländische Viertel, sind vorbildlich saniert, historische Bauten restauriert und museal genutzt. Der vom Soldatenkönig Friedrich Wilhelm I. angelegte und zu DDR-Zeiten verschüttete Stadtkanal wird Zug um Zug freigelegt, die repräsentative Bebauung zu seinen Seiten restauriert und rekonstruiert. Die bereits 1966 bzw. 1981 wiedererrichteten Wahrzeichen des Rathauses wie der Schinkelschen Nikolaikirche erstrahlen in neuem Glanz. Dennoch erweist sich in diesem von verschiedenen Zeitschichten geprägten Umfeld jede Baumaßnahme als Gratwanderung zwischen Tradition und Neuerung, zwischen Denkmalpflege, Rekonstruktion und Investition.

With the fall of the Berlin Wall in 1989 and the reunification of Germany, the 1000-year-old city of Potsdam regained its historic dimension. The abolition of the borders allowed the cultural landscape south-west of Berlin, which had evolved over the centuries, to be perceived once again as a single entity. Gradually, it became possible to restore dilapidated park and palace complexes, above all the visual axes overlooking the Havel. In 1990, the palaces and gardens of Potsdam were included in the list of UNESCO Cultural Heritage sites. The National Garden Show of 2001 helped to close further gaps and to indicate new paths to the regions surrounding Potsdam. However, the inner city of Potsdam proved, and still proves, more difficult to deal with. Here Socialist transformation has demanded irretrievable losses, but has also brought to the fore historic aspects which need to be preserved.

As capital of the state of Brandenburg since 1990, Potsdam has developed a new profile for itself, which foregrounds the realms of culture and science. The founding of the university, the establishment of the Golm science park, but above all the privatization and expansion of the film city of Babelsberg laid the foundations for the economic upswing of the last decade. With its renowned institutes of geophysics, astrophysics, and

Blick vom Park Babelsberg über den Tiefen See auf die Bauten der Schiffbauergasse: Hans-Otto-Theater (links), daneben die ehem. Zichorienmühle, Bürogebäude Oracle (rechts)

View from Babelsberg Park over the Tiefer See of the buildings in Schiffbauergasse: Hans-Otto Theater (left), next to it the former Zichorienmühle or Chicory Mill, and the Oracle office building (right)

Vue du parc de Babelsberg sur les bâtiments de la Schiffbauergasse au-delà du Tiefer See : le théâtre Hans Otto (à gauche), l'ancien moulin de chicorée et les bureaux Oracle (à droite).

biotechnology, the city has been able to draw on its role as a center for research.

Thanks to economic prosperity, to its privileged countryside location, and to its sympathetic and yet distanced proximity to Berlin, Potsdam has recorded a steady increase in population since the year 2000. Today the city numbers about 160,000 inhabitants, including several high-profile individuals who render outstanding services to art and culture.

Meanwhile, in the inner city of Potsdam, the wounds inflicted by war and Socialism are closing. The streets in the Baroque city extensions, including the Dutch Quarter, have been refurbished in exemplary fashion, and historic buildings restored and used as museums. The city canal, laid out by the soldier king Frederick William I and filled in during the days of the GDR, is being gradually opened up, and the imposing buildings that flank it restored and reconstructed. The city landmarks, the Rathaus and Schinkel's Nikolaikirche, already rebuilt in 1966 and 1981, shine in new splendor. And yet, in this environment marked by many layers of time, each building decision proves to be a tightrope walk between tradition and renovation, between historic preservation, reconstruction, and investment.

La chute du mur, en 1989, et la réunification restituèrent à la ville plus que millénaire de Potsdam sa dimension historique. La suppression des frontières redonna son unité au paysage culturel centenaire du sud-ouest de Berlin. Petit à petit, les parcs et les domaines des palais, mais surtout les axes de perspective au-delà de la Havel, purent être restaurés. Dès 1990, les palais et jardins de Potsdam furent inscrits au patrimoine culturel de l'UNESCO. Le Bundesgartenschau de 2001, les floralies allemandes, contribuèrent à combler quelques vides et à proposer de nouvelles perspectives aux

environs de Potsdam. Le cœur de la ville de Potsdam posa et pose encore davantage de problèmes : la volonté socialiste d'effacer toute trace du passé entraîna des pertes irrémédiables, mais elle imposa simultanément ses propres accents historiques qu'il convient de conserver.

Capitale du Brandebourg depuis 1990, Potsdam a acquis un nouveau profil qui met en avant les domaines culturel et scientifique. La fondation de l'université, l'installation du parc scientifique de Golm et surtout la privatisation et l'aménagement de la ville du cinéma de Babelsberg posèrent la première pierre de l'essor économique de la décennie passée. Avec des instituts de renom de l'astrophysique et de la biotechnologie, la ville parvient à être à la hauteur de son rôle de site de recherche. Grâce à sa prospérité économique, à sa situation privilégiée en pleine campagne et au voisinage volontairement distant de Berlin, Potsdam enregistre depuis l'an 2000 un accroissement démographique constant. La ville compte aujourd'hui près de 160 000 âmes, dont un grand nombre de célébrités qui œuvrent pour l'art et la culture.

Pendant ce temps, les blessures de la guerre et du socialisme se referment au cœur de la localité : les rues de l'extension baroque de la ville, dont le Quartier Hollandais, sont assainies de manière exemplaire, les édifices historiques sont restaurés et utilisés à des fins de mémoire. Le canal de la ville, construit par le roi soldat Frédéric Guillaume Ier et remblayé à l'époque de la RDA, est dégagé mètre après mètre, les édifices représentatifs de son époque sont restaurés et reconstruits. Les emblèmes de la mairie, de nouveau érigés dès 1966 puis en 1981, comme l'église Saint-Nicolas, de Schinkel, rayonnent de leur beauté retrouvée. Et pourtant, dans cet environnement témoin d'ères si diverses, chaque projet de construction s'avère être un exercice d'équilibriste entre la tradition et l'innovation, entre la conservation des monuments historiques, la reconstruction et l'investissement.

△ Hochschule für Film und Fernsehen
Konrad Wolf, Architekten: medium
Architekten, 1998–2000

Konrad Wolf Academy for Film and
Television, architects: medium Architekten,
1998–2000

Université Konrad Wolf pour le cinéma
et la télévision, architectes : medium
Architekten, 1998-2000.

▷ ▷▷ Neugestaltung des Nikolaisaals
(»Dritter Nikolaisaal«): Rudy Ricciotti,
1997–2000

Redesign of the Nikolaisaal ("Third
Nikolaisaal"): Rudy Ricciotti, 1997–2000

Réaménagement de la salle Nicolas
(« Troisième Salle Nicolas ») : Rudy
Ricciotti, 1997-2000.

Nach heftigen Kontroversen begann 2010 die Wiederherstellung des Stadtschlosses in seiner historischen Kubatur, wobei erhaltene Fragmente in die Fassaden einbezogen werden. Als Sitz des brandenburgischen Landtags soll das neue Schloss die schmerzliche Brache zwischen Altem Markt und Lustgarten schließen. Es bleibt zu hoffen, dass es auch nur annähernd die städtebauliche Ausstrahlung des Originals erreichen kann.

Das heutige Potsdam definiert sich jedoch nicht nur über Rekonstruktion und Restauration: Als Beispiele qualitätsvoller zeitgenössischer Architektur seien erwähnt: die Neubauten der Medienstadt Babelsberg, darunter die spektakuläre Film-und Fernsehhochschule, der elegante Innenraum des Nikolaisaals, die kühne Halle der Biosphäre und das von Gottfried Böhm entworfene Hans-Otto-Theater, das skulptural das Ufer des Tiefen Sees dominiert. In havelnahen Gebieten, im Bereich der BUGA wie am Bornstedter Feld, entstanden beachtenswerte Wohnsiedlungen, letztere als großflächige Umnutzung eines ehemaligen Kasernengeländes.

Initiativen und Spenden privater Investoren wirken derzeit auf neue spektakuläre Projekte hin, den Wiederaufbau der Garnisonkirche wie die Errichtung einer Kunsthalle am Lustgarten, der freilich das ehemalige Interhotel Mercure weichen müsste.

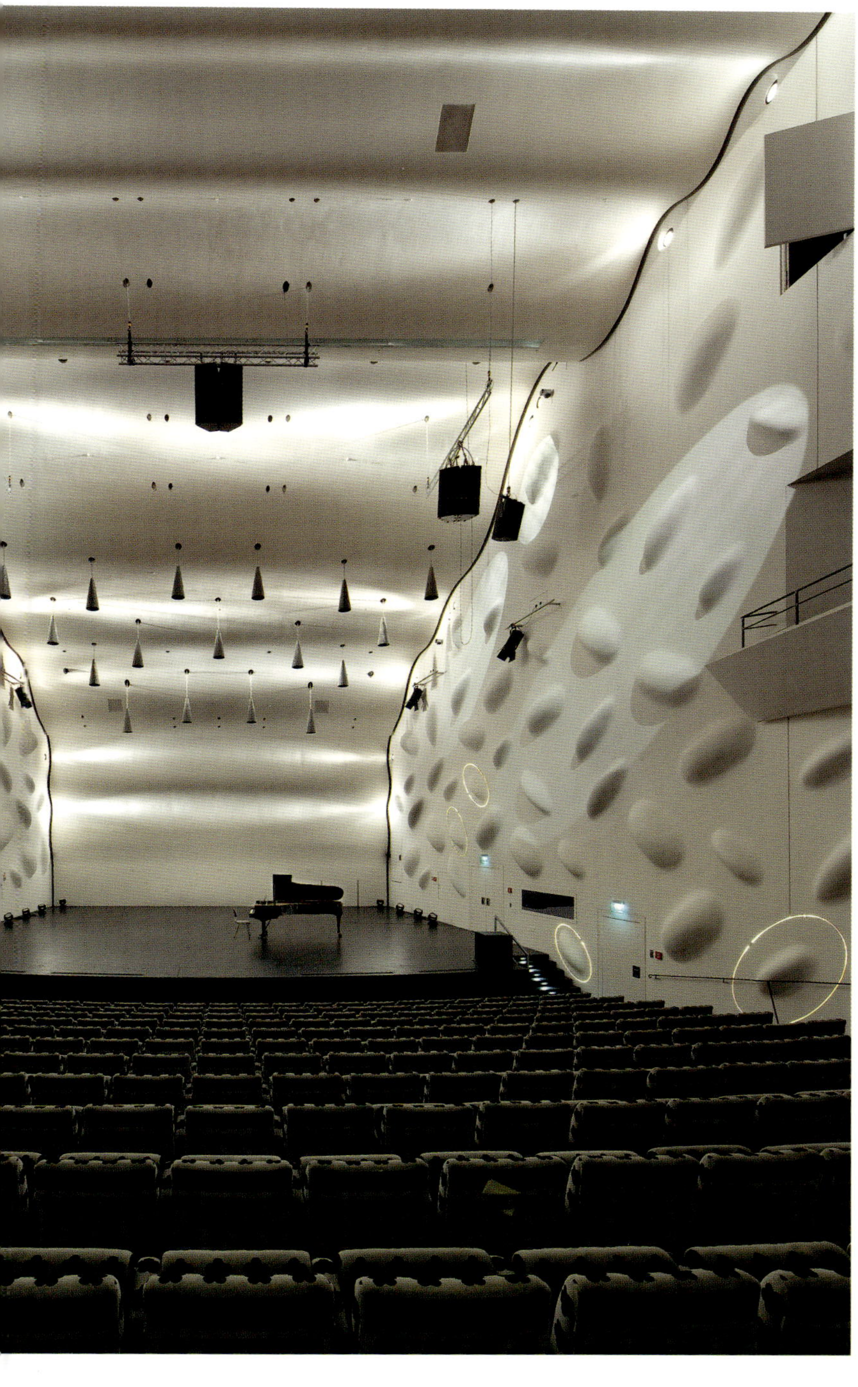

In 2010, after violent controversy, the restoration of the Stadtschloss began in its historic cubature, with preserved fragments included in the façade. As the seat of the state parliament of Brandenburg, the role of the new palace is to close up the distressing wasteland area between the Old Market and the Pleasure Garden. It is hoped that it can at least approach the urban planning charisma of the original.

Potsdam today, however, is defined by more than reconstruction and restoration. Among examples of high-quality contemporary architecture are the new buildings in the media city of Babelsberg, including the spectacular film and television academy, the elegant interior of the Nikolaisaal, the boldly designed hall of the Biosphere, and the Hans-Otto Theater designed by Gottfried Böhm, which sculpturally dominates the banks of the Tiefer See. Near the Havel, in the areas of the BUGA (the Bundesgartenschau or biennial national horticultural show) and the Bornstedter Feld district, notable housing complexes have been created, the latter as a large-scale conversion of a former barracks.

Initiatives and donations by private investors are currently working toward new, spectacular projects, such as the rebuilding of the Garrison Church and the building of an art gallery in the Pleasure Garden, to which, however, the former Interhotel Mercure would have to give way.

La reconstruction du palais de la ville dans sa cubature historique, avec l'intégration de fragments conservés dans les façades, commença en 2010 après de violentes controverses. Le nouveau palais doit, en tant que siège du gouvernement du Brandebourg, combler le vide douloureux entre l'Alter Markt et le Lustgarten. On ne peut qu'espérer qu'il atteindra approximativement le rayonnement urbanistique de l'original.

Le Potsdam actuel ne se définit toutefois pas uniquement en termes de reconstruction et de restauration. On évoquera comme exemples d'une architecture contemporaine de qualité les nouveaux édifices de Babelsberg, la ville des médias, dont la spectaculaire faculté pour le cinéma et la télévision, l'intérieur élégant de la salle Saint-Nicolas, la halle audacieuse de la Biosphère et le théâtre Hans Otto, conçu par Gottfried Böhm, dont la silhouette sculpturale domine les rives du Tiefes See. D'admirables lotissements d'habitation ont vu le jour dans les zones à proximité de la Havel, dans le secteur de la BUGA, comme au Bornstedter Feld, en grande partie sur de vastes terrains autrefois occupés par des casernes.

Des initiatives et des dons d'investisseurs privés favorisent actuellement de nouveaux projets spectaculaires, comme, par exemple, la reconstruction de l'église de la garnison ou la construction d'une galerie d'art au Lustgarten à laquelle l'ancien Interhotel Mercur devrait, bien sûr, céder la place.

Residenz und Rückzugsort

Schlösser und Gärten von Sanssouci

Royal Residence and Retreat

The Palaces and Gardens of Sanssouci

Résidence et lieu de retraite

Palais et parcs de Sans-Souci

Schloss und Park Sanssouci | Sanssouci Palace and Park | Palais et parc de Sans-Souci

1744 entschied sich Friedrich II., genannt der Große, Potsdam zur Residenz zu erheben und das dortige Hohenzollernschloss ausbauen zu lassen. Bereits im August desselben Jahres fasste er den Entschluss, den nordwestlich der Stadt gelegenen landschaftlich reizvollen »Wüsten Berg« zu terrassieren und dort Rebstöcke und Obstbäume anzupflanzen. Nur wenig später hielt der naturverbundene König testamentarisch fest, dass er in einer Gruft oberhalb seines neuen Weinbergs bestattet sein wollte. Der Weinberg geriet zum Kunstwerk: Seine sechs von übermannshohen Mauern gestützten Terrassen schwingen in sanftem Bogen nach innen, eine elegante, ausladende Freitreppe durchzieht die Mittelachse. Die Treibmauern, die den Reben Wärme und Windschutz bieten, dienen gleichzeitig als Rücklage für Spaliere. Zwischen diesen öffnen sich verglaste Nischen, in denen Feigenbäume und andere exotische Obstsorten wachsen. Taxuspyramiden und Kübelpflanzen setzen vertikale Akzente.

Ob Friedrich II. von Anfang an plante, den Weinberg mit einem Schloss zu bekrönen, ist unklar; in jedem Fall begannen die Arbeiten an »Sanssouci« im April 1745 und wurden 1747 abgeschlossen. Am Entwurf war der König selbst beteiligt. Bei der Ausführung kam es zum Bruch mit seinem Hofarchitekten Georg Wenzeslaus von Knobelsdorff. Anlass war ein kleines, aber entscheidendes Detail: Während Friedrich ungehindert aus den Räumen ins Freie zu treten wünschte, plante Knobelsdorff – der Fernwirkung wegen –, den Bau auf einen Sockel zu stellen.

In 1744 Frederick II, known as Frederick the Great, decided to elevate Potsdam to the status of a royal residence and have the Hohenzollern palace there extended. By August of the same year he had made the decision to terrace the scenically attractive "Wüster Berg" (wild hill) and plant vines and fruit trees there. Only a short time later, the nature-loving King specified in his will that he wished to be buried in a tomb above his new vineyard. This vineyard became a work of art; its six terraces, supported by walls above head height, curve inward in a gentle arc, and an elegant projecting flight of stairs traverses the central axis. The retaining walls provide the vines with warmth and protection from wind, at the same time serving as a support for trellises. Between these, glazed niches open, which house fig and other exotic fruit trees. Yew tree pyramids and tub plants provide vertical accents.

Whether Frederick II planned from the start to crown the vineyard with a palace is not clear; in any case, work began on Sanssouci in April 1745 and was concluded in 1747. The King himself participated in the design. The question of its execution led to a rift between him and his court architect Georg Wenzeslaus von Knobelsdorff. The occasion was a small but decisive detail: while Frederick's wish was to walk unhindered from the rooms into the open air, Knobelsdorff planned, for the sake of the long-distance effect, to place the building on a plinth.

En 1744, Frédéric II dit le Grand, décida d'élever Potsdam au statut de résidence et d'y faire aménager le palais des Hohenzollern. Dès le mois d'août de la même année, il prit la décision de faire niveler des terrasses sur la « Wüsten Berg », la montagne Chauve, une magnifique contrée au nord-ouest de la ville, et d'y planter de la vigne et des arbres fruitiers. Peu de temps après, ce roi très proche de la nature exprima par testament sa volonté d'être enterré dans un caveau au-dessus de sa nouvelle vigne. Le vignoble devint un véritable chef-d'œuvre : ses six murs de soutènement, plus hauts qu'un homme, dessinent de douces courbes incurvées et un vaste escalier trace une élégante ligne médiane. Des arbres en espalier poussent le long de ces murs, qui procurent la chaleur à la vigne et la protègent du vent. Des niches vitrées abritent des figuiers et d'autres variétés exotiques. Des pyramides d'ifs et des plantes en pot émettent des accents verticaux.

On ne saurait affirmer si Frédéric II avait dès le début prévu de couronner le vignoble avec un palais, toujours est-il que, commencés en avril 1745, les travaux de « Sans-Souci » furent achevés en 1747. Le roi participa en personne à sa conception. Il se fâcha même avec l'architecte de la cour, Georg Wenzeslaus von Knobelsdorff, pour un détail certes petit, mais très important : alors que Frédéric souhaitait un palais de plain-pied avec l'extérieur, Knobelsdorff aurait préféré le construire – pour une meilleure impression de loin – sur un socle.

Sanssouci, Blick von der Großen Fontäne auf Weinberg und Schloss, Anlage ab 1744

Sanssouci, view from the Great Fountain of the vineyard and palace, laid out from 1744

Sans-Souci, vue de la Grande Fontaine sur le vignoble et le château, domaine à partir de 1744.

Dem Schloss nördlich vorgelagert ist der Ehrenhof mit seiner aus 44 korinthischen Säulenpaaren gebildeten halbkreisförmigen Kolonnade. Von hier öffnet sich der Blick in die Landschaft, als deren Bekrönung ein malerischer Ruinenberg aufragt. Er kaschiert geschickt das Wasserreservoir, das zur Speisung der Fontänen angelegt wurde.

Mit dem Weinberg, dem Schloss und den Gartenanlagen voll antikischer Reminiszenzen schuf sich der »Philosoph von Sanssouci« sein persönliches Arkadien. Teil dieser gelehrten Idylle sind auch die auf der oberen Terrasse eingerichteten Treillage-Pavillons, deren Laubenarchitektur wertvolle Skulpturen rahmt. Im östlichen der beiden fand der berühmte »Betende Knabe« Aufstellung, eine griechische Großbronze des 3. Jahrhunderts v. Chr. (heute Kopie), die der kunstsinnige König 1747 erworben hatte.

In front of the palace, to the north, lies the main courtyard with its semicircular colonnade formed of 44 pairs of Corinthian columns. From here, the view opens onto the landscape, which is crowned by a picturesque hill with ruins on it, the Ruinenberg. This skillfully conceals the reservoir installed to supply water to the fountains. With his vineyard, palace, and garden complexes filled with reminiscences of the classical world, the "Philosopher of Sanssouci" created his personal Arcadia. Also part of this scholarly idyll are the trellis pavilions on the upper terrace, whose arcaded architecture frames costly sculptures. In the eastern pavilion, the famous "Praying Boy" was set up, a large Greek bronze of the 3rd century BC (today replaced by a copy), which the royal connoisseur had acquired in 1747.

Devant le château, au nord, s'étend la cour d'honneur dont les 44 colonnes corinthiennes géminées forment une colonnade en demi-cercle. De là, la vue porte sur la campagne, couronnée par une picturale colline aux ruines qui cache judicieusement le réservoir d'eau servant à alimenter les fontaines.

Avec le vignoble, le château et le parc aux nombreuses réminiscences antiques, le « philosophe de Sans-Souci » se créa sa propre Arcadie. Les pavillons en treillage sur la terrasse supérieure, dont l'architecture en tonnelle accueille de précieuses sculptures, sont autant d'éléments de cette idylle érudite. À l'est de ceux-ci se dresse la célèbre sculpture en bronze de grande taille du IIIe siècle avant J.-C., « Le Garçon en prière » (de nos jours une copie), acquise en 1747 par le roi très porté sur les arts.

Schloss Sanssouci, Ehrenhof mit Kolonnade, Georg Wenzeslaus von Knobelsdorff, 1745–47

Schloss Sanssouci, main courtyard with colonnade, Georg Wenzeslaus von Knobelsdorff, 1745–47

Le palais de Sans-Souci, la cour d'honneur avec la colonnade, Georg Wenzelaus von Knobelsdorff, 1545 à 1547.

Gartenfassade von Schloss Sanssouci mit Skulpturen von Friedrich Christian Glume, Johann Georg Glume u. a.

Garden façade of Schloss Sanssouci with sculptures by Friedrich Christian Glume, Johann Georg Glume, and others

Façade sur le jardin du palais de Sans-Souci avec des sculptures de Friedrich Christian Glume et Johann Georg Glume entre autres.

»Sans souci« heißt »frei von Sorge«. Der Name, den Friedrich II. dem »Weinbergschloss« gab, ist Programm und Indiz dafür, dass der König einen bewussten Rückzug aus dem zermürbenden, einzig dem Zeremoniell gehorchenden Leben antrat. Dies zeigt sich auch baulich: Das Schlösschen ist eine intime, wenn auch kostbar ausgestattete Sommerresidenz, eine *Maison de plaisance.* Der ursprüngliche Bau – die Wirtschaftsflügel wurden unter Friedrich Wilhelm IV. erweitert – zeigt eine eingeschossige Dreiflügelanlage, deren Mitte zwei Prunksäle, das Vestibül und der ovale Marmorsaal, einnehmen. Sie erschließen die Räume des Königs wie die fünf Gästezimmer, die jeweils als *appartement double,* als Haupt- und Dienerzimmer, ausgebildet sind. Ihrer exquisiten Ausgestaltung verdankt das Friderizianische Rokoko seinen Namen.
Das Gebälk der Gartenfassade tragen Hermen mit Bacchanten und Bacchantinnen. Berauscht, sorg- und zügellos verweisen sie auf Bacchus, den Gott des Weines. Er ist es, der in Sanssouci regiert, es ist sein Reich, in dem der preußische König Muße findet, wo er mit Freunden musiziert und mit seiner »Tafelrunde« disputiert.

Sans souci means "free from cares." The name Frederick II gave to his "vineyard palace" is indicative of the King's conscious decision to retreat from the demoralizing life he was leading, devoted entirely to ceremonial aspects. This is also evident in its architecture: the little palace is an intimate, even though lavishly decorated summer residence, a maison de plaisance. The original building—the administrative wings were extended under Frederick William IV—shows a single-story, three-wing complex, whose center includes two ceremonial rooms, the vestibule, and the oval Marble Hall. They give access to the King's rooms and to the five guestrooms, each of which is laid out as an appartement double, consisting of a main room and a servant's room. Their exquisite design gave its name to the Frederician Rococo style.
The entablature of the garden façade is supported by herms with Bacchants and Bacchantes. Intoxicated, carefree, and unrestrained, they point toward Bacchus, the god of wine. It is he who reigns in Sanssouci, his kingdom where the Prussian King leads a life of leisure, playing music with friends and conducting discussions at his "Round Table."

Le nom de Sans-Souci, que Frédéric II donna sciemment à son « château de la vigne », est tout à la fois un programme et un indice de la volonté du roi de se retirer d'une vie épuisante, exclusivement consacrée au protocole. L'architecture le montre également : le petit château est une résidence d'été intime, bien que richement aménagée, une maison de plaisance. L'édifice original – les ailes d'intendance furent construites sous Frédéric Guillaume IV – se compose de trois ailes d'un étage, dont le cœur abrite deux salles de prestige, le vestibule et la Salle de Marbre ovale. Elles donnent accès aux appartements royaux, comme les cinq chambres pour les hôtes, aménagées chacune en appartement double, avec pièce principale et pièce pour les serviteurs. C'est à leur aménagement raffiné que le rococo frédéricien doit son nom. La charpente de la façade sur le jardin porte des hermès, avec des prêtres et prêtresses du culte de Bacchus qui, insouciants et désinhibés, font référence au dieu du vin. Car c'est lui qui règne à Sans-Souci, c'est son empire dans lequel le roi de Prusse trouve le loisir de faire de la musique avec ses amis et de discuter avec sa « tablée ».

Schloss Sanssouci | Schloss Sanssouci | Le palais de Sans-Souci

Vestibül | Vestibule | Le vestibule

Der edle Farbklang von Weiß und Gold bestimmt das Vestibül, dessen korinthische Doppelsäulen das Motiv des Ehrenhofs wieder aufnehmen. Vor Wandpilastern frei in den Raum gestellt, verleihen sie diesem weihevollen Glanz. Knobelsdorffs festlich-klassischer Architektur antwortet die heiter-verspielte Wand- und Deckendekoration, die erneut das Reich des Bacchus und der Flora thematisiert. Der Schwede Johann Harper schuf das Deckenbild, die vergoldeten Supraportenreliefs der Bildhauer Georg Franz Ebenhecht, den Rocaille-Schmuck der Türen Johann Christian Hoppenhaupt d. J. Als *directeur des ornements* führte er zusammen mit seinem Bruder Johann Michael die Schnitzkunst am preußischen Hof zur Blüte.

The stately harmony of the colors white and gold characterizes the vestibule, whose Corinthian double columns pick up the motif of the main courtyard. Free-standing in the space in front of the wall pilasters, they lend to the latter a ceremonial splendor. Knobelsdorff's dignified classical architecture is balanced by the playful wall and ceiling decoration, whose theme once again is the realm of Bacchus and Flora. The Swede Johann Harper created the ceiling decoration, while the gilded supraporte reliefs are the work of the sculptor Georg Franz Ebenhecht, and the rocaille decoration of the doors is by Johann Christian Hoppenhaupt the Younger. As *directeur des ornements,* he and his brother Johann Michael led the art of carving at the Prussian court to its peak.

L'harmonie des couleurs blanche et dorée domine le vestibule dont les colonnes géminées corinthiennes reprennent le motif de la cour d'honneur. Érigées dans la pièce devant des pilastres muraux, celles-ci lui confèrent son éclat solennel. L'architecture classique et majestueuse de Knobelsdorff fait écho à la décoration des murs et du plafond, ici aussi sur le thème du royaume de Bacchus et de la flore. La fresque de plafond est une œuvre du Suédois Johann Harper, les reliefs dorés au-dessus de la porte sont du sculpteur Georg Franz Ebenhecht et la décoration de rocaille des portes de Johann Christian Hoppenhaupt le Jeune. C'est à lui, en tant que directeur des ornements, et à son frère, Johann Michael, que l'on doit l'âge d'or de la sculpture sur bois à la cour de Prusse.

Schloss Sanssouci, Vestibül, Georg
Wenzeslaus von Knobelsdorff, 1746–48

Schloss Sanssouci, Vestibule, Georg
Wenzeslaus von Knobelsdorff, 1746–48

Le palais de Sans-Souci, vestibule, Georg
Wenzeslaus von Knobelsdorff, 1746-1748.

▷ ▷ Schloss Sanssouci, Vestibül,
Wanddetail und Rocaille

Schloss Sanssouci, Vestibule, detail of wall
decoration and rocaille work

Le palais de Sans-Souci, vestibule, détail
du mur et rocaille.

Hoppenhaupts anmutiges Portal führt in den Marmorsaal, den Festsaal des Schlosses Sanssouci. Hier versammelte sich der König mit seinen Gästen zu den berühmten »Tafelrunden«. Acht Säulenpaare aus Carrara-Marmor gliedern den ovalen Raum, der von einer Kuppel mit Opaion überwölbt wird. Das römische Pantheon stand Pate bei dieser Disposition, freilich ist das antike Heiligtum nun in einen feierlichen Gartensaal umgewandelt: Hohe Fenstertüren öffnen sich zur Terrasse und zum darunterliegenden Weinberg. Die Nischen zu Seiten des Eingangs rahmen die korrespondierenden Figuren der Venus Urania und des Apoll; die Gottheiten verweisen auf Naturwissenschaften und Künste, als deren Schirmherr Friedrich II. sich verstand. Die Skulpturen sind die ersten Arbeiten, die der aus Frankreich stammende Hofbildhauer François Gaspard Adam für den Preußenkönig ausführte.

Hoppenhaupt's graceful portal leads into the Marble Hall, the ceremonial hall of Sanssouci Palace. It was here that the King and his guests gathered for the famous "round tables." Eight pairs of columns of Carrara marble divide the oval space, which is surmounted by a dome with opaion. This composition was inspired by the Pantheon in Rome, though this ancient shrine has here been transformed into a formal garden hall, whose tall French doors open to the terrace and the vineyard below. The niches on either side of the entrance house the complementary figures of Venus Urania and Apollo. These deities are references to the arts and sciences, of which Frederick II considered himself the patron. The sculptures are the first pieces executed for the Prussian king by the French-born court sculptor François Gaspard Adam.

La magnifique porte ouvre sur la salle de marbre, la salle des festivités du palais de Sans-Souci. C'est ici que le roi et ses invités se réunissaient pour les célèbres « Tafelrunden », les tours de tables. Huit paires de colonnes en marbre de Carrare structurent la pièce ovale coiffée d'une coupole avec une imposte. Cette disposition est inspirée du Panthéon de Rome, mais le sanctuaire romain fait ici office de salle solennelle des festivités : de hautes portes-fenêtres ouvrent sur la terrasse et sur le vignoble en contrebas. Les niches de part et d'autre de l'entrée accueillent les statues de Venus Urania et d'Apollon. Les divinités font référence aux arts et aux sciences dont Frédéric II se réclamait le protecteur. Ces sculptures sont les deux premiers travaux du sculpteur de la cour d'origine française, François Gaspard Adam, pour le roi de Prusse.

◁ Schloss Sanssouci, Marmorsaal, Georg Wenzeslaus von Knobelsdorff, 1746–48, Detail der Türdekoration

Schloss Sanssouci, Marble Hall, Georg Wenzeslaus von Knobelsdorff, 1746–48, detail of the door decoration

Le palais de Sans-Souci, Salle de Marbre, Georg Wenzeslaus von Knobelsdorff, 1746-1748, détail de la décoration de la porte.

▷ Schloss Sanssouci, Marmorsaal, Georg Wenzeslaus von Knobelsdorff, 1746–48, Korinthische Säulenpaare

Schloss Sanssouci, Marble Hall, Georg Wenzeslaus von Knobelsdorff, 1746–48, pairs of Corinthian columns

Le palais de Sans-Souci, Salle de Marbre, Georg Wenzeslaus von Knobelsdorff, 1746-1748, colonnes géminées corinthiennes.

Schloss Sanssouci, Marmorsaal, Georg Wenzeslaus von Knobelsdorff, 1746–48, Blick in die Kuppel mit dem Opaion

Mit ihrer Kassettengliederung und dem zentralen Oberlicht zitiert die Kuppel des Marmorsaals das römische Pantheon. Anders als ihr Vorbild ist sie auf das Prächtigste mit vergoldetem Stuck ausgekleidet: Die Kuppelsegmente tragen, neben den Kassetten, üppigen figürlichen Schmuck, darunter erneut Allegorien der Künste, Wissenschaften sowie des Militärwesens (Carl Joseph Sartori und Johann Peter Benckert). Den Kuppelrand bevölkern die vollplastischen Figurengruppen von Georg Franz Ebenhecht, die das Wirken von Astronomie und Geografie, von Zivil- und Militärbaukunst, von Malerei und Skulptur wie von Musik und Poesie versinnbildlichen.

Schloss Sanssouci, Marble Hall, Georg Wenzeslaus von Knobelsdorff, 1746–48, view of the dome with opaion

With its coffered structure and central top light, the dome of the Marble Hall recalls the Pantheon in Rome. Unlike its model, it is magnificently covered with gilded stucco. In addition to the coffers, the single sections of the dome incorporate sumptuous figurative decoration, including, once more, allegories of the arts, sciences, and military life, by Carl Joseph Sartori and Johann Peter Benckert. The edges of the dome are populated by sculptural groups of figures by Georg Franz Ebenhecht, which symbolize the fields of astronomy and geography, civil and military architecture, painting and sculpture, as well as music and poetry.

Le palais de Sans-Souci, Salle de concert de Frédéric II, aménagement intérieur de Johann August Nahl, tableau d'Antoine Pesne, 1746-1748.

Avec sa structure en cassettes et son imposte centrale, la coupole de la salle de marbre fait référence au Panthéon romain. Contrairement à son modèle, elle est habillée on ne peut plus somptueusement de stucs dorés. Les segments de coupole arborent, outre les cassettes, de magnifiques décorations figuratives, dont, de nouveau, des allégories des arts et des sciences, ainsi que des affaires militaires (Carl Joseph Sartori et Johann Peter Benckert). La périphérie de la coupole arbore des groupes de personnages en relief de Georg Franz Ebenhecht symbolisant l'action de l'astronomie et de la géographie, de l'architecture civile et militaire, de la peinture et de la sculpture, ainsi que de la musique et de la poésie.

Konzertzimmer | Concert Hall | La salle de concert

Östlich des Marmorsaals erstreckt sich das Appartement des Königs mit Empfangsraum, Konzertsaal, Arbeitszimmer, Bibliothek und Schlafgemach. Auch hier oblag Knobelsdorff die künstlerische Gesamtleitung, die Ausführung der Innenräume übernahmen unter anderen Johann August Nahl, Johann Michael Hoppenhaupt d. Ä. und Johann Christian Hoppenhaupt d. J. Besonders reizvoll ausgestattet ist das Konzertzimmer, für das der Hofmaler Antoine Pesne die Wandgemälde schuf: Sie illustrieren die Metamorphosen des Ovid.

East of the Marble Hall lie the King's apartments, with reception room, Concert Hall, study, library, and bedroom. Here, too, Knobelsdorff acted as general artistic director, while the interior rooms were executed by, among others, Johann August Nahl, Johann Michael Hoppenhaupt the Elder, and Johann Christian Hoppenhaupt the Younger. The Concert Hall is particularly finely decorated, with wall paintings by the court painter Antoine Pesne, illustrating Ovid's *Metamorphoses.*

Les appartements du roi, avec la salle de réception, la salle de concert, le bureau, la bibliothèque et la chambre à coucher, s'étirent à l'est de la salle de marbre. La direction générale artistique en fut confiée à Knobelsdorff. La réalisation des espaces intérieurs est notamment l'œuvre de Johann August Nahl, Johann Michael Hoppenhaupt l'Ancien et Johann Christian Hoppenhaupt le Jeune. La salle de concert est particulièrement attrayante, avec ses peintures murales d'Antoine Pesne qui illustrent *Les Métamorphoses* d'Ovide.

Schloss Sanssouci, Konzertzimmer Friedrichs II., Innenausstattung von Johann August Nahl, Gemälde von Antoine Pesne, 1746

Schloss Sanssouci, Concert Hall of Frederick the Great, interior decoration by Johann August Nahl, painting by Antoine Pesne, 1746

Le palais de Sans-Souci, Salle de concert de Frédéric II, aménagement intérieur de Johann August Nahl, tableau d'Antoine Pesne, 1746.

Mindestens ebenso prächtig geschmückt wie das Konzertzimmer war einst das Arbeits- und Schlafzimmer Friedrichs II. Den Originalzustand kennt man nur aus Beschreibungen, die von einem hellen, ebenfalls verspiegelten Zimmer sprechen, in dem das Feldbett des Philosophenkönigs stand. Die Möbel waren in einem zerkratzten Zustand, da Friedrich die Räume mit seinen Hunden teilte.

Die einstige Rokokoausstattung ging verloren, als Friedrich Wilhelm II. den Raum zur Verherrlichung seines Vorgängers »würdig«, im Sinne des Klassizismus, durch Friedrich Wilhelm von Erdmannsdorff umgestalten ließ. Erdmannsdorff ließ lediglich den Kamin unangetastet, entfernte Schnitz- und Stuckarbeiten und ersetzte sie durch kühlen, schnörkellosen Dekor. Den Alkoven inszenierte er in der Art einer Tempelfront mit zwei ionischen Porphyrsäulen auf hohem Postament. Die Decken beider einst nur durch eine Brüstung getrennten Raumteile erhielten allegorische Malereien, die Leben und Wirken des preußischen Königs preisen.

Friedrich Wilhelm IV. ließ einen Teil der friderizianischen Möbel zurückbringen, so auch den Sterbesessel, der seit 1843 wieder vor dem Alkoven steht. Die Wände zierten nun Porträts Friedrichs des Großen und seiner Zeitgenossen.

The study and bedroom of Frederick II were once at least as splendidly decorated as the Concert Hall. Their original state is known only from descriptions, which speak of a bright, mirrored room, in which stood the philosopher king's camp bed. The furniture was damaged by scratches, because Frederick shared the rooms with his dogs.

The original Rococo decoration was lost when Frederick William II, for the glorification of his predecessor, had the rooms redesigned "worthily," in Neoclassical style, by Friedrich Wilhelm von Erdmannsdorff. Erdmannsdorff left only the chimneypiece untouched, but removed carving and stucco work, and replaced these with cool, unadorned decoration. He staged the alcove in the manner of a temple façade with two Ionian porphyry columns on a tall pedestal. The ceilings of both parts of the room, formerly divided only by a parapet, were furnished with allegorical paintings in praise of the life and work of the Prussian King.

Frederick William IV had some of the Frederician furniture brought back, including the "death chair" of Frederick II, which since 1843 has once again stood in front of the alcove. The walls were now adorned with portraits of Frederick the Great and his contemporaries.

Le bureau et la chambre à coucher de Frédéric le Grand étaient autrefois au moins aussi somptueusement décorés que la salle de concert. On n'en connaît toutefois l'état original qu'à travers les descriptions qui évoquent une pièce claire, également dotée de nombreux miroirs, dans laquelle se trouvait le lit de camp du roi philosophe. Les meubles portaient des traces de griffures, car Frédéric partageait cet espace avec ses chiens.

L'aménagement rococo d'origine disparut lorsque Frédéric Guillaume II fit modifier la pièce « dignement », dans le sens du Classicisme, en hommage à son prédécesseur par Frédéric Guillaume von Erdmannsdorff. Erdmannsdorff ne conserva

que la cheminée, il fit enlever les stucs et sculptures sur bois et les remplaça par un décor froid et sans fioritures. Il mit en scène l'alcôve sous la forme d'une façade de temple, avec deux colonnes ioniennes de porphyre sur des murets. Les plafonds de ces deux espaces, autrefois séparés uniquement par une balustrade, furent décorés de peintures allégoriques faisant l'éloge de la vie et de l'action du roi de Prusse.

Frédéric Guillaume IV fit rapporter ici une partie du mobilier frédéricien, dont le fauteuil où le monarque mourut et qui, depuis 1843, se trouve de nouveau devant l'alcôve. Les murs étaient ornés de portraits de Frédéric le Grand et de ses contemporains.

△ Friedrich II., der Große, Porträt von Anton Graff, 1781

Frederick II, the Great, portrait by Anton Graff, 1781

Frédéric II le Grand, portrait d'Anton Graff, 1781.

◁ ▷ Schloss Sanssouci, Arbeits- und Schlafzimmer Friedrich II., 1786 klassizistisch umgewandelt, Schreibtisch (links), Alkoven und Sterbesessel (nachfolgend)

Schloss Sanssouci, study and bedroom of Frederick II; in 1786 the original Rococo decoration was converted in Neoclassical style by Friedrich Wilhelm von Erdmannsdorff.

Le palais de Sans-Souci, bureau et chambre de Frédéric II, l'aménagement originel rococo fut transformé en style classique par Friedrich Wilhelm von Erdmannsdorff, en 1786.

Ein enger, unscheinbarer Gang verbindet das Schlaf- und Arbeitszimmer mit der Bibliothek, dem Rückzugsort Friedrichs II. In dem kreisrunden, vollkommen mit kostbarem Zedernholz ausgestatteten Saal am Ostende des Schlosses studierte der preußische König vor allem die Werke französischer Autoren. Eine güldene Sonne im Zentrum der Stuckdecke »erleuchtet« den Raum und verleiht ihm seine kontemplative Atmosphäre. Durch die hohen Fenstertüren gelangt man unmittelbar ins Freie, auf die Terrasse, wo als Blickfang die Bronzefigur des »Betenden Knaben« aufgestellt ist. Die lang gestreckte Kleine Galerie nördlich der Wohnräume dient der Präsentation von Bildern und Skulpturen aus der Sammlung des Königs; römische Büsten wechseln mit Gemälden des französischen Rokoko.

A narrow, unremarkable passage links the bedroom and study with the Library, the retreat of Frederick II. In this circular hall, entirely fitted with costly cedarwood, at the east end of the palace, the Prussian King studied above all the works of French authors. A golden sun in the center of the stucco ceiling "illuminates" the room and lends it a contemplative atmosphere. The tall French doors lead directly into the open air, where the eye-catching bronze figure of the "Praying Boy" is installed on the terrace. The elongated Small Gallery north of the residential rooms serves to display pictures and sculptures from the King's collection; Roman busts alternate with French Rococo paintings.

Un couloir étroit et discret relie la chambre à coucher et le bureau à la bibliothèque, le lieu de retraite de Frédéric le Grand. C'est dans cette pièce circulaire, entièrement aménagée en bois de cèdre précieux, à l'extrémité orientale du palais, que le roi de Prusse étudiait notamment les œuvres d'auteurs français. Un soleil d'or au centre du plafond de stuc « éclaire » la pièce et lui confère une atmosphère contemplative. Par de hautes portes-fenêtres, on accède directement à la terrasse où le regard est attiré par la statue de bronze du Garçon en prière. La Petite Galerie qui s'étire au nord des pièces d'habitation abrite des peintures et des sculptures issues de la collection du roi. Les bustes romains y côtoient des tableaux du rococo français.

◁◁ ◁ ▷ Schloss Sanssouci, Kleine Galerie mit Rokokogemälden und Bibliothek Friedrichs II., Decke mit Sonnenemblem, 1746–48

Schloss Sanssouci, Small Gallery with Rococo paintings and library of Frederick II, ceiling with sun emblem, 1746–48

Le palais de Sans-Souci, la Petite Galerie, avec des tableaux rococo et la bibliothèque de Frédéric II, plafond orné de l'emblème du soleil, 1746-1748.

△ Schloss Sanssouci, Chinoiserien im
ersten Gästezimmer, Friedrich Wilhelm
Höder, nach 1746

▷ Schloss Sanssouci, Drittes
Gästezimmer, Kommode mit Uhr, Replik
aus dem 18. Jh.

Schloss Sanssouci, chinoiserie in
the first guestroom, Friedrich Wilhelm
Höder, after 1746

Schloss Sanssouci, third guestroom,
commode with clock, 18th-century
replica

Gästezimmer | Guestrooms | Les chambres pour les hôtes

Den fünf Sälen des königlichen Appartements entsprechen westlich des Marmorsaals fünf Gästezimmer, die ebenfalls prächtig eingerichtet waren. Jeder der Räume besaß einen Alkoven mit Bett gegenüber der Fensterfront, Wandtüren erschlossen Garderobe und Serviceräume.

Die Ausstattung der Gästezimmer zählt zu den Hauptwerken des friderizianischen wie des französischen Rokoko: Johann August Nahl und die Hoppenhaupts schufen den überaus feinen Stuckdekor, Friedrich Christian Glume und Johann Peter Benckert den Skulpturenschmuck. Möbel, Vasen und Uhren wurden von renommierten französischen oder einheimischen Werkstätten gefertigt, Antoine Pesne lieferte ergötzliche Gemälde.

Einzigartig ist das so genannte Voltaire-Zimmer mit seinen edlen Boiserien und dem zarten plastischen Wanddekor, in dem allerlei exotisches Getier sein Spiel treibt. Ob der große französische Philosoph hier jemals logierte, ist allerdings ungewiss.

Corresponding to the five rooms of the royal apartments, the five guestrooms to the west of the Marble Hall are also decorated in the most magnificent style. Each of the rooms had an alcove with a bed opposite the window front, and doors opening to a dressing room and service areas.

The decoration of the guestrooms ranks among the principal works of Frederician as well as French Rococo: Johann August Nahl and the Hoppenhaupts created the exquisite stucco work, and Friedrich Christian Glume and Johann Peter Benckert the sculptural decoration. Furniture, vases, and clocks were crafted by renowned French or local workshops, and Antoine Pesne provided delectable paintings.

The so-called "Voltaire Room" with its fine paneling and delicate wall decoration is unique; the latter shows a variety of exotic creatures disporting themselves. Whether the great French philosopher actually ever lived here, however, is uncertain.

Aux cinq salles des appartements royaux font écho, à l'ouest de la salle de marbre, cinq chambres pour les hôtes, également aménagées on ne peut plus somptueusement. Chaque pièce possède une alcôve, avec un lit face à la façade de fenêtres. Des portes intérieures permettent d'accéder à la garde-robe et aux communs.

L'aménagement des chambres pour les hôtes compte parmi les principales œuvres du rococo frédéricien et du rococo français : Johann August Nahl et les Hoppenhaupt créèrent le décor de stuc d'une grande finesse, Friedrich Christian Glume et Johann Peter Benckert en firent les sculptures. Les meubles, les vases et les horloges furent fabriqués par des ateliers français ou allemands très renommés et Antoine Pesle livra d'admirables peintures.

La chambre dite de Voltaire est très singulière, avec ses boiseries précieuses et son décor plastique mural d'une grande douceur dans lequel fraye la faune exotique la plus diverse. On ne saurait toutefois dire si le philosophe français y séjourna un jour.

△△ Schloss Sanssouci, Zweites Gästezimmer, Gemälde von Jean François de Troy, Leda mit dem Schwan, Öl auf Leinwand, 60 x 72 cm, 1. Hälfte 18. Jh.

Schloss Sanssouci, second guestroom, painting by Jean François de Troy, Leda and the Swan, oil on canvas, 60 x 72 cm, first half of 18th century

Le palais de Sans-Souci, Deuxième Chambre pour les hôtes, tableau de Jean François de Troy, Léda et le cygne, huile sur toile, 60 x 72 cm, première moitié du XVIIIe siècle.

△ Schloss Sanssouci, Zweites Gästezimmer, Gemälde von Jean François de Troy, Jupiter und Kallisto, Öl auf Leinwand, 60 x 72 cm, 1. Hälfte 18. Jh.

Schloss Sanssouci, second guestroom, painting by Jean François de Troy, Jupiter and Callisto, oil on canvas, 60 x 72 cm, first half of 18th century

Le palais de Sans-Souci, Deuxième Chambre pour les hôtes, tableau de Jean François de Troy, Jupiter et Calisto, huile sur toile, 60 x 72 cm, première moitié du XVIIIe siècle.

 Park Sanssouci | Sanssouci Park | Parc de Sans-Souci

Historische Windmühle und Ruinenberg | Historical windmill and Ruinenberg | Le moulin à vent historique et la colline aux ruines

Idyllische Staffagearchitekturen beleben den Park von Sanssouci. Legenden umweben die historische Windmühle östlich Schloss Sanssouci. 1790 errichtet, ersetzte sie eine ältere Bockwindmühle und war bis 1859 in Betrieb. Landschaftsgestaltung und Zweckmäßigkeit verbinden sich im Ruinenberg, der einen nördlichen *point de vue* des Parks bildet. Hier, auf dem knapp 75 Meter hohen Höneberg, ließ Friedrich II. ein Wasserreservoir anlegen, das die Fontänen im Lustgarten speisen sollte. Georg Wenzeslaus von Knobelsdorff lieferte die ersten Entwürfe für die dekorative Fassung der Anlage mit antikischen Kolonnaden, Theater- und Tempelbauten. Mitte des 19. Jahrhunderts ergänzte Ludwig Persius im Auftrag Friedrich Wilhelms IV. das malerische Ensemble um den Normannischen Turm.

Idyllic decorative architecture enlivens the park at Sanssouci. Legends surround the historical windmill east of Schloss Sanssouci; built in 1790, it replaced an older post mill and remained in use until 1859. Landscape design and functionality are combined in the Ruinenberg, which forms a northern observation point for the park. Here, on the barely 75-m-high Höneberg, Frederick II had a reservoir built to supply water to the fountains in the Pleasure Garden. Georg Wenzeslaus von Knobelsdorff delivered the first designs for the decoration with colonnades, theater, and temple buildings in antique style. In the mid-19th century, Ludwig Persius, commissioned by Friedrich Wilhelm IV, extended the picturesque ensemble by adding the Norman Tower.

Des architectures factices idylliques animent le parc de Sans-Souci. Nombre de légendes courent autour du moulin à vent historique, à l'est du château. Érigé en 1790, il remplaça un vieux moulin à vent sur bâti et resta en service jusqu'en 1859. La colline aux ruines joint l'utile à la conception paysagère. Elle constitue un point de vue au nord du parc. Frédéric II fit construire sur cette colline de près de 75 mètres de haut un réservoir pour alimenter en eau les fontaines du jardin d'agrément. Georg Wenzeslaus von Knobelsdorff en livra les premiers croquis d'une version décorative avec des colonnades antiques, des édifices de théâtre et de temple. Vers le milieu du xixe siècle, Ludwig Persius compléta cet ensemble pittoresque avec la tour normande.

◁ △ Ruinenberg mit Normannischem Turm und Theaterwand, 1748 und Mitte 19. Jh.

Ruinenberg with Norman Tower and theater wall, 1748 and mid-19th century

La colline aux ruines avec la tour normande et la coulisse de théâtre, 1748 et milieu du xixe siècle

▷ Historische Windmühle, 1787–90, 1945 zerstört, Wiederaufbau 1996

Historical windmill, 1787–90, destroyed in 1945, rebuilt in 1996

Moulin à vent historique, 1787-1790, détruit en 1945 et reconstruit en 1996.

Der »Philosoph von Sanssouci« nahm entscheidenden Einfluss auf die Gestaltung seines Schlossparks: So offenbaren die Anlagen, die Skulpturen und selbst die Wegesysteme seine Kultur und sein persönliches Weltbild.
Mittelpunkt des mittleren Lustgartens unterhalb des Schlosses ist die Große Fontäne mit dem Französischen Figurenrondell. Seinen Namen verdankt dies den vier Skulpturengruppen, die als Geschenk Ludwigs XV. 1750 nach Potsdam gelangten.

Sie bildeten den Anlass für die Fertigung acht weiterer Figuren in Berlin. Das Bildprogramm vereint die vier Elemente mit den Darstellungen der olympischen Götter.
Friedrich II. war es nicht vergönnt, die Fontäne sprudeln zu sehen: Erst 1842 konnten die technischen Voraussetzungen dafür geschaffen werden.

The "philosopher of Sanssouci" exerted a decisive influence on the design of his palace park. Thus the layouts, the sculptures, and even the system of paths manifest his cultural understanding and his personal world view.
The hub of the central Pleasure Garden below Schloss Sanssouci is the Great Fountain with the French Rondel, including four sculpture groups which came to Potsdam in 1750 as a gift from Louis XV. They were the occasion for the creation of eight further figures in Berlin. The iconographic program unites the Four Elements with depictions of the Olympian gods.
Frederick II was not destined to see the fountains gushing water, as it was not until 1842 that the technical conditions for this could be created.

Le « philosophe de Sans-Souci » exerça une grande influence sur la conception du jardin de son palais : c'est ainsi que les espaces verts, les sculptures et même l'agencement des chemins sont le reflet de sa culture et de sa vision personnelle du monde.
Le point d'orgue du jardin d'agrément central, en dessous du château, est la Grande Fontaine avec la Corbeille de statues française dont le nom provient des quatre groupes de sculptures, un cadeau de Louis XV arrivé en 1750 à Potsdam. Elles incitèrent la création de huit autres statues à Berlin. Le programme iconographique réunit les quatre éléments avec les représentations des dieux de l'Olympe.
Frédéric II n'eut jamais le loisir de voir jaillir ses fontaines : il fallut attendre 1842 pour que les conditions techniques soient réunies.

◁ Die Große Fontäne im mittleren Lustgarten, begonnen 1748, erstmals in Betrieb im Jahr 1842

The Great Fountain in the central Pleasure Garden, begun in 1748 but not in operation until 1842

La Grande Fontaine du jardin d'agrément central, commencée en 1748, mise en eau en 1842.

▷ Mittlerer Lustgarten, Allegorie auf das Wasser, Lambert Sigisbert Adam, 1749

Central Pleasure Garden, Allegory of Water, Lambert Sigisbert Adam, 1749

Jardin d'agrément central, Allégorie de l'eau, Lambert Sigisbert Adam, 1749.

Die französischen Skulpturen, Meisterwerke von Jean Baptiste Pigalle und Lambert Sigisbert Adam, wirkten stimulierend auf die preußische Bildhauerschule in Berlin, an deren Formierung François Gaspard Adam, der jüngere Bruder Lamberts, entscheidenden Anteil hatte. In Klassizismus und Romantik sollte sie europaweit stilprägend werden.
Die vier Brunnenwände seitlich der Großen Fontäne entwarf Ludwig Ferdinand Hesse um 1848, sie wurden zum Teil in Carrara ausgeführt. Die Musenstandbilder kopieren antike Bildwerke, die von Christian Daniel Rauch restauriert und ergänzt wurden.

The French sculptures, masterpieces by Jean Baptiste Pigalle and Lambert Sigisbert Adam, had a stimulating effect on the Prussian school of sculpture in Berlin, in whose formation François Gaspard Adam, Lambert's younger brother, played a decisive part. It was to become style-defining throughout Europe for both Neoclassicism and Romanticism. The four fountain walls at the sides of the Great Fountain were designed by Ludwig Ferdinand Hesse around 1848, and partly executed in Carrara. The statues of muses are copies of classical works, restored and completed by Christian Daniel Rauch.

Les sculptures françaises, des chefs-d'œuvre de Jean-Baptiste Pigalle et Lambert Sigisbert Adam, exercèrent une forte stimulation sur l'école de sculpture prussienne. François Gaspard Adam, le frère junior de Lambert, prit activement part à la formation de cette école qui influa sur le style du classicisme et du romantique dans toute l'Europe.
Ludwig Ferdinand Hesse conçut vers 1848 les quatre murs sur les côtés de la Grande Fontaine qui furent en partie réalisés à Carrare. Les statues en pied des muses sont des reproductions d'œuvres antiques restaurées et complétées par Christian Daniel Rauch.

Neue Kammern | Neue Kammern | Les Nouvelles Chambres

Bereits 1747, also im Jahr der Fertigstellung von Schloss Sanssouci, beauftragte Friedrich II. Knobelsdorff mit der Errichtung einer Orangerie für die mediterranen Pflanzen. Eine Rampe vor der Terrasse des breit gelagerten, französisch inspirierten Baus erleichterte den Transport der schweren Kübel in die Innenräume. Auch der auf Natur und Kosmos anspielende Skulpturenschmuck zeugt noch von der ursprünglichen Bestimmung des Gebäudes. Im Sommer dienten die leeren Säle zuweilen als Komödien- und Operettentheater.

Zwischen 1771 und 1775 ließ der König das »Orangenhaus« in Anlehnung an die inzwischen fertig gestellte, östlich des Schlosses gelegene Bildergalerie umgestalten und, wie jene, mit einer Kuppel bekrönen. Leitender Architekt dieser Bauphase war Georg Christian Unger. Die Innenräume, die »Neuen Kammern«, dienten fortan als nobles Gästequartier; offenbar konnten die engen Räume im »Weinbergschloss« nicht genügend Gäste aufnehmen und die gehobenen Ansprüche an Luxus und Komfort befriedigen.

As early as 1747, that is, in the year in which Schloss Sanssouci was completed, Frederick II commissioned Knobelsdorff to build an orangery for these Mediterranean plants. A ramp in front of the terrace of the broadly based, French-inspired building made it easier to transport the heavy tubs into the interior rooms. The sculptural decoration, with its allusions to nature and the cosmos, still bears witness to the original purpose of the building. In the summer, the empty halls sometimes served as a theater for comedies and operettas.

Between 1771 and 1775, the King had the "Orange House" redesigned in the style of the picture gallery which had meanwhile been completed to the east of the palace, and, like its model, crowned with a dome. The chief architect of this building phase was Georg Christian Unger. The interior rooms, the "Neue Kammern" or New Chambers, from now on served as sumptuous accommodation for guests; clearly, the narrow rooms in the "Vineyard Palace" were unable to take in enough guests or satisfy their sophisticated demands for luxury and comfort.

Dès 1747, c'est-à-dire l'année de l'achèvement du palais de Sans-Souci, Frédéric II confia à Knobelsdorff la construction d'une orangerie pour les plantes méditerranéennes. Devant ce bâtiment tout en largeur d'inspiration française se trouvait une rampe qui facilitait le transport des pots de grande taille à l'intérieur. Les statues qui font référence à la nature et au cosmos témoignent encore de l'utilisation initiale du bâtiment. En été, les salles vides servaient de temps à autre de théâtre de comédie et d'opérette. Entre 1771 et 1775, le roi fit transformer « l'orangerie » en s'inspirant de la Galerie de Peinture entre-temps achevée à l'est du château, et, comme cette dernière, il la fit coiffer d'un dôme. Cette phase de la construction fut réalisée sous la houlette de l'architecte Georg Christian Unger. Les pièces intérieures, les « Nouvelles Chambres » servirent dès lors de gîte pour les hôtes de marque. Visiblement, les petites pièces du « château du vignoble » ne pouvaient plus accueillir tous les hôtes et ne satisfaisaient plus à leurs attentes élevées en termes de luxe et de confort.

◁ ▷ Neue Kammern, Außenansichten, Georg Wenzeslaus von Knobelsdorff, 1747/48, Umgestaltung durch Georg Christian Unger 1771–75

Neue Kammern, exterior views, Georg Wenzeslaus von Knobelsdorff, 1747/48, redesign by Georg Christian Unger, 1771–75

Nouvelles Chambres, vue de l'extérieur, Georg Wenzeslaus von Knobelsdorff, 1747/1748, transformation par Georg Christian Unger 1771–1775.

△ △ Neue Kammern, Gesamtansicht und Wanddetail der Blauen Galerie, Johann Christian Hoppenhaupt u. a., ab 1771

Neue Kammern, general view and wall detail of the Blue Gallery, Johann Christian Hoppenhaupt and others, from 1771

Nouvelles Chambres, vue d'ensemble et détail mural de la Galerie Bleue, réalisée entre autre par Johann Christian Hoppenhaupt, à partir de 1771.

▷ Neue Kammern, Buffetsaal, Johann Christian Hoppenhaupt u. a., ab 1771, Skulpturen von Jean Pierre Tassaert

Neue Kammern, Buffet Hall, Johann Christian Hoppenhaupt and others, from 1771, sculptures by Jean Pierre Tassaert

Nouvelles Chambres, Salle du Buffet, réalisée entre autre par Johann Christian Hoppenhaupt, à partir de 1771, sculptures de Jean Pierre Tassaert.

Blaue Galerie und Buffetsaal | Blue Gallery and Buffet Hall | La Galerie Bleue et la Salle du Buffet

1771 begannen die Arbeiten an den Innenräumen der Neuen Kammern, die als Fest- und Gästeräume hergerichtet wurden. Obwohl sich das Barockzeitalter zu diesem Zeitpunkt bereits dem Ende entgegenneigte, feierte es hier in Form des späten friderizianischen Rokoko nochmals Triumphe. Wieder sind vor allem Johann Christian Hoppenhaupt, *directeur des ornements,* die wundervollen Raumschöpfungen und der bezaubernde, stetig wechselnde Dekor zu verdanken. So kontrastieren in der Blauen Galerie weißer Stuckmarmor, goldenes Ornament und blaue Wandfüllungen; gelbliche Töne beherrschen den ovalen Buffetsaal, dessen Nischen frühklassizistische Statuen von Jean Pierre Tassaert schmücken. Der zweifarbige Marmorfußboden akzentuiert die Rundung des Raums.

In 1771 work began on the interior rooms of the Neue Kammern, which were to be adapted as ceremonial spaces and guestrooms. Although at this time the Baroque era was already drawing to a close, here it celebrated its triumphs once more in the form of late Frederician Rococo. Once again, the wonderful room creations and enchanting, constantly changing decoration are owed above all to Johann Christian Hoppenhaupt, *directeur des ornements.* In the Blue Gallery, for example, white stucco marble contrasts with gold ornamentation and blue paintwork; yellowish tones dominate the oval Buffet Hall, whose niches are adorned by early Neoclassical statues by Jean Pierre Tassaert. The marble floor in two colors accentuates the curving of the space.

Les travaux d'aménagement des espaces intérieurs des Nouvelles Chambres en salle de fête et de réception commencèrent en 1771. L'ère du baroque touchait certes à sa fin, mais elle connut ici un nouveau moment de gloire sous la forme du rococo frédéricien finissant. Ici aussi, c'est notamment à Johann Christian Hoppenhaupt, le directeur des ornements, que l'on doit les magnifiques créations spatiales et le charmant décor constamment changeant. C'est ainsi que dans la Galerie Bleue, les stucs de marbre blanc contrastent avec les ornements dorés et le fond bleu des murs. Les tons de jaune dominent la salle ovale du buffet dont les niches des débuts du classicisme sont ornées de statues de Jean-Pierre Tassaert. Le sol de marbre bicolore accentue l'arrondi de la pièce.

Die Ovidgalerie ist der opulent ausgestattete Festsaal der Neuen Kammern. Der lang gestreckte, hell durchlichtete Raum kommuniziert über kostbare Spiegel und weite Fenstertüren mit der umgebenden Natur. Ein Rautenmuster aus weißen und grünen Marmorfliesen schmückt den Fußboden, goldene Rocaillen überziehen Rahmen und Deckenvoluten. Ebenfalls vergoldet wurden die großfigurigen Wandreliefs, die dem Saal ihren Namen verliehen: Sie schildern die Liebesabenteuer der Götter, wie sie der römische Dichter Ovid in seinen »Metamorphosen« beschrieben hatte. Die aus Bayreuth stammenden Bildhauerbrüder Johann David und Lorenz Wilhelm Räntz sind Schöpfer der anrührenden Figuren, die zuweilen im Augenblick ihrer Verwandlung, ihrer Metamorphose, festgehalten sind.

The Ovid Gallery is the opulently decorated ballroom of the Neue Kammern. This elongated, brightly lit space with its costly mirrors communicates with nature by means of wide French doors. The floor is diamond-patterned with white and green marble tiles, and golden rocailles cover the frames and ceiling haunches. Equally gilded are the large-scale wall reliefs which give the hall its name: they depict the amorous adventures of the gods, as the Roman poet Ovid had described them in his *Metamorphoses*. The sculptor brothers from Bayreuth, Johann David and Lorenz Wilhelm Räntz, created the touching figures, some of which are caught at the moment of their transformation, their metamorphosis.

C'est ainsi que s'appelle la salle des festivités, aménagée avec opulence, des Nouvelles Chambres. Cette pièce toute en longueur et très lumineuse communique avec la nature environnante par le biais de miroirs précieux et de vastes portes-fenêtres. Le sol est relevé par les motifs en losange du carrelage de marbre blanc et vert. Des rocailles dorées ornent les cadres et les voûtes de plafond. Les reliefs muraux et leurs statues de grande taille, qui donnent son nom à la salle, sont également dorés: ils évoquent les aventures amoureuses des dieux telles que relatées par le poète romain Ovide dans ses *Métamorphoses*. Les personnages touchants, parfois figés à l'instant de leur transformation, sont l'œuvre de sculpteurs de Bayreuth, les frères Johann David et Lorenz Wilhelm Räntz.

△ ▷ ▷ Neue Kammern, Ovidgalerie, Johann Christian Hoppenhaupt u. a., ab 1771, Gesamtansicht und Stuckreliefs mit den »Metamorphosen« des Ovid, 1773–74: Apoll und Isse, Rocaille und Szene des Jupiter, der sich Danaë in Form eines Goldregens nähert

Neue Kammern, Ovid Gallery, Johann Christian Hoppenhaupt and others, from 1771, general view and stucco reliefs with Ovid's *Metamorphoses,* 1773–74: Apollo and Isse, rocaille and scene of Jupiter approaching Danaë in the form of golden rain

Nouvelles Chambres, Galerie d'Ovide, réalisée entre autres par Johann Christian Hoppenhaupt, à partir de 1771, vue d'ensemble et relief de stuc représentant les « Métamorphoses » d'Ovide, 1773–1774 : Apollon et Issé, rocaille et scène de Jupiter approchant Danaé sous la forme d'une pluie d'or.

Jaspissaal | Jasper Hall | La Salle de Jaspe

Der quadratische Jaspissaal bildet das Herzstück der Neuen Kammern. Mit seinen Wand- und Bodenflächen aus dem schwer zu bearbeitenden Halbedelstein Jaspis und dem grauen schlesischen Marmor erhielt er die kostbarste Ausstattung aller Räume.
Dunkelrot und Gold vereinen sich zu einem betörenden Farbklang. Die Kuppel, die diesen Trakt im Außenbau bekrönt, wird im Inneren nicht sichtbar; hier erstreckt sich stattdessen das großflächige Deckengemälde von Johann Christoph Frisch. Die Stuckdekoration stammt von Johann Michael Merck und Constantin Philipp Sartori. Die Jaspisfelder bilden den edlen Hintergrund für eine Vielzahl vergoldeter Konsolen, auf denen antike und neuzeitliche Büsten Aufstellung fanden. Porträtmedaillons antiker Dichter schmücken die Supraporten.

The square Jasper Hall forms the heart of the Neue Kammern. With its wall and floor surfaces of jasper, a semi-precious stone which is difficult to work, it was given the most costly decoration of all the rooms. Dark red and gold unite to form a bewitching harmony of colors. The dome that crowns the exterior of this area is not visible from the interior; instead, the ceiling displays an extensive painting by Johann Christoph Frisch. The stucco decoration is by Johann Michael Merck and Constantin Philipp Sartori. The jasper areas form a precious background for a number of gilded consoles, which hold classical and modern busts. Portrait medallions of classical poets adorn the supraportes.

La Salle de Jaspe constitue la pièce maîtresse des Nouvelles Chambres. Cette pièce rectangulaire aux murs et au sol de jaspe, une pierre semi-précieuse difficile à travailler, et de marbre gris de Silésie est, de toutes les salles, celle qui fut la plus richement décorée. Le rouge foncé et l'or s'unissent en une harmonie de couleur envoûtante. La coupole qui coiffe cette aile n'est pas visible de l'intérieur. Au plafond s'étire la vaste peinture de Johann Christoph Frisch. La décoration de stuc est une œuvre de Johann Michael Merck et Constantin Philipp Sartori. Les surfaces de jaspe constituent un arrière-plan élégant pour un grand nombre de consoles dorées sur lesquelles sont exposés des bustes antiques et modernes. Des portraits en médaillon de poètes de l'antiquité ornent les dessus de porte.

Neue Kammern, Jaspissaal, Johann Christian Hoppenhaupt u. a., ab 1771, Gesamtansicht und Büste an der Schmalseite des Raums

Neue Kammern, Jasper Hall, Johann Christian Hoppenhaupt and others, from 1771, general view and busts on the narrow side of the room

Nouvelles Chambres, Salle de Jaspe, réalisée entre autres par Johann Christian Hoppenhaupt, à partir de 1771, vue d'ensemble et buste dans la partie étroite de la pièce.

Neue Kammern, Jaspissaal, Deckenbild mit Venus und ihrem Gefolge, Johann Christoph Frisch, 1774

Neue Kammern, Jasper Hall, ceiling painting with Venus and her attendants, Johann Christoph Frisch, 1774

Nouvelles Chambres, Salle de Jaspe, peinture de plafond représentant Vénus et sa suite, réalisée entre autres par Johann Christoph Frisch, en 1774.

Venus und Amor stehen im Mittelpunkt des großen, in delikaten Pastellfarben gehaltenen Deckengemäldes, das der Hofmaler Johann Christoph Frisch 1774 für den Jaspissaal schuf. Die Göttin der Liebe ruht, mit einem Tuch mehr enthüllt als bedeckt, auf einem von Tauben gezogenen Triumphwagen, den Putten und Genien mühsam durch die dichten Himmelswolken bugsieren. Venus herzt den Knaben Amor, der eben den Bogen mit dem Liebespfeil spannt. Wen er treffen will, bleibt unklar, vielleicht einen der Gäste des Königs? Johann Christoph Frisch experimentierte in seinem Deckenbild mit einer neuen Maltechnik, die ohne Firnis auskam und daher nicht nachdunkelte. In dem so genannten »punischen Wachs« wurden Ölfarben mit heißem Wachs versetzt und auf Leinwand oder Holz aufgetragen. Die Technik ähnelt der antiken Enkaustik, die vor allem im ägyptischen Porträt zur Anwendung kam. Nach langer Vergessenheit wurde sie im 17. Jahrhundert wiederentdeckt und von französischen und deutschen Künstlern wiederbelebt.

Venus and Cupid stand in the center of this large ceiling painting in delicate pastel colors, created in 1774 for the Jasper Hall by the court painter Johann Christoph Frisch. The goddess of love, revealed rather than covered by a cloth, rests on a triumphal chariot drawn by doves, which is laboriously steered through the thick clouds of the heavens by putti and genii. Venus is caressing the boy Cupid, who is drawing his bow with the arrow of love. It is not clear at whom it is aimed—perhaps one of the King's guests? In his ceiling painting, Johann Christoph Frisch was experimenting

with a new painting technique, which did without varnish and thus did not darken. In the so-called "Punic wax" process, oil paints were mixed with hot wax and applied to canvas or wood. The technique is similar to the classical encaustic technique which was used above all in Egyptian portraiture. Long forgotten, it was rediscovered in the 17th century and revived by French and German painters.

Vénus et l'Amour occupent le centre de la peinture de plafond aux délicates couleurs de pastel réalisée, en 1774, par le peintre de la cour Johann Christoph Frisch pour la Salle de Jaspe. Plus dénudée que recouverte par une étoffe, la reine de l'amour est étendue dans un char de triomphe tiré par une colombe et que des anges et des génies poussent à grand-peine à travers un ciel chargé de nuages. Vénus cajole l'ange de l'amour qui s'apprête à tendre son arc avec la flèche de l'amour. Mais qui veut-il ainsi toucher, peut-être l'un des hôtes du roi ? Dans sa fresque de plafond, Johann Christoph Frisch expérimente une nouvelle technique de peinture, sans vernis et ne fonçant donc pas avec le temps. Dans ce que l'on appelle la « cire punique », les couleurs à l'huile sont mélangées avec de la cire chaude et passées ainsi sur la toile ou le bois. Cette technique est proche de l'encaustique antique, notamment utilisée pour les portraits en Égypte. Longtemps oubliée, elle fut redécouverte au XVIIe siècle et remise au goût du jour par les artistes français et allemands.

Neue Kammern, first guestroom, Green
Lacquer Cabinet, Johann Christian
Hoppenhaupt and others, from 1771

Cabinet Vert (Première Chambre pour les
hôtes), réalisé entre autres par Johann
Christian Hoppenhaupt, à partir de 1771.

   Neue Kammern | Neue Kammern | Nouvelles Chambres

Gästezimmer | Guestrooms | Les chambres pour les hôtes

Wie im »Weinbergschloss« waren auch in den Neuen Kammern die Gästezimmer höchst raffiniert und den Moden der Zeit entsprechend ausgestattet. Lackzimmer, Bildersäle und Intarsienkabinette wechselten einander ab. In seiner klassischen Schlichtheit besticht das Grüne Lackkabinett, dessen Wände Porträtmedaillons römischer Imperatoren schmücken. Der grünliche Serpentin und der Marmorstuck des Kamins korrespondieren mit der lackierten Wandvertäfelung und der Bespannung der Möbel. Die kostbarste Ausstattung erhielten das Große und das Kleine Intarsienkabinett. Annähernd vier Jahre arbeiteten die Gebrüder Spindler aus Bayreuth an den kunstvollen Holzeinlegearbeiten, die vor allem Blumen, Früchte und Vögel zeigen. Verwendet wurden vorwiegend einheimische Gehölze, die verschiedenfarbig getönt und mit Wachs versiegelt wurden. Das vierte Gästezimmer wurde mit Veduten der Stadt Potsdam ausgestattet, welche die Verschönerungsmaßnahmen Friedrichs des Großen ins Bild rückten.

As in the "Vineyard Palace," the guestrooms in the Neue Kammern were decorated with a high degree of sophistication and in accordance with the fashions of the day. Lacquer rooms alternated with picture galleries and intarsia cabinets. In its classical simplicity, the Green Lacquer Cabinet charms the eye, with its walls adorned with portrait medallions of Roman emperors. The greenish serpentine and the marble stucco of the chimneypiece correspond to the lacquered wall paneling and the furniture coverings. The Large and Small Intarsia Cabinets were given the most costly decoration. For nearly four years the Spindler brothers from Bayreuth worked on the intricate wood inlay work, which shows above all flowers, fruit, and birds. Predominantly native woods were used, variously colored and sealed with wax. The fourth guestroom was decorated with views of the city of Potsdam, drawing attention to the embellishment measures of Frederick the Great.

Comme dans le « château du vignoble », les chambres des hôtes étaient extrêmement raffinées dans l'aile des Nouvelles Chambres et leur aménagement concordait avec la mode de l'époque. Les pièces vernissées succédaient aux salles de tableaux et aux cabinets de marqueterie. La sobriété classique du cabinet vert, avec ses murs ornés de portraits en médaillon d'empereurs romains, détonne dans ce contexte. Le liseré vert et le stuc de marbre de la cheminée font écho au lambris vernis des murs et à l'habillage des meubles. Les aménagements les plus coûteux ont été attribués aux grand et petit cabinets de marqueterie. Les frères Spindler, de Bayreuth, travaillèrent près de quatre ans sur ces précieuses incrustations de bois représentant notamment des fleurs, des fruits et des oiseaux. Pour ce faire, ils utilisèrent principalement des essences locales qu'ils teintèrent et vitrifièrent avec de la cire. La quatrième chambre pour les hôtes fut ornée de peintures réalistes de la ville de Potsdam mettant en lumière les mesures d'embellissement entreprises par Frédéric le Grand.

Neue Kammern, Viertes Gästezimmer, Johann
Christian Hoppenhaupt u. a., ab 1771,
Gemälde mit Ansichten Potsdams 1772/73

Neue Kammern, fourth guestroom, Johann
Christian Hoppenhaupt and others, from 1771,
paintings with views of Potsdam, 1772/73

Chambre pour les hôtes, réalisée entre autre
par Johann Christian Hoppenhaupt, à partir
de 1771, tableaux représentant Potsdam,
1772/1773.

△ ▷ Neue Kammern, Großes Intarsienkabinett (drittes Gästezimmer), Johann Christian Hoppenhaupt u. a., ab 1771, Intarsien von Johann Friedrich und Heinrich Wilhelm Spindler, 1772

Neue Kammern, third guestroom, Large Intarsia Cabinet, Johann Christian Hoppenhaupt and others, from 1771, intarsia work by Johann Friedrich and Heinrich Wilhelm Spindler, 1772

Cabinet de la grande marqueterie (Troisième Chambre pour les hôtes), réalisé entre autres par Johann Christian Hoppenhaupt, à partir de 1771, marqueterie de Johann Friedrich et Heinrich Wilhelm Spindler, 1772.

Westlicher Lustgarten, Sizilianischer und Nordischer Garten | Western Pleasure Garden, Sicilian and Nordic Gardens | Le jardin d'agrément occidental, les jardins sicilien et nordique

Die Gärten nahe der Bildergalerie, den Neuen Kammern und dem Lustgarten wurden vielfach verändert; sie dienten ursprünglich vorwiegend als Obst- und Nutzgärten. Mitte des 19. Jahrhunderts ließ Friedrich Wilhelm IV. die Anlagen romantisch umgestalten; Heinrich Ludwig Sello und Peter Joseph Lenné lieferten dazu die Pläne. Unter den zahlreichen antiken und antikisierenden Statuen, die hier aufgestellt sind, nimmt die so genannte Corradini-Vase eine Sonderstellung ein: Das mit den Figuren von Amor und Psyche sowie mit Reliefs aus dem Alexander-Mythos geschmückte Prunkgefäß ist eine Kopie des Originals von Antonio Corradini im Großen Garten von Dresden.

The gardens near the Picture Gallery, the Neue Kammern, and the Pleasure Gardens were subjected to much change; originally they served predominantly as orchards and kitchen gardens. Around the mid-19th century Frederick William IV had the area redesigned in Romantic style; Heinrich Ludwig Sello and Peter Joseph Lenné supplied the plans for this. Among the many classical and Neoclassical statues displayed here, the so-called Corradini Vase is of special interest. This showy vessel decorated with the figures of Cupid and Psyche as well as reliefs from the Alexander myth is a copy of the original by Antonio Corradini in the Großer Garten in Dresden.

Les jardins à proximité de la Galerie de Peinture, des Nouvelles Chambres et du jardin d'agrément furent modifiés à de multiples reprises. C'était à l'origine en grande partie des vergers et des potagers. Vers le milieu du XIXe siècle, Frédéric Guillaume IV les fit réaménager dans le style romantique, selon des plans de Heinrich Ludwig Sello et Peter Joseph Lenné. Parmi la multitude de statues antiques et de style antique, le vase dit de Corradini a un statut particulier : le vase orné des statues d'Amour et de Psyché, ainsi que de reliefs inspirés du mythe d'Alexandre est une copie de l'original d'Antonio Corradini qui se trouve dans le Grand Jardin de Dresde.

△ ▷ Westlicher Lustgarten, sog. Corradini-Vase, Kopie des Originals von Antonio de Corradini (vor 1722) durch Georg Franz Ebenhecht, um 1750

Western Pleasure Garden, so-called Corradini Vase, copy of the original by Antonio de Corradini (before 1722) by Georg Franz Ebenhecht, c. 1750

Le jardin d'agrément occidental, vase dit de Corradini, copie de l'original d'Antonio de Corradini (avant 1722) par Georg Franz Ebenhecht, vers 1750.

◁ Hecken im Garten unterhalb der neuen Kammern

Hedges in the garden below the Neue Kammern

Haies dans le jardin en contrebas des Nouvelles Chambres.

Den Vorstellungen Friedrich Wilhelms IV. und den Plänen Lennés lag ein anspruchsvolles Konzept zugrunde: Sizilianischer Garten und Nordischer Garten sind Pole eines kunstvollen Naturbildes, das die Vegetation fremder Länder in Potsdam vor Augen führt. Alexander von Humboldts Naturbetrachtungen mögen dabei Pate gestanden haben.
Im Sizilianischen Garten suggerieren Palmen und tropische Kübelpflanzen den Aufenthalt in mediterranen Gefilden; Laubengänge, Wasserbassins und mythologische Skulpturen entrücken den Besucher in die – freilich erträumte – Welt der Antike. Nach Norden schließt eine Allee von Maulbeerbäumen den Sizilianischen Garten ab und bildet die Grenze bzw. den Übergang zu dessen Pendant, dem Nordischen Garten.

The ideas of Frederick William IV and the plans of Lenné were based on an ambitious concept: the Sicilian Garden and Nordic Garden are poles of an elaborate image of nature which presents the vegetation of foreign lands right in Potsdam. Alexander von Humboldt's observations of nature may have been the inspiration for this project.
In the Sicilian Garden, palms and tropical tub plants suggest a sojourn in Mediterranean climes; pergolas, water basins, and mythological sculptures carry the visitor off into the—admittedly imagined—world of classical antiquity. To the north, an avenue of mulberry trees closes off the Sicilian Garden and forms the border, or transition, to its counterpart, the Nordic Garden.

Les idées de Frédéric Guillaume IV et les plans de Lenné répondent à un concept ambitieux : le Jardin Sicilien et le Jardin Nordique sont les points d'orgue d'une représentation artistique de la nature mettant en scène à Potsdam la végétation de pays étrangers. Il est vraisemblable que les observations de la nature d'Alexander Humboldt les ont inspirés.

Dans le Jardin Sicilien, des palmiers et des plantes tropicales en pot suggèrent un séjour dans des contrées méditerranéennes. Des tonnelles, des bassins et des sculptures mythologiques entraînent le visiteur dans le monde – naturellement idéalisée – de l'Antiquité. Une allée de mûriers clôt le Jardin Sicilien vers le nord et forme une frontière ou une transition vers son pendant, le Jardin Nordique.

◁ Sizilianischer Garten, Fontänenbecken, mediterrane Pflanzen und Kelchkrater (Marmorkopie des 19. Jhs.)

Sicilian Garden, pool with fountain, Mediterranean plants, and chalice-shaped crater (19th-century marble copy)

Jardin Sicilien, bassin de la fontaine, plantes méditerranéennes et cratère (copie de marbre du XIXe siècle).

△ Sizilianischer Garten, Rondell mit Laubengängen, Detail der Rondell-bepflanzung

Sicilian Garden, circular flowerbed with pergolas, detail of the plants in the flowerbed

Jardin Sicilien, corbeille avec chemins de verdure, détail des plantations de la corbeille.

△ Sizilianischer Garten, Bronzenachguss der Athena Giustiniani aus dem 4. Jh. v. Chr., um 1830

Sicilian Garden, bronze cast of the Giustiniani Athena of the 4th century BC, c. 1830

Jardin Sicilien, copie en bronze de l'Athéna de Giustiniani du IVe siècle avant J.-C., vers 1830.

▷ Sizilianischer Garten, Treibmauer mit Najaden-/Seelöwenbrunnen, im Hintergrund Figur des Schwertprüfers von Fritz Heinemann, 1911

Sicilian Garden, retaining wall with naiad and sea-lion fountain, in the background figure of a sword-tester by Fritz Heinemann, 1911

Jardin Sicilien, mur de verdure avec les fontaines des Naïades et des Lions de Mer, en arrière-plan, la statue du Schwertprüfers, l'homme examinant son épée, de Fritz Heinemann, 1911.

Oberhalb der Maulbeerallee erstreckt sich, wie sein Pendant
als Terrassengarten angelegt, der Nordische Garten. Hier
wachsen immergrüne Nadelgehölze, dominiert das satte Grün
der Koniferen. Die Staffagebauten gehen zum Teil auf ältere
Planungen zurück, das Felsentor schuf vermutlich Georg Wenzeslaus von Knobelsdorff.

Above the mulberry avenue lies the Nordic Garden, laid out,
like its counterpart, as a terraced garden. Here the trees are
evergreen conifers, dominating the area with their rich green.
The decorative buildings are partly based on older plans; the
Rock Gate was presumably created by Georg Wenzeslaus
von Knobelsdorff.

Le Jardin Nordique s'étire, comme le Jardin Sicilien sous la
forme de jardins en terrasses, au-dessus de l'allée de mûriers.
C'est le domaine des résineux persistants où domine le vert
soutenu des conifères. Les constructions factices relèvent en
partie de plans plus anciens et le portail de rochers pourrait
être une œuvre de Georg Wenzeslaus von Knobelsdorff.

▽ Felsentor im Nordischen Garten, Georg
Wenzeslaus von Knobelsdorff, 1750

Rock Gate in the Nordic Garden, Georg
Wenzeslaus von Knobelsdorff, 1750

Portail de rocher dans le Jardin Nordique,
Georg Wenzeslaus von Knobelsdorff, 1750.

△ ▷ Nordischer Garten, Aufgang und Grotte mit
Muscheldekor und farbigem Glas, um 1860

Nordic Garden, steps and grotto with shell
decoration and colored glass, c. 1860

Jardin Nordique, accès à la grotte décorée de
rocaille et de verre de couleurs, vers 1860.

Friedrich II. besaß eine herausragende Sammlung von Gemälden der Renaissance und des Barock, die er angemessen präsentiert sehen wollte. So veranlasste er 1755 die Errichtung einer Bildergalerie, für die Johann Gottfried Büring die Pläne lieferte. Das breit gelagerte, eingeschossige und von einer Kuppel bekrönte Gebäude wurde als Pendant zu der von Knobelsdorff entworfenen alten Orangerie, den späteren Neuen Kammern, angelegt, es ersetzte ein zur Obstzucht dienendes Gewächshaus.

Die Bildergalerie von Sanssouci gilt als eine der frühesten selbstständigen und bedingt der Öffentlichkeit zugänglichen Museumsbauten Deutschlands. Schon das Äußere stimmt den Besucher auf das zu erwartende Bildungserlebnis ein: Nicht weniger als 18 Personifikationen der Künste und Wissenschaften schmücken die Hauptfassade, die sich dem Holländischen Garten zuwendet. Schlusssteine zeigen Köpfe der bekanntesten Künstler seit der Antike, darunter Albrecht Dürer, Hans Holbein d. J. und Lucas Cranach. Am Kuppelrand prangt eine vielfigurige Allegorie der Künste. Über allem thront der preußische Adler, der eine Schlange in seinen Fängen hält – Symbol des Sieges über das Böse und Hinweis auf die moralische Verpflichtung der Aufklärung.

Wie »modern« die Gemäldegalerie Friedrichs II. konzipiert war, zeigt sich u. a. darin, dass der König die Gemälde nach Schulen hängen ließ, nicht nach Themen oder Größe, wie es lange Zeit üblich war. Er nahm damit heutige museale Systematik vorweg. So hängen die Werke niederländischer Künstler im Westflügel und im Kuppelraum, während die Italiener im Ostflügel untergebracht sind. Leider sind wesentliche Teile der friderizianischen Sammlung Berliner Museen überlassen worden, andere gingen im Krieg verloren.

Frederick II owned an outstanding collection of Renaissance and Baroque paintings, which he wished to see appropriately presented. In 1755, therefore, he had a picture gallery built to plans by Johann Gottfried Büring. This broad-based, single-story building, crowned by a dome, was designed as a counterpart to the old Orangery, later the Neue Kammern, by Knobelsdorff, and replaced a plant house used for growing fruit.

The Sanssouci Picture Gallery is considered one of the earliest independent museum buildings; it was conditionally open to the public. The exterior already puts the visitor in the right frame of mind for the promised cultural experience: no fewer than 18 personifications of the arts and sciences adorn the main façade, which faces the Dutch Garden. The keystones bear the heads of the best-known artists since the classical period, including Albrecht Dürer, Hans Holbein the Younger, and Lucas Cranach. An allegory of the arts consisting of a number of figures is displayed on the edge of the dome. Above them all, the Prussian Eagle is enthroned, holding a snake in its clutches—a symbol of victory over evil and an indication of the moral obligations of the Enlightenment.

The "modernity" of the concept of Frederick II's picture gallery is shown in the fact, among others, that the King had the paintings hung by school, not by theme or size, as was customary for a long time. In this, he anticipated the museum practice of the present day. Thus, the works of Netherlandish artists hang in the west wing and the dome room, while the Italians are housed in the east wing. Unfortunately, substantial parts of Frederick's collection have been passed to museums in Berlin, while others were lost in wartime.

Frédéric II possédait une admirable collection de tableaux de la Renaissance et du Baroque qu'il souhaitait pouvoir exposer dans un cadre décent, raison pour laquelle il fit construire, en 1755, une galerie de peinture d'après des plans de Johann Gottfried Büring. Le bâtiment d'un étage, étiré dans la largeur et coiffé d'une coupole, fut érigé sur l'emplacement d'une serre réservée à la culture d'arbres fruitiers. Il fait écho à l'ancienne orangerie de Knobelsdorff qui abriterait plus tard les « Nouvelles Chambres ».

La Galerie de Peinture est considérée comme l'un des premiers musées d'Allemagne indépendants et accessibles, sous conditions, au public. Son apparence extérieure prépare le visiteur à ce qui sera une visite d'initiation : pas moins de 18 personnifications des arts et des sciences ornent la façade principale qui donne sur le Jardin Hollandais. Sur les clefs de

Bildergalerie, Gartenfassade, Johann
Gottfried Büring, 1755–63

Picture Gallery, garden façade, Johann
Gottfried Büring, 1755–63

Galerie de Peinture, façade sur le jardin,
Johann Gottfried Büring, 1755–1763.

voûte sont sculptées les têtes des artistes les plus connus
depuis l'Antiquité, dont Albrecht Dürer, Hans Holbein le
Jeune et Lucas Cranach. Une allégorie des arts réunissant un
grand nombre de personnages se détache sur le bord de la
coupole. Tout en haut trône l'aigle prussien tenant un serpent
dans ses serres – symbole de la victoire sur le mal et
évocation du devoir moral des Lumières.
Le fait que le roi ait fait exposer les tableaux non pas, comme
ce fut longtemps le cas, par thème ou par taille, mais par

école, dénote d'une certaine « modernité » de la Galerie de
Peinture de Frédéric II. Il fut ainsi un précurseur de la
conservation systématique en musée. C'est ainsi que les
œuvres des artistes hollandais se trouvaient dans l'aile
occidentale et sous la coupole, alors que les Italiens étaient
exposés dans l'aile orientale. Malheureusement, des pans
importants de la collection de Frédéric furent cédés à des
musées berlinois, et d'autres disparurent au cours des
guerres.

Der Innenraum der Bildergalerie ist nobel ausgestaltet: Das Weiß des Marmors, das Gold der Stuckdekoration und das Grün der Wände bilden den festlichen Rahmen der Bildwerke, die an der Innenseite des Gebäudes »barock«, d. h. dicht an dicht, gehängt sind. Mit den raumgliedernden korinthischen Säulen und der weiten, flach gewölbten Decke folgt die Galerie einem Typus, den die Galleria Colonna in Rom geprägt hatte. Er wurde vielfach variiert, so auch in der Gemäldegalerie des Berliner Stadtschlosses, dem unmittelbaren Vorbild des Potsdamer Baus.

The interior of the Picture Gallery is decorated in the most sumptuous style: the white of the marble, the gold of the stucco decoration, and the green of the walls form the ceremonial framework for the artworks inside the building, hung in Baroque style, that is, closely spaced. With its Corinthian columns used to divide the room and its wide, shallowly vaulted ceiling, the gallery follows a type shaped by the Galleria Colonna in Rome. It was used in a multiplicity of variations, for instance in the picture gallery of the Berlin Stadtschloss, the direct model for the Potsdam building.

L'espace intérieur de la Galerie de Peinture est aménagé on ne peut plus noblement : le blanc du marbre, le doré des décorations de stuc et le vert des murs constituent le cadre solennel des œuvres qui sont suspendues au sein du bâtiment à la manière « baroque », c'est-à-dire très rapprochées les unes des autres. Avec ses colonnes corinthiennes qui structurent la pièce et son vaste plafond à la voûte peu accentuée, la galerie arbore un genre qui a marqué la Galleria Colonna de Rome. La galerie de peinture du palais berlinois, le modèle direct de l'édifice de Potsdam, en connut moult variations.

Bildergalerie, Kopien des Apoll von
Belvedere in den Vatikanischen
Sammlungen und der Jagdgöttin Diana
aus dem Schloss von Versailles, Pietro
Tenerani, 1830

Picture Gallery, copy of the Belvedere
Apollo from the Vatican Collection and
of Diane, goddess of the hunt, from
Versailles Palace, Pietro Tenerani,
1830

Galerie des tableaux, copie de *l'Apollon
du Belvédère,* dans la collection du
Vatican, et de Diane, la déesse de la
chasse, du château de Versailles,
Pietro Tenerani, 1830.

Chinesisches Haus | Chinese House | Maison Chinoise

Die Begeisterung für die chinesische Kultur – oder für das, was man dafür hielt – machte auch vor dem preußischen Hof nicht Halt. So ließ sich Friedrich II. ab 1754 als Glanzpunkt seines anglo-chinesischen Gartenquartiers ein chinesisches Teehaus errichten, das Festlichkeiten des Hofes und der Präsentation kostbarer Porzellane diente. Der einstöckige Fantasiebau erhebt sich, französischen Vorbildern folgend, über kleeblattförmigem Grundriss; ein geschweiftes Zeltdach schließt das Gebäude. Eine ungewöhnliche, überaus malerische Erfindung sind die lebensgroßen blattvergoldeten Sandsteinfiguren, die Johann Peter Benckert und Matthias Gottlieb Heymüller schufen. Als Tee trinkende, speisende und musizierende Chinesen säumen sie die Palmensäulen der Vorhallen und die Außenwände des Pavillons.

Enthusiasm for Chinese culture—or for what was taken to be Chinese culture—did not bypass the Prussian court. From 1754, as the highlight of his Anglo-Chinese garden area, Frederick II had a Chinese teahouse built, which was used for court festivities and for the display of costly porcelain. This single-story fantasy building, following French models, rises above a clover-leaf-shaped ground plan; a curved tent roof forms the conclusion to the structure. The life-size leaf-gilded sandstone figures created by Johann Peter Benckert and Matthias Gottlieb Heymüller are an unusual and highly picturesque invention. These Chinese figures, drinking tea, eating, and playing music, populate the palm columns of the porches and exterior walls of the pavilion.

La passion pour la culture chinoise – ou pour ce que l'on considérait comme telle – s'invita également à la cour de Prusse. C'est ainsi que Frédéric II se fit construire, à partir de 1754, comme point d'orgue du quartier anglo-chinois du jardin, une maison de thé chinoise destinée à accueillir les festivités de la cour et à exposer des porcelaines précieuses. L'édifice fantaisiste d'un étage se dresse, comme son modèle français, sur un plan de base en feuille de trèfle. Il est recouvert d'un toit de tente voûté. Les statues en pied grandeur nature et dorées à la feuille de Johann Peter Benckert et Matthias Gotlieb Heymüller restituent une atmosphère inhabituelle, extrêmement picturale. Disposées au pied des colonnes en forme de palmier des avancées de toit et le long des murs, elles représentent des Chinois en train de boire le thé, de manger et de jouer de la musique.

◁ ▷ Chinesisches Haus im Park von Sanssouci, Architektur Johann Gottfried Büring, 1754–56, Fassadenskulpturen von Johann Peter Benckert und Johann Gottlieb Heymüller, 1755–56

Chinese House in Sanssouci Park, architecture by Johann Gottfried Büring, 1754–56, façade sculptures by Johann Peter Benckert and Johann Gottlieb Heymüller, 1755–56

Maison Chinoise dans le parc de Sanssouci, architecture de Johann Gottfried Büring, 1754–1756, sculptures de façade de Johann Peter Benckert et Johann Gottlieb Heymüller, 1755–1756.

Die exotisch-paradiesische Thematik des Äußeren wird im Innenraum des chinesischen Gartenpavillons weitergesponnen. Das illusionistische Deckenbild des kreisrunden Innenraums – ein Werk von Thomas Huber nach Entwürfen von Blaise Nicolas Le Sueur – und die jüngst rekonstruierten seidenen Wandbespannungen der Kabinette beschwören sämtlich das vermeintlich glückliche Dasein der Asiaten, die sich ihren Lebensraum mit Papageien, Affen und Buddhastatuen teilen. Rokokokonsolen tragen vorgeblich ostasiatische Porzellane, die freilich in Meißen hergestellt wurden. Ist all dies spätbarocke Weltsicht oder bewusst inszenierte Komödie? Immerhin ist belegt, dass Friedrich II. das Chinesische Haus selbst als Affensaal bezeichnete. Für die Versorgung der Gäste wurde im Übrigen eine separate Küche errichtet, natürlich ebenfalls im chinesischen Stil.

The exotically paradisal imagery of the exterior is further developed in the interior of the Chinese garden pavilion. The illusionistic ceiling painting of the circular interior—a work by Thomas Huber after designs by Blaise Nicolas Le Sueur—and the recently reconstructed silk wall coverings of the cabinets together invoke the imagined blissful existence of Oriental people, who share their living space with parrots, monkeys, and statues of Buddha. Rococo consoles carry porcelain pieces, supposedly from Eastern Asia, but actually produced in Meissen. Is all this a Baroque world view, or a consciously staged comedy? At any rate, it has been recorded that Frederick the Great himself described the Chinese House as a monkey house. Incidentally, a separate kitchen was built to cater for guests, and of course this too was in the Chinese style.

La thématique exotique paradisiaque de l'extérieur est reprise à l'intérieur du pavillon de jardin chinois. La peinture en trompe-l'œil du plafond circulaire – une œuvre de Blaise Nicolas Le Sueur –, et les tentures murales en soie récemment refaites du cabinet évoquent la vie quotidienne vraisemblablement heureuse des Asiatiques qui partagent leur espace de vie avec les perroquets, les singes et les statues de Buddha. Les consoles rococo étaient supposées accueillir de la porcelaine d'Asie orientale qui avait, bien sûr, été fabriquée à Meissen. Tout cela reflète-t-il une vision du monde de la fin du baroque ou n'est-ce qu'une comédie sciemment mise en scène ? On sait toutefois que Frédéric le Grand appelait « salle des singes » la Maison Chinoise. La cuisine réservée à l'approvisionnement des hôtes était elle aussi, bien sûr, aménagée dans le style chinois.

Chinesisches Haus, Runder Saal,
Deckengemälde von Thomas Huber nach
französischen Entwürfen, 1756

Chinese House, circular hall, ceiling
painting by Thomas Huber after French
designs, 1756

Maison Chinoise, Salle Ronde, peinture de
plafond de Thomas Huber d'après des
esquisses françaises, 1756.

Chinesisches Haus, Runder Saal, exotische Szenerien im Deckengemälde von Thomas Huber, 1756

Chinese House, circular hall, exotic scenes in the ceiling painting by Thomas Huber, 1756

Maison Chinoise, Salle Ronde, scènes exotiques de la peinture de plafond de Thomas Huber. 1756.

Ab 1750 plante Friedrich II. eine zweite, repräsentative Sommerresidenz als Pendant zum »Weinbergschloss«. Doch erst 1763, nach dem Ende des Siebenjährigen Kriegs, konnte die Grundsteinlegung des grandiosen spätbarocken Palastes am Ende der Hauptachse des Parks von Sanssouci erfolgen. Die Verantwortung für den gewaltigen Bau trugen zunächst Johann Gottfried Büring und Heinrich Ludwig Manger; sie griffen Pläne des französischen Architekten Jean Laurent Le Geay auf. Carl von Gontard vollendete das ehrgeizige Projekt, das der König selbst als »Prahlerei« bezeichnete. Etwa 200 Räume dienten als Festsäle, königliche Appartements und Gästezimmer. Alle wurden kostbar ausgestattet, das friderizianische Rokoko fand einen späten Höhepunkt.

Dem Palast gegenüber erheben sich die Communs, festliche Wirtschaftsgebäude, die als malerische Architekturkulisse den Ehrenhof nach Westen abschließen.

From 1750, Frederick II planned a second, impressive summer residence as a counterpart to Sanssouci, the "vineyard palace." But it was not until 1763, after the end of the Seven Years War, that the foundation stone could be laid for the splendid late-Baroque palace at the end of the main axis of Sanssouci Park. The initial responsibility for this massive building was borne by Johann Gottfried Büring and Heinrich Ludwig Manger, making use of plans by the French architect Jean Laurent Le Geay. Carl von Gontard completed the ambitious project, which the King himself described as a "fanfaronnade." Some 200 rooms served as ceremonial halls, royal apartments, and guestrooms. All were furnished in costly style, with Frederician Rococo enjoying a late flowering.

Opposite the palace stand the Communs or ceremonial outbuildings, a picturesque architectural backdrop which forms the western conclusion of the courtyard.

En 1750, Frédéric II décida la construction d'une seconde résidence d'été prestigieuse, en écho au «château des vignobles». Ce n'est toutefois qu'en 1763, à la fin de la guerre de Sept Ans, que put être posée la première pierre de ce palais grandiose de la fin du Baroque, à l'extrémité de l'axe principal du parc de Sans-Souci. Ce vaste chantier fut confié dans un premier temps à Johann Gottfried Büring et Heinrich Ludwig Manger, d'après des plans de l'architecte français Jean Laurent Le Geay. Cet ambitieux projet, que le roi lui-même désignait comme une «forfanterie», fut achevé par Carl von Gontard. Les salles de réception, les appartements royaux et les chambres pour les hôtes comptaient en tout quelque 200 pièces, toutes aménagées de manière luxueuse. Le rococo frédéricien connut ainsi sur le tard un nouvel apogée.

En face du palais se dressent les communs, des bâtiments d'exploitation qui ferment la cour d'honneur vers l'ouest en une coulisse architecturale pittoresque.

▷▷ Nördlicher Commun, Carl von Gontard nach Entwürfen von Jean Laurent Le Geay, 1766–69

Northern Commun, Carl von Gontard after designs by Jean Laurent Le Geay, 1766–69

Les communs nord, de Carl von Gontard d'après des plans de Jean Laurent Le Geay, 1766-1769.

▽ ▷ Neues Palais, Hofseite und Mittelrisalit, Johann Gottfried Büring, Heinrich Ludwig Manger, Jean Laurent Le Geay und Carl von Gontard, 1763–69

Neues Palais, court side and central risalit, Johann Gottfried Büring, Heinrich Ludwig Manger, Jean Laurent Le Geay, and Carl von Gontard, 1763–69

Nouveau Palais, côté cour et ressaut central, Gottfried Büring, Heinrich Ludwig Manger, Jean Laurent Le Geay et Carl von Gontard, 1763-1769.

Die Disposition der Innenräume und ein wesentlicher Teil ihrer Ausgestaltung oblagen Carl von Gontard, der 1765 Johann Gottfried Büring als verantwortlicher Architekt des Neuen Palais ablöste. Im Gegensatz zu den Gebrüdern Hoppenhaupt, die vor allem die Privaträume des Königs ornamental im Stil des späten Rokoko ausstatteten, schuf Gontard frühklassizistische Räume, die durch klare Strukturen und edlen Dekor bestechen: Kannelierte ionische Säulen gliedern das großzügige Obere Vestibül mit seinen rosenroten Wänden. Die festliche Marmorgalerie prangt im Kontrast des kostbaren roten Jaspis und des kühlen weißen Carrara-Marmors; Spiegel erweitern den Raum ins Unendliche. Die Deckengemälde sind Arbeiten von Christian Bernhard Rode, einem Schüler des preußischen Hofmalers Antoine Pesne. Sie zeigen Allegorien der Tageszeiten Morgen, Mittag und Abend.

The arrangement of the interior rooms and a substantial part of their design were the responsibility of Carl von Gontard, who in 1765 replaced Johann Gottfried Büring as master builder of the Neues Palais. In contrast to the Hoppenhaupt brothers, who above all furnished the King's private rooms in the ornamental late-Rococo style, Gontard created early Neoclassical spaces, whose clear structures and refined decoration are particularly appealing. The grooved Ionic columns serve to structure the spacious Upper Vestibule with its rose-colored walls. The ceremonial Marble Gallery dazzles with the contrast of its costly red jasper and cool white Carrara marble; mirrors extend the space into infinity. The ceiling paintings are works by Christian Bernhard Rode, a pupil of the Prussian court painter Antoine Pesne. They depict allegories of the times of day—morning, midday, and evening.

Gontard qui, en 1765, succéda en tant qu'architecte responsable du Nouveau Palais à Johann Gottfried Büring. Contrairement aux frères Hoppenhaupt qui aménagèrent notamment les pièces privées du roi dans le style de la fin du rococo, Gontard créa des pièces du début du classicisme qui se distinguent par leurs structures claires et la noblesse de leur décor. Des colonnes ioniennes cannelées structurent le vaste Vestibule Supérieur aux murs rouges tirant sur le rose. La Galerie de Marbre contraste avec le jaspe rouge précieux et la froideur du marbre de Carrare blanc. Des miroirs agrandissent la salle à l'infini. Les peintures de plafond sont une œuvre de Christian Bernhard Rode, un élève du peintre de la cour de Prusse, Antoine Pesne. Elles montrent des allégories des différentes parties de la journée, le matin, le midi et le soir.

◁ Neues Palais, Oberes Vestibül,
Carl von Gontard, 1765–69

Neues Palais, Upper Vestibule,
Carl von Gontard, 1765–69

Nouveau Palais, Vestibule Supérieure,
Carl von Gontard, 1765-1769.

▷ Neues Palais, Marmorgalerie,
Carl von Gontard, 1765–69

Neues Palais, Marble Gallery,
Carl von Gontard, 1765–69

Nouveau Palais, Galerie de Marbre,
Carl von Gontard, 1765-1769.

The Grotto Hall in the center of the lower floor offers access to the palace park, and thus to nature. Presumably inspired by Matthäus Daniel Pöppelmann's grotto in the Dresden Zwinger, Gontard conceived the cavern-like hall, supported by mighty pillars, as a fairy world, in which gods, fabulous creatures, and humans join in sensual pleasure. Earthy tones, shady niches, and fountains with sculptural groups underline the cool, fresh atmosphere of this bewitching space.

The exuberant decor of marble and stucco, shells and rare minerals, is partly to be attributed to the 19th century, when the walls were additionally adorned with inlays of fossils and gemstones. The curiosities gathered here even include the alleged peak of Kilimanjaro—during the colonial period, this was considered the highest mountain in the German Reich!

Grottensaal | Grotto Hall | La Salle de la Grotte

Der Grottensaal im Zentrum des Untergeschosses eröffnet den Zugang zum Schlosspark und damit zur Natur. Inspiriert vermutlich von Matthäus Daniel Pöppelmanns Grotte im Dresdner Zwinger, ersann Gontard den von mächtigen Pfeilern gestützten höhlenartigen Saal als Feenwelt, in der sich Götter, Fabelwesen und Menschenkinder lustvoll vereinen. Erdige Töne, schattige Nischen und Brunnen mit Skulpturengruppen unterstreichen die kühle, frische Atmosphäre des verzaubernden Raums.

Der überbordende Dekor aus Marmor und Stuck, aus Muscheln und seltenen Mineralien ist zum Teil dem 19. Jahrhundert zu verdanken, als man die Wände zusätzlich mit Einlagen von Fossilien und Schmucksteinen versah. Zu den Raritäten, die hier eingebracht wurden, zählt gar die vorgebliche Spitze des Kilimandscharo – während der Kolonialzeit galt dieser als höchster Berg des Deutschen Reichs!

La Salle de la Grotte, au cœur du niveau inférieur, donne accès au parc du château et donc à la nature. Gontard s'inspira vraisemblablement de la grotte du Zwinger de Dresde, de Matthäus Daniel Pöppelmann. Il conçut cette salle en forme de grotte soutenue par d'imposants piliers comme un monde féerique, dans lequel les dieux, les êtres fabuleux et les humains se rassemblent voluptueusement. Des tons de terre, des niches ombragées et des fontaines avec des groupes de sculptures soulignent l'atmosphère froide de cette pièce envoûtante.

Le décor exubérant de marbre et de stuc, de coquillages et de minéraux rares est en partie à remettre au compte du XIXe siècle, lorsque l'on décorait en outre les murs avec des couches de fossiles et de pierres décoratives. Parmi les pièces rares que l'on peut voir ici se trouve le soi-disant sommet du Kilimandjaro – considéré pendant la période coloniale comme le point culminant de l'Empire allemand !

Der Marmorgalerie im Erdgeschoss entspricht im ersten Obergeschoss die prunkvolle Obere Galerie, in der sechs Meisterwerke der italienischen Malerei des 17. Jahrhunderts präsentiert werden, darunter Gemälde von Guido Reni, Artemisia Gentileschi und Luca Giordano.
Der nach Vorlagen von Johann Christian Hoppenhaupt gestaltete lang gestreckte Saal lässt bereits das Vordringen des Klassizismus in die preußische Hofkunst erkennen: Gedämpfte Farben, gebändigtes Ornament und die klare Strukturierung des Raums brechen mit der wandüberspinnenden Schmuckfreude des Rokoko, die die intimeren Räume der königlichen Appartements auszeichnet. Güldene Girlanden rahmen die Gemälde, Holzmedaillons an Wandflächen, Türen und Supraporten zeigen mythologische Szenen und antikisierende Herrscherporträts.

The counterpart to the Marble Gallery on the ground floor is the sumptuous Upper Gallery on the first upper floor, where six masterpieces of 17th-century Italian painting are displayed, including works by Guido Reni, Artemisia Gentileschi, and Luca Giordano.
This elongated hall, based on designs by Johann Christian Hoppenhaupt, already demonstrates the advance of Neoclassicism into Prussian courtly art: muted colors, subdued ornamentation, and the clear structuring of the space form a break with the delight, typical of the Rococo, in covering all wall surfaces with decoration—this style characterizes the more private rooms in the royal apartments. Gilded garlands frame the paintings, while wooden medallions on walls, doors, and supraportes show mythological scenes and mock-antique portraits of rulers.

La Galerie de Marbre du rez-de-chaussée correspond à la Galerie Supérieure de l'étage du dessus dans laquelle sont présentés six chefs-d'œuvre de la peinture italienne du XVIIe siècle, dont des toiles de Guido Reni, Artemisia Gentileschi et Luca Giordano.
La salle tout en longueur et aménagée selon des modèles de Johann Christian Hoppenhaupt laisse déjà percevoir l'avènement du classicisme dans l'art de la cour de Prusse : les couleurs atténuées, une décoration retenue et la structuration claire de la pièce contrastent avec l'exubérance de la décoration rococo qui envahit les murs et caractérise les espaces plus intimes des appartements du roi. Des guirlandes argentées encadrent les tableaux. Des médaillons de bois sur les surfaces murales, les portes et les dessus de porte montrent des scènes mythologiques et des portraits de souverains d'apparence antique.

Neues Palais, Obere Galerie, nach Entwürfen von Johann Christian Hoppenhaupt, 1763–69

Neues Palais, Upper Gallery, after designs by Johann Christian Hoppenhaupt, 1763–69

Nouveau Palais, Galerie Supérieure, selon des plans de Johann Christian Hoppenhaupt, 1763-1769.

The two-story Marble Hall lies above the Grotto Hall; it is the largest and most ceremonial space in the Neues Palais. The walls are covered with costly marble, the floor is adorned by colored marble intarsia in the form of flowers and plants. The walls are structured by Corinthian pilasters, whose capitals are linked by golden garlands. Here Carl von Gontard drew upon the Ceremonial Hall in the Stadtschloss in Potsdam. The twelve marble statues of Brandenburg princes and both German and Roman emperors come from the destroyed Stadtschloss in Berlin. A new location was found here for the works of the Dutch sculptor Bartholomeus Eggers. Paintings by 19th-century French artists ornament the walls.

The ceiling painting, framed by lavish gold decoration, was created by Charles Amédée Van Loo the Younger, and shows *The Feast of the Olympian Gods* with the *Abduction of Ganymede*.

Marmorsaal | Marble Hall | La Salle de Marbre

Der zweigeschossige Marmorsaal liegt über dem Grottensaal; er ist der größte und festlichste Raum des Neuen Palais. Kostbarer Marmor überzieht die Wände, farbige Marmorintarsien in Form von Blumen und Pflanzen schmücken den Fußboden. Die Wände gliedern korinthische Pilaster, deren Kapitelle mit goldenen Girlanden verbunden sind. Carl von Gontard nahm hier Bezug auf den Festsaal im Potsdamer Stadtschloss. Aus dem zerstörten Berliner Stadtschloss stammen die zwölf Marmorstatuen brandenburgischer Fürsten und deutscher wie römischer Kaiser. Die Werke des holländischen Bildhauers Bartholomeus Eggers fanden hier einen neuen Standort. Gemälde französischer Künstler des 18. Jahrhunderts zieren die Wände.

Das von üppigem Golddekor gerahmte Deckenbild schuf Charles Amedée Van Loo d. J., es zeigt das *Gastmahl der olympischen Götter* mit dem *Raub des Ganymed.*

La Salle de Marbre de deux étages se situe au-dessus de la Salle de la Grotte. C'est la pièce la plus vaste et la plus solennelle du Nouveau Palais. Les murs sont recouverts de marbres précieux, le sol est orné d'incrustation de marbre de couleurs en forme de fleurs et de plantes. Des pilastres corinthiens, dont les chapiteaux sont reliés entre eux par des guirlandes dorées, structurent les murs. Carl von Gontard fait ici référence à la salle de réception du château de Potsdam. Les douze statues représentent des princes du Brandebourg et des empereurs romains et allemands proviennent du château de Berlin qui a été détruit. Les œuvres du sculpteur hollandais Bartholomeus Eggers y ont trouvé une nouvelle place. Des tableaux d'artistes français du XVIIIe siècle décorent les murs.

La peinture de plafond encadrée par un exubérant décor doré est une œuvre de Charles Amedée Van Loo le Jeune, *Hébé conduisant Ganymède vers l'Olympe.*

◁ △ ▷▷ Neues Palais, Schlosstheater,
Johann Christian Hoppenhaupt, 1766–68

Neues Palais, Palace Theater, Johann
Christian Hoppenhaupt, 1766–68

Nouveau Palais, théâtre du château,
Johann Christian Hoppenhaupt,
1766-1768.

Schlosstheater | Palace Theater | Le théâtre du château

Wie das Potsdamer Stadtschloss erhielt auch das Neue Palais ein Theater mit ansteigendem, amphitheatralisch gerundetem Zuschauerraum. Entgegen höfischer Gepflogenheit verzichtete man auf die Königsloge – Friedrich II. verfolgte stattdessen die Aufführungen aus der dritten Reihe des Parketts.
Das Theater im Neuen Palais gilt als bedeutendes Zeugnis des späten Rokoko. Johann Christian Hoppenhaupt entwarf den Zuschauerraum mit seinen zwei Rängen, deren oberer auf den Schultern vergoldeter Hermen ruht. Die Proszeniumswand flankieren acht ebenfalls vergoldete Palmenbäume. Ansonsten bestimmen die Farben Weiß und Rot den Raumeindruck. Das Theater liegt im südlichen Seitenflügel und erstreckt sich über das erste und zweite Obergeschoss.

Like the Potsdam Stadtschloss, the Neues Palais was also given a theater, with an auditorium with sloping floor, in circular form like an amphitheater. Contrary to courtly convention, there was no royal box; instead, Frederick II followed the performances from the third row of the stalls.
The theater in the Neues Palais is considered an outstanding example of the late Rococo style. Johann Christian Hoppenhaupt designed the auditorium with its two levels, the upper one of which is supported by the shoulders of gilded herms. The proscenium wall is flanked by eight palm trees, also gilded. Otherwise the impression of the space is determined by the colors white and red. The theater lies in the southern side wing and extends over the first and second upper floors.

Á l'instar du château de Potsdam, le Nouveau Palais fut doté d'un théâtre avec un amphithéâtre en demi-cercle pour accueillir le public. Á l'encontre des usages de la cour, le roi n'y avait pas de loge et Frédéric II suivait les spectacles, assis au troisième rang du parterre.
Le théâtre du Nouveau Palais est considéré comme un témoin important du rococo finissant. La salle avec deux balcons, dont le poulailler repose sur les épaules d'hermès dorés, a été conçue par Johann Christian Hoppenhaupt. Le mur d'avant-scène est flanqué de huit palmiers également dorés. Le rouge et le blanc imposent son atmosphère à la pièce. Le théâtre se situe dans l'aile sud et occupe les premier et second niveaux supérieurs.

△ ▷ Neues Palais, Wohnung des Marquis d' Argens, Papiertapete mit Darstellungen des chinesischen Neujahrsfestes, China, Region Kanton, 18. Jh.

Neues Palais, apartment of the Marquis d'Argens, wallpaper with depictions of the Chinese New Year festival, China, Canton area, 18th century

Nouveau Palais, appartement du marquis d'Argens, tapisserie avec des représentations des festivités du nouvel an chinois, Chine, région de Canton, XVIIIᵉ siècle.

Fürstenzimmer und Privaträume | Princely Rooms and Private Apartments | Les chambres des princes et les espaces privés

Für seinen Freund und Kammerherrn Jean Baptiste de Boyer, Marquis d'Argens, ließ Friedrich II. eine Wohnung im südlichen Seitenflügel des Erdgeschosses einrichten. Alle Räume wurden kostbar ausgestattet, etwa mit Gemälden in »Watteau'scher Manier«, die der Marquis allerdings bekanntermaßen nicht schätzte. Warum der König dies also veranlasste, bleibt offen. Vermutlich hätte dem Marquis die einzigartige chinesische Papiertapete, die auf dieser und den folgenden Seiten gezeigt wird, besser gefallen: In Kanton wohl eigens für den preußischen Hof gefertigt, kam sie jedoch erst Mitte des 19. Jahrhunderts an ihren heutigen Platz. Ihr Thema ist das chinesische Neujahrsfest, dessen Bräuche in unzähligen reizvollen Figurengruppen geschildert werden.

For his friend and chamberlain, Jean Baptiste de Boyer, Marquis d'Argens, Frederick II had an apartment fitted out in the southern side wings of the ground floor. All the rooms were luxuriously furnished, for example with paintings in "the Watteau style," which, however, the Marquis was known not to appreciate. So why the King made this decision is an open question. Presumably, the Marquis would have preferred the unique Chinese wallpaper seen on these pages. Probably specially made in Canton for the Prussian court, it was not, however, displayed in its present location until the mid-19th century. Their theme is the Chinese New Year festival, whose customs are depicted by means of countless delightful groups of figures.

Pour son ami, le chambellan Jean Baptiste de Boyer, Marquis d'Argens, Frédéric II fit aménager un appartement au rez-de-chaussée de l'aile latérale sud. Toutes les pièces furent luxueusement aménagées, avec, par exemple, des tableaux « à la Watteau » dont on savait que le marquis ne les appréciait pas. On est en droit de se demander pourquoi le roi agit ainsi. On suppose que le marquis leur aurait préféré la tapisserie chinoise unique en son genre que l'on peut voir sur cette page et les pages suivantes : fabriquée à Canton expressément pour la cour de Prusse, elle ne fut posée à cet emplacement que vers le milieu du XIXᵉ siècle. Elle représente les festivités du nouvel an chinois dont les coutumes sont évoquées par d'innombrables groupes de personnages très attrayants.

稼來造作景德全忠

金章 題義

出相
演法源留世外已多
金邦起義

Konzertzimmer | Concert Rooms | La salle de concert

In den Räumen der fürstlichen und königlichen Appartements, und besonders in den für das Musizieren und andere Geselligkeiten vorgesehenen Konzertzimmern, zeigt sich das Rokoko noch einmal in seiner schönsten Form: Üppigster versilberter oder vergoldeter Stuckdekor überzieht Wände und Decken, die Vielfalt der Schmuckformen scheint schier unendlich. Sehr deutlich wird hier an die Pracht der Innenräume des »Weinbergschlosses« angeknüpft. Vom Vordringen des Klassizismus zeugen lediglich wenige Details, etwa die runden Bildfelder über den Türen des oberen Konzertzimmers. Verantwortlich für die Ausgestaltung der Appartements war Johann Christian Hoppenhaupt mit seiner Werkstatt; nicht selten griff er Ornamentvorlagen seines älteren Bruders Johann Michael auf.

In the rooms of the princely and royal apartments, and particularly in the Concert Rooms provided for music and other social activities, the Rococo style is once again to be seen in its finest form. The most lavish silvered or gilded stucco decoration covers the walls and ceilings, and the diversity of decorative forms seems almost endless. The link with the splendor of the interiors of the "vineyard palace" here becomes very evident. Only a few details bear witness to the advance of Neoclassicism, for example the circular pictorial areas above the doors of the Upper Concert Room. The apartments were designed by Johann Christian Hoppenhaupt with his workshop; he frequently drew on the ornamental designs of his older brother Johann Michael.

Le rococo se montre une nouvelle fois sous sa plus belle facette dans les appartements princiers et royaux, et notamment dans la salle de concert prévue pour la pratique de la musique et autres convivialités. Des décors de stuc dorés et argentés on ne peut plus exubérants s'étirent sur les murs et les plafonds, la diversité des formes de décoration semble infinie. On y fait très clairement le lien avec la splendeur des espaces intérieurs du « château du vignoble ». Seuls quelques détails témoignent de l'avènement du classicisme, comme, par exemple, les médaillons au-dessus des portes de la salle de concert du dessus. L'aménagement des appartements est une œuvre de Johann Christian Hoppenhaupt et de son atelier. Ce dernier s'inspira souvent des décorations de son frère aîné, Johann Michael.

◁ Neues Palais, Oberes Konzertzimmer,
Johann Christian Hoppenhaupt nach
Entwürfen von Johann Michael Hoppenhaupt,
1765–69

Neues Palais, Upper Concert Room (Upper
Princely Quarters), Johann Christian
Hoppenhaupt after designs by Johann Michael
Hoppenhaupt, 1765–69

Nouveau Palais, salle de concert supérieure,
Johann Christian Hoppenhaupt d'après des
plans de Johann Michael Hoppenhaupt,
1765-1769.

Neues Palais, Unteres Konzertzimmer, Details der Rokokodekoration von Johann Christian Hoppenhaupt, 1765–69

Neues Palais, Lower Concert Room, details of the Rococo decoration by Johann Christian Hoppenhaupt, 1765–69

Nouveau Palais, salle de concert inférieure, détails de la décoration rococo de Johann Christian Hoppenhaupt, 1765-1769.

Neues Palais, Ovales Kabinett, Carl von Gontard, 1765–69; Kronleuchter aus Meißner Porzellan, 1768

Neues Palais, Oval Cabinet, Carl von Gontard, 1765–69; chandelier in Meissen porcelain, 1768

Nouveau Palais, Cabinet Ovale, Carl von Gontard, 1765-1769 ; lustre en porcelaine de Meissen, 1768.

Neben Architekten, Malern und Stuckateuren fanden Möbelschreiner am preußischen Hofe ein reiches Betätigungsfeld. Immerhin waren allein im Neuen Palais etwa 200 Zimmer wohnlich einzurichten!
Aus Bayreuth hatte Friedrich II. 1765 die Gebrüder Johann Friedrich und Heinrich Wilhelm Spindler anwerben können, die die begehrte, eben in Frankreich entwickelte Marketerie-Technik beherrschten. Bei der Marketerie handelt es sich um Einlagen dünner Furniere meist exotischer Hölzer, die zu zierlichen, farblich und strukturell reizvollen Motiven zusammengesetzt und dann im Stück auf Blindholz aufgeleimt werden. Zahlreiche in dieser Technik gearbeitete Kommoden und Schreibtische haben sich in Potsdam und Berlin erhalten. Die Spindler-Brüder schufen jedoch nicht nur kunstvolle Möbel, sondern fertigten ebenso Vertäfelungen und Fußböden in den Appartements.

Alongside architects, painters, and stucco workers, cabinetmakers found a rich field of activity at the Prussian court. After all, some 200 rooms had to be made ready for occupation in the Neues Palais alone!
In 1765, Frederick II had been able to recruit the brothers Johann Friedrich and Heinrich Wilhelm Spindler from Bayreuth, who were masters of the sought-after marquetry technique that had just been developed in France. Marquetry is the inlaying of thin veneers, mostly of exotic woods, which are combined to produce delicate motifs in attractive colors and forms, which are then glued, piece by piece, to plain wood. Many chests of drawers and writing desks worked in this technique have been preserved in Potsdam and Berlin. However, the Spindler brothers created not only ornate furniture, but also wainscoting and floors in the apartments.

Les architectes, les peintres et les stucateurs, mais aussi les ébénistes, trouvèrent à la cour de Prusse une source inépuisable de travail. On devait en effet aménager pas moins de 200 pièces dans le Nouveau Palais !
En 1765, Frédéric II avait pu faire venir de Bayreuth les frères Johann Friedrich et Heinrich Wilhelm Spindler qui maîtrisaient la technique française très appréciée de la marqueterie. Celle-ci consiste à coller sur du bois de placage de fines lamelles de bois, le plus souvent exotique, assemblées en des motifs délicats et charmants, autant par leurs structures que par leurs couleurs. Un grand nombre de commodes et de bureaux fabriqués ainsi sont conservés à Potsdam et à Berlin. Les frères Spindler ne créèrent pas que des meubles précieux, ils posèrent également des lambris et des parquets dans les appartements.

◁ Neues Palais, Unteres Großes
Schlafzimmer, Eckschrank von Heinrich
Wilhelm Spindler, 1768

Neues Palais, Lower Grand Bedroom,
corner cupboard by Heinrich Wilhelm
Spindler, 1768

Nouveau Palais, grande chambre
inférieurer, placard d'angle de Heinrich
Wilhelm Spindler, 1768.

▷ Neues Palais, Unteres Damenschlafzimmer, Baldachinbett,
um 1760

Neues Palais, Lower Ladies' Bedroom,
baldachin bed, c. 1760

Nouveau Palais, chambre à coucher
inférieure des dames, lit à baldaquin,
vers 1760.

Eine Rarität im europäischen Schlossbau
stellt das Grüne Scherbenkabinett im ersten
Obergeschoss des Neuen Palais dar. Seine
Wände und seine Decke sind mit unregel-
mäßig gebrochenen grünlichen Glasscher-
ben verkleidet. Auf Silberfolie aufgebracht,
erzeugen sie eine schimmernde, kühle
Atmosphäre. Dezente vergoldete Profile mit
Rocailledekor strukturieren den Raum.

Neues Palais, Green Shard Cabinet on the
first upper floor

The Green Shard Cabinet on the first upper
floor represents a rarity in European palace
architecture. Its walls and ceiling are covered with irregularly broken greenish glass
shards. Applied on silver foil, they create a
shimmering, cool atmosphere. Subtle gilded
moldings with rocaille decoration structure
the room.

Nouveau Palais, cabinet de mosaïque verte,
au premier étage.

Le cabinet de mosaïque verte, au premier
étage du Nouveau Palais, constitue une
pièce rare dans l'architecture de château
européen. Les murs et le plafond sont
recouverts de débris de verre verts de tailles
et formes irrégulières. Posés sur un film
argenté, ils créent une atmosphère froide
étincelante. Des profils décemment dorés
avec des décors de rocaille structurent la
pièce.

Neues Palais, room next to the upper
vestibule, chimneypiece cladding with
illusionistic painting

Nouveau Palais, pièce contiguë au
Vestibule Supérieur, habillage de
cheminée avec une peinture en
trompe-l'œil.

Rehgarten | Deer Park | Le Jardin de la Biche

Zwischen Lustgarten und Neuem Palais erstreckt sich der weitläufige, waldartige Rehgarten. Zunächst Jagdrevier der preußischen Könige, ließ Friedrich II. hier 1745 seine Fasanerie installieren, doch schon im folgenden Jahr erfolgte der Ausbau zu einem kunstvollen Park, einem Vorläufer des deutschen Landschaftsgartens. Bis heute bildet die Hauptallee, die von der Großen Fontäne zum Neuen Palais führt, das ost-westliche Rückgrat des Schlossparks von Sanssouci. Einst krönte eine figurengeschmückte Marmorkolonnade mit Wasserspiel die zwei Kilometer lange Achse. Sie wurde 1797 wegen Baufälligkeit abgetragen, ihre Säulen im Marmorpalais im Neuen Garten wiederverwendet. Am westlichen Rand des Rehgartens errichtete Carl von Gontard 1768 bis 1770 die beiden symmetrisch zur Hauptallee gelegenen Staffagebauten des Freundschafts- und des Antikentempels.

Between the pleasure garden and the Neues Palais lies the extensive, forest-like Deer Park. At first a game preserve of the Prussian kings, it was here, in 1745, that Frederick II had his pheasantry installed, but in the following year it was already expanded into an elaborate park, a forerunner of the German landscape garden. Up to today, the Hauptallee, or main avenue, which leads from the Great Fountain to the Neues Palais, forms the backbone from east to west of the Palace Park at Sanssouci.

At one time a marble colonnade with a water feature, adorned with figures, crowned the two-kilometer-long axis. It was demolished in 1797 because of dilapidation, and its columns were reused in the Marmorpalais, the marble palace in the Neuer Garten. From 1768 to 1770, at the western edge of the Deer Park, Carl von Gontard built the two decorative buildings placed symmetrically to the Hauptallee: the Temple of Friendship and the Ancient Temple.

Entre le Lustgarten et le Nouveau Palais s'étire le vaste jardin boisé de la Biche, dans un premier temps, le domaine de chasse des rois de Prusse. Frédéric II y fit installer, en 1745, sa faisanderie, mais il fut dès l'année suivante aménagé avec art sous la forme d'un parc considéré comme le précurseur des parcs paysagers allemands. Aujourd'hui encore, l'allée principale, qui relie la Grande Fontaine et le Nouveau Palais, constitue la colonne vertébrale est-ouest du parc du palais de Sans-Souci. Une colonnade de marbre avec un jet d'eau et ornée de sculptures couronnait autrefois cet axe de deux kilomètres de long. En très mauvais état, elle fut démolie en 1797 et ses colonnes furent intégrées dans le Palais de Marbre du Nouveau Jardin. Carl von Gontard érigea, entre 1768 et 1770, les deux édifices ornementaux symétriques par rapport à l'allée principale du temple de l'Amitié et du temple antique.

◁ Von Osten nach Westen führende Hauptachse des Parks von Sanssouci, im Hintergrund das Neue Palais

The main axis of Sanssouci Park, leading from east to west, the Neues Palais in the background

Axe principal est-ouest du parc de Sans-Souci, en arrière-plan, le Nouveau Palais.

▽ Blick in die Parklandschaft des Rehgartens mit dem Freundschaftstempel

View of the park landscape of the Deer Park with the Temple of Friendship

Vue dans le parc paysager du Jardin de la Biche avec le temple de l'Amitié.

◁ ▷ Der Freundschaftstempel wurde zwischen 1768 und 1770 durch Carl von Gontard nach Vorgaben Friedrichs II. errichtet. Mit seinem Bau wollte der König seiner geliebten Schwester gedenken, der Markgräfin Wilhelmine von Bayreuth. Ihre Sitzfigur schufen die Gebrüder Räntz nach einem Porträt von Antoine Pesne.

The Temple of Friendship was built between 1768 and 1770 by Carl von Gontard to designs by Frederick II. With this building the King wanted to honor the memory of his beloved sister, Margravine Wilhelmine of Bayreuth. The seated figure of Wilhelmine was created by the Räntz brothers after a portrait by Antoine Pesne.

Le temple de l'Amitié fut construit, entre 1768 et 1770, par Carl von Gontard, sur des indications de Frédéric II. Avec ce bâtiment, le roi entendait honorer la mémoire de sa sœur bien-aimée, la margrave Whilhelmin von Bayreuth. Sa statue assise est une œuvre des frères Räntz, d'après un portrait d'Antoine Pesne.

◁ Der Rundbau des Antikentempels, ebenfalls ein Werk Gontards aus den Jahren 1768/69, diente zunächst als Münzkabinett. Ab 1828 wurde er von den Hohenzollern als Grablege genutzt.

The circular building of the Ancient Temple, also a work by Gontard from 1768/69, served at first as a coin cabinet. From 1828 it was used by the Hohenzollerns as a royal burial ground.

L'édifice circulaire du temple antique, également une œuvre de Gontard des années 1768-1769, servit dans un premier temps de cabinet des monnaies. À partir de 1828, les Hohenzollern en firent un caveau.

▷▷ Blick in den ab 1746 als Landschaftsgarten angelegten und im frühen 19. Jh. durch Peter Joseph Lenné umgestalteten Rehgarten

View of the Deer Park, laid out from 1746 as a landscape garden and redesigned in the early 19th century by Peter Joseph Lenné

Vue sur le Jardin de la Biche aménagé en parc paysager à partir de 1746, puis transformé par Peter Joseph Lenné au début de XIXe siècle.

△ Treillage-Pavillon in der Nähe des
Freundschaftstempels

Trellis pavilion near the Temple of
Friendship

Pavillon de treillage à proximité du temple
de l'Amitié.

▷ Lindstedter Tor am nordwestlichen Rand
des Rehgartens, 1896

The Lindstedt Gate at the northwest edge
of the Deer Park, 1896

La Porte de Lindstedt, à la limite
nord-ouest du Jardin de la Biche, 1896.

Schloss Lindstedt | Schloss Lindstedt | Le château de Lindstedt

Unweit des Neuen Palais, jedoch abgeschieden, liegt das einstige Landgut Lindstedt, das sich Friedrich Wilhelm IV. zum Alterssitz erkoren hatte. Anstelle bescheidener Vorgängerbauten sollten hier eine repräsentative, spätklassizistische Villa und ein ausgedehnter Landschaftsgarten nach Plänen von Peter Joseph Lenné entstehen. Der asymmetrische Schlossbau, den eine hohe Freitreppe mit tempelartiger Vorhalle erschließt und ein Rundturm mit Belvedere krönt, scheint auf eigenhändige Entwürfe des Preußenkönigs zurückzugehen. Die Ausführung des Baus lag in den Händen von Ludwig Persius, Ludwig Ferdinand Hesse, Friedrich August Stüler und Ferdinand von Arnim. Sie zog sich über Jahrzehnte hin, bis 1860, und wurde auch dann nur unter Einschränkungen realisiert. Da Friedrich Wilhelm IV. bereits 1861 starb, hat er das Anwesen nie bezogen.

Not far from the Neues Palais, but secluded from it, lies the former estate of Lindstedt, which had been chosen by Frederick William IV as a residence for his old age. Instead of the modest buildings of the past, an imposing, late-Neoclassical villa was to come into being here, with an extended landscape garden after plans by Peter Joseph Lenné. The asymmetrical palace building, concluded by a tall flight of stairs with a temple-like entrance hall and crowned by a circular tower with belvedere, seems to be based on personal designs by the Prussian King.
The execution of the building was entrusted to Ludwig Persius, Ludwig Ferdinand Hesse, Friedrich August Stüler, and Ferdinand von Arnim. The building process extended over decades, up to 1860, and was then only realized with limitations. Since Frederick William IV died in 1861, he never lived here.

Non loin du Nouveau Palais, mais malgré tout isolé, se trouve l'ancien domaine de Lindstedt dont Frédéric Guillaume IV entendait faire une résidence pour ses vieux jours. Deux modestes bâtiments devaient céder la place à une prestigieuse villa de la fin du classicisme et à un vaste jardin paysager, selon des plans de Peter Joseph Lenné. L'édifice asymétrique, auquel on accède par un grand escalier surmonté d'un préau inspiré des temples et couronné par une tour ronde dotée d'un belvédère, semble avoir été dessiné par le roi lui-même. La réalisation en fut confiée à Ludwig Persius, Ludwig Ferdinand Hesse, Friedrich August Stüler et Ferdinand von Armin. Elle s'étira sur plusieurs décennies, jusqu'en 1860, et ne fut jamais intégralement achevée. Frédéric Guillaume IV décéda en 1862 et n'y habita jamais.

Schloss Lindstedt, 1858–60, nach Vorstellungen Friedrich Wilhelms IV. und Plänen von Ludwig Persius, Ludwig Ferdinand Hesse, Friedrich August Stüler und Ferdinand von Arnim

Schloss Lindstedt, 1858–60, after ideas by Frederick William IV and plans by Ludwig Persius, Ludwig Ferdinand Hesse, Friedrich August Stüler, and Ferdinand von Arnim

Château de Lindstedt, 1858-1860. Le roi Frédéric Guillaume IV en projeta l'idée et Ludwig Persius, Ludwig Ferdinand Hesse, Friedrich August Stüler et Ferdinand von Arnim en dessinèrent les plans.

◁ Schloss Lindstedt, Blick aus dem
Turmsaal in die Kolonnade, die die Villa
mit der Lindstedter Chaussee verbindet

Schloss Lindstedt, view from the Tower
Hall of the colonnade that links the villa
with the Lindstedt Chaussee

Château de Lindstedt, vue à partir de la
salle de la tour sur la colonnade qui relie
la villa à la Lindstedter Chaussee.

Belvedere und Drachenhaus | Belvedere and Drachenhaus | Le Belvédère et la Maison des Dragons

An den Hängen des knapp 60 Meter hohen Klausbergs wuchsen Rebstöcke und Obstbäume; von seiner Höhe bot sich ein einzigartiger Blick über Sanssouci und die umgebende Landschaft. Um diese Situation architektonisch zu inszenieren, griffen der antikenbegeisterte Friedrich II. und sein Architekt Georg Christian Unger auf einen Stich des Archäologen Francesco Bianchini zurück, der sich in der Bibliothek des Königs befand. Dieser zeigt, anlässlich der Rekonstruktion antiker Bauten, den Brunnentempel des Macellum Magnum in Rom. Dessen Äußeres diente als Inspirationsquelle für das Belvedere: Unmittelbar übernommen ist der offene Säulenkranz, der in zwei Geschossen den überkuppelten Rundbau umgibt. Vergleichbar sind auch die altanartigen seitlichen Anbauten. Barock wirkt freilich die geschwungene doppelläufige Freitreppe, die das Obergeschoss erschließt.

From the peak of the Klausberg, barely 60 meters high, on whose slopes grapevines and fruit trees grew, a unique view encompassed Sanssouci and the surrounding landscape. In order to stage this location in architectural terms, the antiquity-loving Frederick II and his architect Georg Christian Unger made use of an engraving by the archeologist Francesco Bianchini, which was in the King's library. In the context of the reconstruction of classical buildings, this shows the fountain temple of the Macellum Magnum in Rome. Its exterior served as a source of inspiration for the Belvedere. Directly adopted is the open circle of columns, which surrounds the domed rotunda over two stories. Also comparable are the terrace-like side buildings. However, the curved double flight of stairs which concludes the upper floor evokes the Baroque.

De la vigne et des arbres fruitiers poussent sur les flancs de la Klausberg. Haut de tout juste 60 mètres, son sommet offre une vue unique sur Sans-Souci et la campagne environnante. Pour leur mise en scène architectonique de cette situation, Frédéric II, passionné d'antiquité, et son architecte, Georg Christian Unger, s'inspirèrent d'une gravure de l'archéologue Francesco Bianchini qui se trouvait dans la bibliothèque du roi. Celle-ci montre, dans le cadre de la reconstruction d'édifices antiques, le Temple de la Fontaine de Macellum Magnum, à Rome, dont l'esthétique fut une source d'inspiration pour le Belvédère. La couronne ouverte de colonnes, qui entoure sur deux niveaux la construction circulaire surmontée d'une coupole, en a été directement reprise. Les balcons latéraux sont de même inspiration. L'escalier arqué à double volée qui permet d'accéder au second niveau est indéniablement baroque.

▷ Belvedere auf dem Klausberg, Ansicht vom Neuen Palais aus

Belvedere on the Klausberg, view from the Neuer Palais

▷ Le Belvédère sur la Klausberg, vu du Nouveau Palais.

▽ Belvedere auf dem Klausberg, erbaut 1770–72 von Georg Christian Unger, 1945 Brand, 1994 weitgehend rekonstruiert

Belvedere on the Klausberg, built 1770–72 by Georg Christian Unger, burnt down in 1945, substantially reconstructed in 1994

Le Belvédère sur la Klausberg, construit par Georg Christian Unger en 1770-1772. Il brûla en 1945 et fut en grande partie reconstruit en 1994.

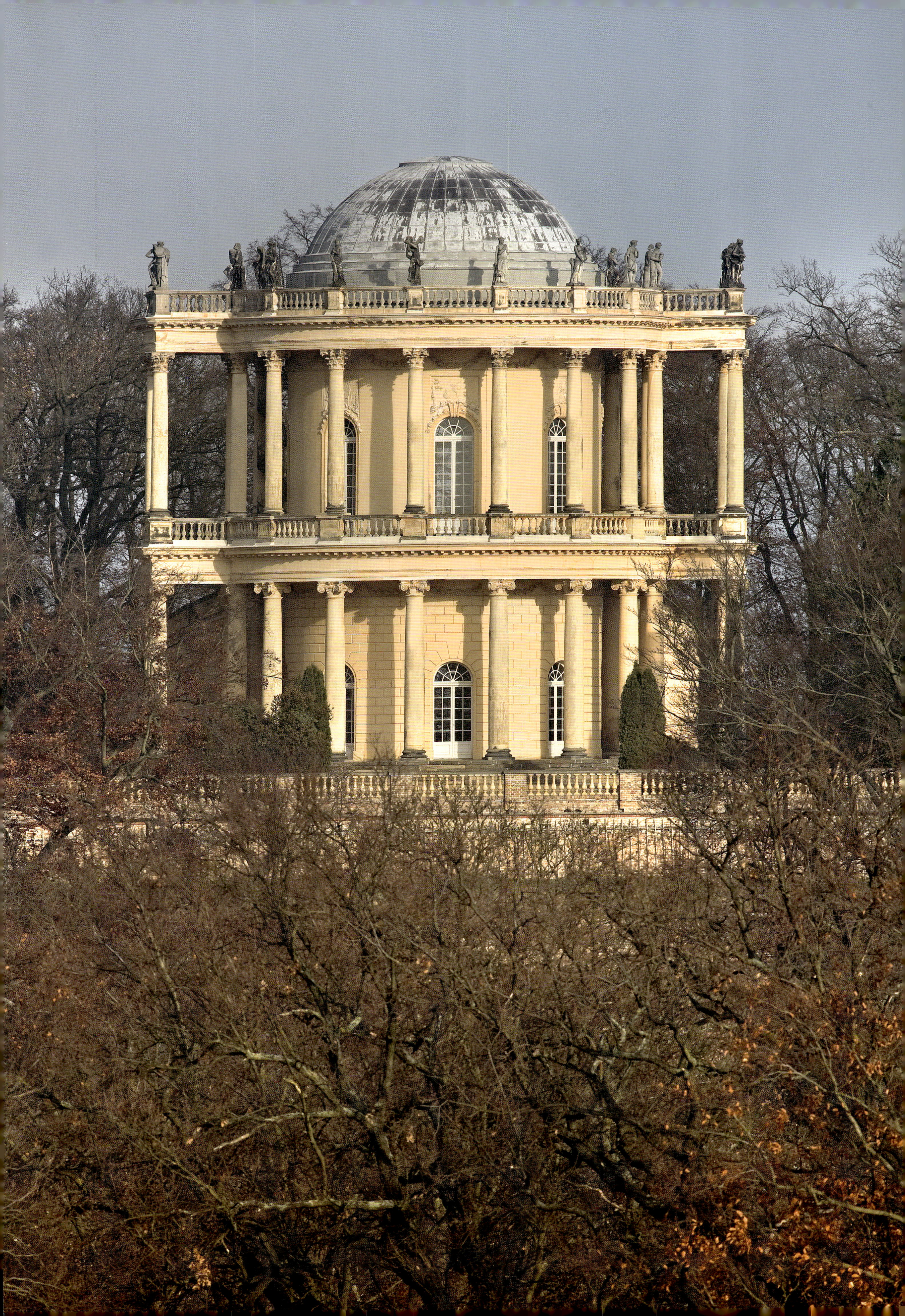

△ ▷ Belvedere auf dem Klausberg,
erbaut 1770–72 von Georg Christian
Unger, 1945 Brand, 1994 weitgehend rekonstruiert, Unterer und
Oberer Saal

Belvedere on the Klausberg, built
1770–72 by Georg Christian Unger,
substantially reconstructed in 1994
after a fire in 1945, Upper and Lower
Halls

Le Belvédère sur la Klausberg, construit
par Georg Christian Unger en 1770-1772.
Il brûla en 1945 et fut en grande partie
reconstruit en 1994, les salles inférieure
et supérieure.

   Belvedere und Drachenhaus | Belvedere and Drachenhaus | Le Belvédère et la Maison des Dragons

Auch das Drachenhaus entsprang den fantasievollen Ideen Friedrichs II. Diesmal stand jedoch nicht die Antike oder ihre Rezeption im Mittelpunkt, sondern die Chinamode, die bereits im Chinesischen Haus reizvollsten Niederschlag gefunden hatte.

Wie im benachbarten Belvedere lassen sich auch für diesen Bau die Vorlagen genau benennen: Es handelt sich um Entwürfe des Briten Sir William Chambers, die acht Jahre zuvor in der Pagode der Londoner Kew Gardens verwirklicht worden waren. Der über oktogonalem Grundriss errichtete Bau in Potsdam hat freilich nur vier nach oben zurücktretende Stockwerke. Bewohnbar war einzig das Erdgeschoss, dort befand sich die Wohnung des Winzers des königlichen Weinbergs. Seinen Namen verdankt das Drachenhaus den 16 Kupferfiguren (heute Kopien aus Blei), die die geschwungenen Dächer des Gebäudes zieren.

The Drachenhaus (dragon house) too sprang from the imaginative ideas of Frederick II. This time, however, the focus was not on classical antiquity or its reception, but the fashion for chinoiserie that had already found charming expression in the Chinese House. As in the nearby Belvedere, the models for this building can be precisely identified: these were designs by the Briton Sir William Chambers, which had been realized eight years earlier in the Pagoda in Kew Gardens, London. The Potsdam structure, built on an octagonal ground plan, has only four stories, however, becoming progressively smaller upward. The only habitable floor was at ground level, which housed the accommodation of the vintner of the royal vineyard. The Drachenhaus owes its name to the 16 copper figures (today replaced by lead copies), which adorn the curved roofs of the building.

La Maison des Dragons est également le fruit de l'imagination débordante de Frédéric II. Cette fois, ni l'Antiquité ni sa perception ne sont au centre de sa conception, mais l'engouement pour la Chine qui avait déjà trouvé une magnifique application dans la Maison Chinoise. Comme pour le Belvédère voisin, on peut ici formellement nommer les modèles qui l'ont inspirée : on y retrouve des plans du Britannique Sir William Chambers qui avaient été réalisés, huit ans auparavant, dans la pagode du Kew Garden de Londres. L'édifice de Potsdam érigé sur un plan de base octogonal ne compte toutefois que quatre étages en pyramide. Seul le rez-de-chaussée, où vivait le jardinier du vignoble royal, était habitable. La Maison des Dragons doit son nom au seize statues de cuivre (aujourd'hui des copies en plomb) qui ornent son toit élancé.

Orangerieschloss | Orangerieschloss | Le château de l'Orangerie

Mit ihrer 300 Meter breiten Front bekrönt das Orangerieschloss die nördliche Hügelkette von Sanssouci. Mehr Schloss als Pflanzenhalle, sollte das malerische Bauwerk ursprünglich den Endpunkt einer *Via triumphalis* bilden, die Friedrich Wilhelm IV. nach seiner Thronbesteigung 1840 realisieren wollte. Monumente im Stil der römischen Antike wie der Renaissance sollten diese Prachtstraße flankieren. Vollendet wurde jedoch wenig, so die Orangerie samt ihren weitläufigen Terrassen. Der Ausführung durch Ludwig Ferdinand Hesse (1851–60) gingen Entwürfe von Friedrich August Stüler, Ludwig Persius und dem König selbst voraus; es entstand eine breit gelagerte Schaufront, deren Kern – eine doppelgeschossige Vierflügelanlage – ausladende Orangerien und Eckpavillons umgeben. Triumphbogenmotive, Loggien und das für italienische Villen charakteristische Belvedere – hier eine durch Kolonnaden verbundene Doppelturmanlage – verstärken das mediterrane Gepränge. Das Orangerieschloss diente neben dem Winterschutz empfindlicher Pflanzen als Gästehaus und zur Präsentation der Kopiensammlung nach Raffael.

With its 300-meter-wide façade, the Orangerieschloss crowns the northern chain of hills at Sanssouci. More palace than plant-house, this picturesque building was originally to form the concluding point of a via triumphalis which Frederick William IV wished to realize after his accession to the throne in 1840. This splendid avenue was to be flanked by monuments in the style of Roman classical antiquity as well as of the Renaissance. Among the few that were actually completed was the Orangery with its extensive terraces. Its execution by Ludwig Ferdinand Hesse (1851–60) followed designs by Friedrich August Stüler, Ludwig Persius, and the King himself; the result was a broad-based ornamental façade, whose core—a two-story complex of four wings—is surrounded by projecting orangeries and corner pavilions. Triumphal arch motifs, loggias, and the Belvedere characteristic of Italian villas—here an arrangement of double towers linked by colonnades—intensify the Mediterranean pageantry. The Orangerieschloss served not only for the winter protection of sensitive plants but also as accommodation for guests and for the display of the collection of copies of works by Raphael.

Les 300 mètres de façade du château de l'Orangerie couronnent la chaîne de collines au nord de Sans-Souci. Cet édifice tient davantage du château que de la serre et devait être à l'origine l'ultime étape d'une Via Triumphalis que Frédéric Guillaume IV entendait réaliser après son accession au trône, en 1840. Cette voie prestigieuse devait être flanquée de monuments dans le style de la Rome antique, mais aussi de la Renaissance. Peu de choses furent toutefois menées à leur terme, comme, par exemple, l'orangerie et sa vaste terrasse. Ludwig Ferdinand Hesse fut chargé de sa réalisation (1851-1860) selon des plans de Friedrich August Stüler, Ludwig Persius et du roi lui-même : une façade très étirée dont le cœur – un édifice à quatre ailes sur deux niveaux – est entouré par une vaste orangerie et des pavillons d'angle. Des motifs d'arc de triomphe, des loggias et l'incontournable belvédère des villas italiennes – ici, de deux tours reliées par des colonnades – accentuent le cachet méditerranéen. L'orangerie accueille les plantes délicates pendant les mois d'hiver, mais aussi des hôtes et des expositions de collections de copies de Raphaël.

△ Orangerieschloss, Atrium, Ludwig Persius, August Stüler und Ludwig Ferdinand Hesse, 1851–64, Mitteltrakt 1858

Orangerieschloss, Atrium, Ludwig Persius, August Stüler, and Ludwig Ferdinand Hesse, 1851–64, central section 1858

Le château de l'Orangerie, atrium, Ludwig Persius, August Stüler et Ludwig Ferdinand Hesse, 1851-1864, aile centrale de 1858.

△ ▷ Orangerieschloss, Gartenfassade und
Blick in die Pflanzenhalle

Orangerieschloss, garden façade and view
of the plant house

Le château de l'Orangerie, façade sur le
jardin et vue sur la halle des plantes.

Die eingeschossigen Orangerien zu Seiten des Mitteltrakts
sind durch jeweils zwei schmale und einen breiteren Pfeiler
mit Figurennische gegliedert. Ihr Inneres rhythmisieren ge-
kuppelte Säulen. Bodentiefe, nach Süden ausgerichtete Fens-
ter garantieren die optimale Beleuchtung der Kübelpflanzen
in ihrem Winterquartier. Eine bis heute funktionstüchtige
Fußbodenheizung sorgt für gleichmäßige Wärme von 6 bis 8
Grad Celsius. Der Skulpturenschmuck der Orangerie wurde
großenteils erst nach Friedrich Wilhelms IV. Tod fertig gestellt, hier wirkten Schüler von Christian Daniel Rauch. In
den Nischen der Gewächshausflügel sind Personifikationen
der Jahreszeiten und der Monate aufgestellt.

The single-story orangeries at the sides of the central section
are each broken up by two slender pillars alternating with a
broader one with a figure niche. The interior is given rhythm
by coupled columns. South-facing floor-to-ceiling windows
guarantee optimum lighting for the tub plants in their winter
quarters. Underfloor heating, still in good working order
today, provides an even temperature of 6 to 8 degrees
Celsius. The sculptural decoration of the Orangery was
largely completed only after the death of Frederick William
IV and was carried out by pupils of Christian Daniel Rauch.
In the niches of the plant-house wings, personifications of the
seasons and months of the year are displayed.

Les orangeries sur un seul niveau de part et d'autre de l'aile centrale sont structurées chacune par deux étroits piliers et un plus large, avec des niches abritant des statues. Des colonnes géminées rythment les intérieurs. La profondeur du sol et les fenêtres orientées vers le sud assurent un éclairage optimal des pots dans leur quartier d'hiver. Un chauffage au sol, encore en fonctionnement de nos jours, garantit une température régulière entre 6 et 8°C. Une grande partie des statues ornementales de l'orangerie fut achevée après la mort de Frédéric Guillaume IV, par des élèves de Christian Daniel Rauch. Des niches situées dans les ailes de la serre abritent des personnifications des saisons et des mois de l'année.

Orangerieschloss, Malachitzimmer mit der Skulpturengruppe »Amor und Psyche« von Karl Hassenpflug, 1858

Orangerieschloss, Malachite Room with the sculptural group *Cupid and Psyche* by Karl Hassenpflug, 1858

Le château de l'Orangerie, la Salle de Malachite avec le groupe de sculptures « Amour et Psyché » de Karl Hassenpflug, 1858.

Malachitzimmer | Malachite Room | La Salle de Malachite

Die fünf Gästezimmer im Mitteltrakt des Orangerieschlosses sind prunkvoll ausgestattet, zeitweise dienten sie der Schwester Friedrich Wilhelms IV., der russischen Zarin Alexandra Feodorowna, und ihrem Gemahl Zar Nikolaus I. als Wohnraum. Das Malachitzimmer, das größte der Gästezimmer, nutzte die Zarin während ihres Aufenthalts in Potsdam als Schlafgemach. Den Raum bestimmt die prätentiöse Pracht des Neorokoko. Der grüne Malachit der Kaminrahmung, der Tischplatte und der Vasen – sämtlich Geschenke des russischen Hofes – kontrastiert lebhaft mit dem karminroten Damast der Wandbespannung. Vergoldeter Schnitzdekor ziert Möbel und Spiegel, vergoldetes Stuckornament die Decke. Weiße Marmorskulpturen setzen kühle klassizistische Akzente.

The five guestrooms in the central section of the Orangerieschloss are lavishly furnished. For a time they served as accommodation for the sister of Frederick William IV, the Russian Tsarina Alexandra Feodorovna, and her husband Tsar Nicholas I.
The Malachite Room, the largest of the guestrooms, was used by the Tsarina as a bedroom during her stay in Potsdam. The room displays the pretentious splendor of the Neo-Rococo style. The green malachite of the chimneypiece surround, the tabletop, and the vases—all gifts of the Russian court—contrasts vividly with the carmine-red damask of the wall covering. Gilded carving decorates the furniture and mirrors, and gilded stucco adorns the ceiling. White marble sculptures add cool Neoclassical accents.

Les cinq chambres pour les hôtes de l'aile centrale du château de l'Orangerie sont aménagées avec faste. Elles furent par intermittence habitées par la sœur de Frédéric Guillaume IV, ainsi que par la tsarine Alexandra Feodorowna et son mari, le tsar Nicolas Ier. La tsarine coucha dans la salle de malachite, la plus grande des pièces pour les hôtes, lors de son séjour à Potsdam. La pièce est dominée par le faste prétentieux du néorococo. La malachite verte de l'encadrement de la cheminée, du plateau de la table et des vases – des cadeaux de la cour de Russie – contraste fortement avec le damas rouge carmin des tentures murales. Meubles et miroirs sont ornés de sculptures sur bois dorées et le plafond arbore des stucs également dorés. Des sculptures de marbre blanc apportent des accents classicistes froids.

Raffaelsaal | Raphael Hall | La salle des Raphaël

Wie Friedrich Wilhelm III. verehrte auch Friedrich Wilhelm IV. den italienischen Maler Raffael. Die stattliche Kopiensammlung seines Vaters vermochte er so zu ergänzen, dass alle Schaffensperioden des Meisters vertreten waren. Etwa 50 Gemälde nach Raffael und seinem engsten Umkreis fanden ab 1858 in dem eigens dafür konzipierten Raffaelsaal der Orangerie ihre neue Heimstatt. Der geräumige zweigeschossige Saal mit seinem weiten Oberlicht bot und bietet ideale Bedingungen für das Studium der Werke.

Like Frederick William III, Frederick William IV also venerated the Italian painter Raphael. He was able to expand his father's impressive collection of copies in such a way that all the master's creative periods were represented. From 1858, some 50 paintings by Raphael and his immediate circle found a new home in the specially dedicated Raphael Hall of the Orangery. This spacious, two-story hall with its wide skylight offered, as it still does, ideal condition for the study of the works.

Á l'instar de Frédéric Guillaume III, Frédéric Guillaume IV vénérait le peintre italien Raphaël. Il souhaita agrandir la collection des copies de son père de manière à ce que toutes les périodes du maître y soient représentées. Á partir de 1858, une cinquantaine de peintures de Raphaël et de son cercle le plus étroit furent rassemblées dans une salle spécifiquement réservée à cet effet, la salle des Raphaël de l'Orangerie. La vaste salle, de la hauteur de deux étages et dotée d'une grande imposte, constituait et constitue encore le cadre idéal pour l'étude des œuvres.

△ Orangerieschloss, Raffaelsaal, Kopie
der Sixtinischen Madonna, Friedrich
Bury, 1804

▷ Orangerieschloss, Türflügel mit
Genien

Orangerieschloss, Raphael Hall, copy
of the Sistine Madonna, Friedrich
Bury, 1804

Orangerieschloss, door leaves with
genii

Le château de l'Orangerie, la Salle des
Raphaël, copie de la Madone de la
chapelle Sixtine, Friedrich Bury, 1804.

Le château de l'Orangerie, battants de
porte ornés de génies.

Elfenbeinzimmer, Boullezimmer | Ivory Room, Boulle Room | La Salle d'Ivoire et la Salle Boulle

Die Farbe der Wandvertäfelung verlieh dem Elfenbeinzimmer seinen Namen, wegen der kostbaren Bernsteineinlagen an Spiegelrahmen und Tischplatten wird der Vorraum des westlichen Appartements jedoch auch Bernsteinzimmer genannt. Wie bei seinem gegenüberliegenden Pendant, dem Lapislazulizimmer, teilen schlanke Säulen den an seinen Ecken abgerundeten Raum. Im Dekor überwiegt der Stil des Neorokoko, auch das »Zweite Rokoko« genannt, dem der preußische Hof um Mitte des 19. Jahrhunderts so zugetan war. Zierliches, mitunter etwas sprödes Ornament gliedert die Flächen. Goldenes Schnitzwerk überzieht Spiegel und Sitzmöbel, die hier mit lilafarbenem Stoff bespannt sind. Wandkonsolen tragen grazile Porzellanfiguren. Das benachbarte Boullezimmer präsentiert kunstvolle Möbel, die den Arbeiten des Pariser Kunsttischlers André-Charles Boulle nachempfunden sind.

The Ivory Room derives its name from the color of the wall paneling, but because of the precious amber inlays in the mirror frames and tabletops, this anteroom to the western apartments is also known as the Amber Room. As with its counterpart, the Lapis Lazuli Room, slender columns divide the space with its rounded corners. The decoration is dominated by the Neo-Rococo style, also called the "Second Rococo," to which the Prussian court was so attached around the middle of the 19th century. Subtle, sometimes rather brittle-looking ornamentation structures the surfaces. Golden carving decks the mirrors and seating furniture, which is here upholstered with lilac-colored fabric. Delicate porcelain figures are supported by wall consoles. The neighboring Boulle Room displays elaborate furniture inspired by the work of the Parisian cabinetmaker André-Charles Boulle.

La Salle d'Ivoire doit son nom à la couleur des lambris. L'antichambre est également appelée Salle d'Ambre, en raison des précieuses incrustations d'ambre sur les cadres des miroirs et sur les plateaux des tables. Comme dans son pendant qui lui fait face, la Salle des Lapis-lazulis, de frêles colonnes partagent la pièce aux angles arrondis. Le décor est dominé par le style néorococo, encore appelé le «second rococo», très prisé à la cour de Prusse au milieu du XIXe siècle. De délicats ornements, parfois quelque peu fragiles, structurent les surfaces. Les miroirs et les meubles, ici habillés d'étoffe violette, sont parés de sculptures sur bois dorées. Des personnages graciles en porcelaine sont disposés sur des consoles murales. La Salle de Boulle voisine présente des meubles extrêmement travaillés qui sont inspirés de l'ébéniste parisien André-Charles Boulle.

△ Orangerieschloss, Boulle-Zimmer, Französische Pendule mit Boulle-Marketerie, 18./19. Jh.

Orangerieschloss, Boulle Room, French clock with Boulle marquetry, 18th/19th century

Le château de l'Orangerie, la Salle de Boulle, pendule française avec une marqueterie de Boulle, XVIIIe et XIXe siècles.

▷ Orangerieschloss, Elfenbeinzimmer, Ausstattung durch Ludwig Ferdinand Hesse, teils nach Entwürfen von Friedrich Wilhelm IV., 1859

Orangerieschloss, Ivory Room, furnishing by Ludwig Ferdinand Hesse, partly after designs by Frederick William IV, 1859

Le château de l'Orangerie, la Salle d'Ivoire, aménagée par Ludwig Ferdinand Hesse, en partie selon des plans de Frédéric Guillaume IV, 1859.

◁ Blick auf das Orangerieschloss mit seinen Terrassen und Gärten, Planung ab
1840

View of the Orangerieschloss with its
terraces and gardens, planning from 1840

Vue sur la Nouvelle Orangerie avec ses
terrasses et jardins, conception à partir de
1840.

▷ Parterre in der Hauptachse des
Orangerieschlosses, Bogenschütze,
Skulptur von Ernst Moritz Geyer, 1901,
aufgestellt 1960

Parterre in the main axis of the
Orangerieschloss, sculpture of an archer
by Ernst Moritz Geyer, 1901, installed in
1960

Parterre dans l'axe principal du château
de l'Orangerie, Archer, sculpture d'Ernst
Moritz Geyer, 1901, mise en place en
1960.

▷△ Terrasse vor dem Orangerieschloss,
Zinkvase nach dem Entwurf von Ludwig
Ferdinand Hesse, 1848

Terrace in front of the Orangerieschloss,
spelter vase after a design by Ludwig
Ferdinand Hesse, 1848

Terrasse devant le château de l'Orangerie,
vase de zinc d'après un dessin de Ludwig
Ferdinand Hesse, 1848.

▷▽ Rhododendronblüte im Park von
Sanssouci

Rhododendrons in bloom in Sanssouci
Park

Rhododendrons en fleurs dans le parc
de Sans-Souci.

▷▷ Orangeriegrotte an der 1913 angelegten Jubiläumsterrasse

Orangery grotto on the Jubilee Terrace, laid
out in 1913

La grotte de l'Orangerie, sur la terrasse
du Jubilé aménagée en 1913.

Charlottenhof, ein südlich des Rehgartens gelegenes Land-
gut, diente im 18. Jahrhundert den Architekten Johann Bou-
mann, Johann Gottfried Büring und Carl von Gontard als
Wohnsitz. Im 19. Jahrhundert zunehmend verwildert, erwarb
Friedrich Wilhelm III. 1825 das Anwesen und schenkte es sei-
nem Sohn Friedrich Wilhelm zum Weihnachtsfest. Wenige
Monate später betraute der kunstsinnige Kronprinz den
Landschaftsgestalter Peter Joseph Lenné und den Architekten
Karl Friedrich Schinkel mit der Planung von Park und
Schloss. Unter ihrer Leitung entstand zwischen 1826 und
1840 eines der schönsten Ensembles des romantischen Klassizismus in Deutschland.
Die Villen des Altertums und die Gärten der italienischen
Renaissance lieferten die Anregungen für die Konzeption
und die Ausgestaltung der Anlagen. Unmittelbare Vorlagen
boten Stichwerke römischer Landsitze, etwa die Publikatio-
nen von Charles Percier und Pierre-François-Léonard Fontaine. Nach Entwürfen Lennés gestaltete Heinrich Ludwig
Sello den englischen Landschaftsgarten mit seinen geschwungenen Wegen, Wasserläufen und Baumgruppen. Er bildet
den idyllischen Rahmen für die antikisierenden Architekturen, die Villa, die Römischen Bäder und das Hippodrom,
sowie für weitere Nutz- und Staffagebauten. Das einstige
Gutshaus verwandelten Schinkel und sein Mitarbeiter Ludwig Persius in ein klassisch schlichtes Schlösschen. Sein Mitteltrakt ist als dorischer Giebelportikus ausgebildet und erinnert an eine Tempelfront. Ein Dichterhain mit Büstenhermen
und ein Rosengarten flankieren den quergelagerten Bau.

In the 18th century, Charlottenhof, an estate south of the
Deer Park, was the residence of the architects Johann
Boumann, Johann Gottfried Büring, and Carl von Gontard.
In 1825, the property, which had been increasingly neglected
during the early 19th century, was acquired by Frederick
William III, who gave it to his son Frederick William as a
Christmas gift. A few months later, the art-loving Crown
Prince entrusted the landscape gardener Peter Joseph Lenné
and the architect Karl Friedrich Schinkel with the planning of
the park and palace. Under their direction, between 1826 and
1840 one of the most beautiful ensembles of Romantic
Neoclassicism in Germany came into being.
The villas of classical antiquity and the gardens of the Italian
Renaissance provided the stimulus for the concept and
execution of the project. Direct models were found in prints
of Roman country seats, such as the publications of Charles
Percier and Pierre-François-Léonard Fontaine. Following
designs by Lenné, Heinrich Ludwig Sello laid out the English
landscape garden with its curving paths, streams, and clumps
of trees. It forms the idyllic backdrop for architecture in
imitation of classical forms, the villa, the Roman baths, and
the hippodrome, as well as for further functional and
decorative buildings. Schinkel and his assistant Ludwig
Persius transformed the former manor house into a classic,
unpretentious little palace. Its central area is designed as a
Doric portico with pediment and resembles the façade of a
temple. A Poets' Grove with herm busts and a rose garden
flank the transversely arranged structure.

Au XVIIIe siècle, les architectes Johann Boumann, Johann
Gottfried Büring et Carl von Gontard résidaient à
Charlottenhof, un domaine situé au sud du Jardin de la

Biche. Le domaine fut progressivement laissé en friche au
cours du XIXe siècle et Frédéric Guillaume III l'acheta, en
1825, pour l'offrir à son fils, Frédéric Guillaume, pour Noël.
Quelques mois plus tard seulement, le prince héritier épris
d'arts confia à l'architecte paysagiste Peter Joseph Lenné et à
l'architecte Karl Friedrich Schinckel le projet d'aménagement
du parc et du château. C'est sous leur houlette que fut créé,
entre 1826 et 1840, l'un des plus beaux ensembles du
classique romantique en Allemagne.
Les villas de l'Antiquité et les jardins de la Renaissance
italienne leur insufflèrent les idées pour la conception et
l'aménagement du domaine. Ils s'inspirèrent directement de
gravures représentant des domaines romains, comme les

publications de Charles Percier et de Pierre-François-Léonard
Fontaine. Heinrich Ludwig Sello conçut le jardin paysager
anglais d'après des croquis de Lenné, avec des chemins
sinueux, des cours d'eau et des bosquets. Celui-ci offre le
cadre idyllique pour les architectures inspirées de l'Antiquité,
la villa, les bains romains et l'hippodrome, ainsi que pour les
communs et les édifices factices. Schinckel et son
collaborateur, Ludwig Persius, transformèrent l'ancienne
maison de maître en un sobre château classique. Son aile
centrale, érigée en portique dorique à pignon, évoque la
façade d'un temple. Un bosquet dédié aux poètes avec des
bustes d'Hermès et une roseraie flanquent l'édifice.

△ Schloss Charlottenhof, Karl Friedrich
Schinkel und Ludwig Persius, begonnen
1826, Westansicht vom Dichterhain aus

Schloss Charlottenhof, Karl Friedrich
Schinkel and Ludwig Persius, begun in
1826, west elevation, view from the Poets'
Grove

Palais de Charlottenhof, Karl Friedrich
Schinkel et Ludwig Persius, commencé en
1826, vue de l'ouest, à partir du bosquet
des poètes.

▷ Schloss Charlottenhof, Außenansicht
von Osten mit Pergola und Terrasse

Schloss Charlottenhof, view of exterior
from the east with pergola and terrace

Palais de Charlottenhof, vue extérieure
de l'est avec la pergola et la terrasse.

△ Schloss Charlottenhof, Vestibül, Die Nacht, Medaillon nach Bertel Thorvaldsen (Entwurf 1815)

Schloss Charlottenhof, vestibule, *Night,* medallion after Bertel Thorvaldsen (designed 1815)

Palais de Charlottenhof, vestibule, *La Nuit,* médaillon d'après Bertel Thorvaldsen (esquisse de 1815).

▷ Schloss Charlottenhof, Springbrunnen im Vestibül, August Kiss nach Entwürfen von Karl Friedrich Schinkel, 1840–43

Schloss Charlottenhof, fountain in the vestibule, August Kiss, after designs by Karl Friedrich Schinkel, 1840–43

Palais de Charlottenhof, fontaine dans le vestibule, August Kiss selon des esquisses de Karl Friedrich Schinkel, 1840-1843.

Vestibül und Speisesaal | Vestibule and Dining Hall | Vestibule et salle à manger

Stilvolle Eleganz und eine fast bürgerlich anmutende Behaglichkeit bestimmen die Innenräume, die Kronprinz Wilhelm und seine Gattin, Prinzessin Elisabeth von Bayern, bewohnten. Auch hier zeichnete Karl Friedrich Schinkel verantwortlich, der sowohl die Disposition der Räume festlegte als auch einen Großteil der Ausstattung und des Mobiliars entwarf.
Das Vestibül mit seiner doppelläufigen Treppe erhielt 1843 den aufwendigen Bronzebrunnen, den August Kiss nach Entwürfen Schinkels anfertigte. Hinter diesem repräsentativen, doch eher kühlen Vorraum erstreckt sich der lichte, in einem Farbklang aus Gold, Rot und Weiß gehaltene Speisesaal, der sich mit drei Fenstertüren zur Terrasse und zum Garten öffnet. Die Wohnräume liegen im Obergeschoss des Schlosses. Wertvolle Grafiken und stimmungsvolle Landschaftsgemälde ergänzen die erlesene Ausstattung.

The interior rooms occupied by Crown Prince Wilhelm and his wife Princess Elisabeth of Bavaria are characterized by stylish elegance and a sense of ease and comfort that seems almost bourgeois. Here again, it was Karl Friedrich Schinkel who was responsible: he determined the layout of the rooms as well as designing most of the decoration and furniture. In 1843, the vestibule, with its double staircase, received the addition of the ornate bronze fountain executed by August Kiss to designs by Schinkel. Behind this imposing, but rather chilly-looking anteroom stretches the light-filled dining hall with its harmony of colors in gold, red, and white, which opens to the terrace and garden with three French windows. The residential rooms are situated on the upper floor of the palace. Valuable graphic works and atmospheric landscape paintings complete the exquisite decoration.

Les pièces qui furent habitées par le prince héritier et son épouse, la princesse Elisabeth de Bavière, sont d'une élégance stylée et offrent un confort quasiment bourgeois. Karl Friedrich Schinkel en signa les plans, et il décida autant de la disposition des pièces que d'une grande partie de l'aménagement et du mobilier.
Le vestibule et son escalier à double volée furent dotés, en 1843, d'une coûteuse fontaine de bronze, réalisée par August Kiss d'après des dessins de Schinkel. Derrière cette antichambre prestigieuse, mais plutôt froide, s'étire une salle à manger lumineuse dans les tons or, rouge et blanc, dont les trois portes-fenêtres ouvrent sur la terrasse et le jardin. Les pièces d'habitation se situent à l'étage supérieur du château. Des dessins de grande valeur et des tableaux paysagers évocateurs complètent l'aménagement raffiné.

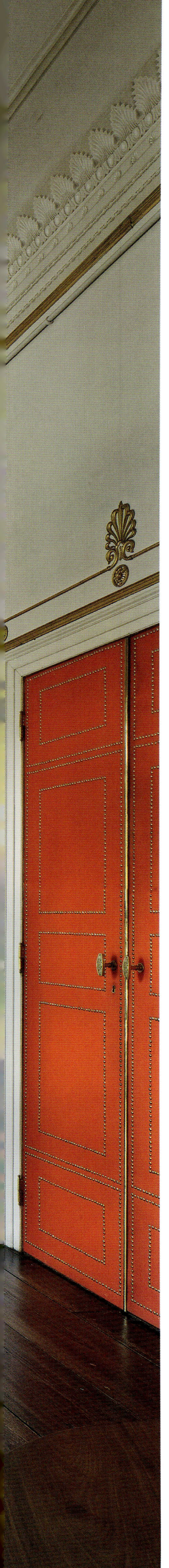

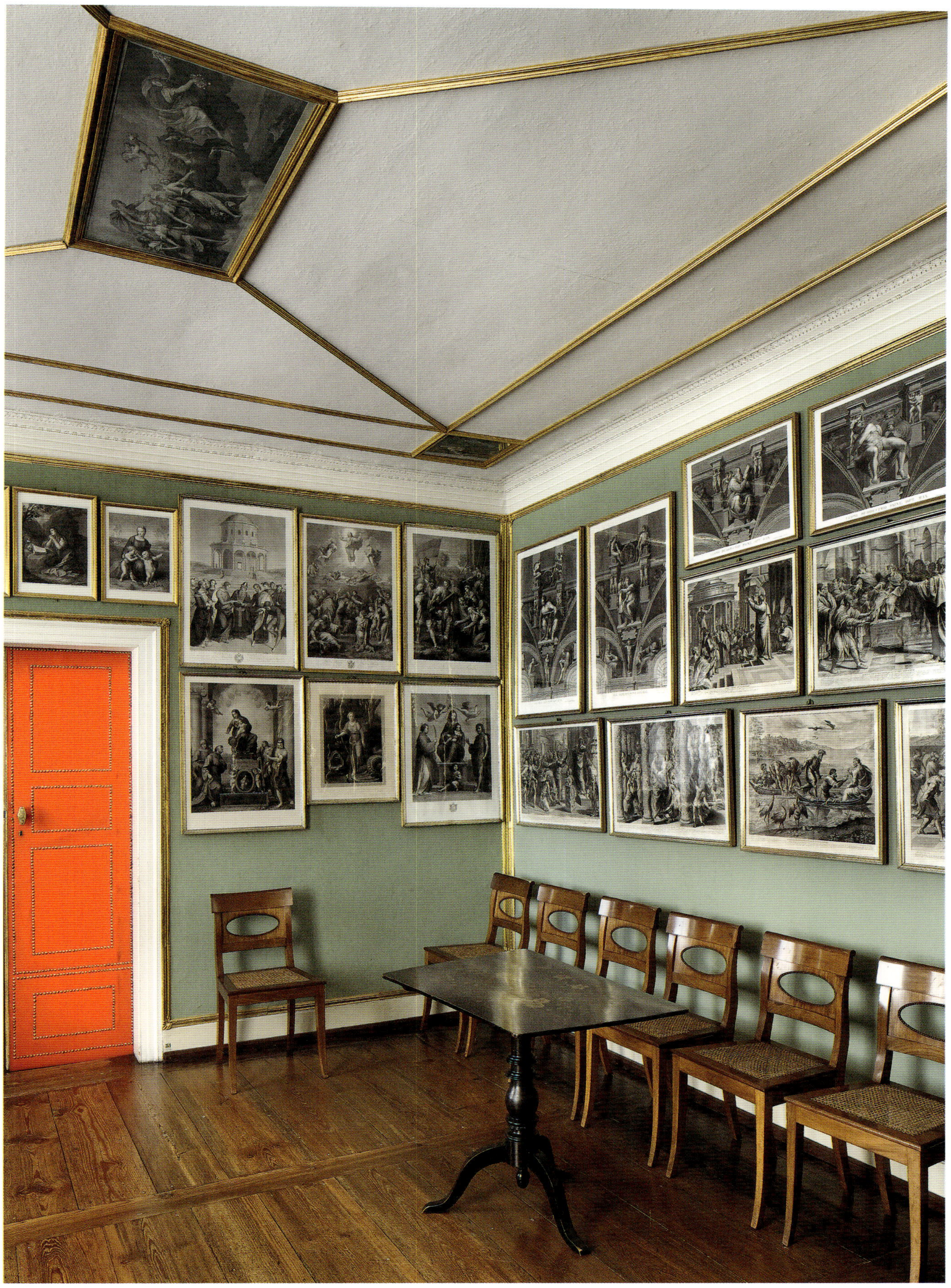

◁ Schloss Charlottenhof, Speisesaal, Ausgestaltung durch Karl Friedrich Schinkel ab 1827

Schloss Charlottenhof, dining hall, design by Karl Friedrich Schinkel from 1827

Palais de Charlottenhof, salle à manger, aménagement de Karl Friedrich Schinkel, à partir de 1827.

△ Schloss Charlottenhof, Kupferstichzimmer, Ausgestaltung durch Karl Friedrich Schinkel ab 1827

Schloss Charlottenhof, print room, design by Karl Friedrich Schinkel from 1827

Palais de Charlottenhof, salle des gravures sur cuivre, aménagement de Karl Friedrich Schinkel, à partir de 1827.

△ Schloss Charlottenhof, Schreibkabinett der Kronprinzessin, Ausgestaltung durch Karl Friedrich Schinkel ab 1827

Schloss Charlottenhof, Crown Princess's writing cabinet, design by Karl Friedrich Schinkel from 1827

Palais de Charlottenhof, cabinet de travail de la princesse héritière, aménagement de Karl Friedrich Schinkel, à partir de 1827.

▷ Schloss Charlottenhof, Schlafzimmer des Kronprinzenpaares, Ausgestaltung durch Karl Friedrich Schinkel ab 1827

Schloss Charlottenhof, bedroom of the royal couple, design by Karl Friedrich Schinkel from 1827

Palais de Charlottenhof, chambre du couple princier, aménagement de Karl Friedrich Schinkel, à partir de 1827.

Zeltzimmer | Tent Room | La Chambre de la Tente

Weiß und Blau bestimmen das Zeltzimmer, das einem römischen Feldherrnzelt nachempfunden sein soll. Es ist zweifellos der originellste Raum des Schlosses Charlottenhof. Die Farben der Tapeten und Bespannungen sind als Hommage an die Hausherrin, Prinzessin Elisabeth von Bayern, zu verstehen. In den eisernen Feldbetten schliefen ursprünglich die Hofdamen der Kronprinzessin, 1835–40 logierte Alexander von Humboldt in diesem Raum, im benachbarten Wohnzimmer schrieb er den ersten Band seines *Kosmos: Entwurf einer physischen Weltbeschreibung.* Zeltzimmer erfreuten sich im 19. Jahrhundert einiger Beliebtheit, signalisierten sie doch ein naturnahes, bedürfnisloses Leben.

The tent room in white and blue is said to be based on a Roman general's tent. It is undoubtedly the most original room in the palace of Charlottenhof. The colors of the wallpaper and fabrics are to be understood as an homage to the mistress of the house, Princess Elisabeth of Bavaria. The Crown Princess's ladies in waiting originally slept in the iron camp beds. In 1835–40 Alexander von Humboldt stayed in this room, and in the parlor next door he wrote the first volume of his *Cosmos: A Sketch of the Physical Description of the Universe.* Tent rooms enjoyed some popularity in the 19th century, as they suggested a frugal life close to nature.

La Chambre de la Tente, inspirée par la tente des généraux romains, est dominée par le blanc et le bleu. C'est indéniablement la pièce la plus originale de Charlottenhof. Les couleurs de la tapisserie et des tentures doivent être interprétées comme un hommage à la maîtresse de maison, la princesse Élisabeth de Bavière. À l'origine, les lits de camp métalliques étaient occupés par les dames d'honneur de la princesse. Alexander von Humbolt logea dans cette pièce, de 1835 à 1840, et c'est dans la pièce voisine qu'il écrivit le premier tome de l'ébauche de sa description physique du monde. Les chambres agencées comme des tentes étaient très appréciées au XIXe siècle, elles révélaient une vie proche de la nature et dénuée de besoins.

▷ Schloss Charlottenhof, Rosengarten
Schloss Charlottenhof, rose garden
Palais de Charlottenhof, la roseraie.

▷ Schloss Charlottenhof, Hippodrom,
angelegt 1836–39 nach Plänen von Karl
Friedrich Schinkel

Schloss Charlottenhof, Hippodrome, laid
out in 1836-39 to plans by Karl Friedrich
Schinkel

Palais de Charlottenhof, hippodrome,
réalisé de 1836 à 1839, d'après des plans
de Karl Friedrich Schinkel.

▽ Schloss Charlottenhof, Dichterhain mit
Stelen deutscher und italienischer Dichter

Schloss Charlottenhof, Poets' Grove with
steles of German and Italian poets

Palais de Charlottenhof, Le Bosquet des
poètes, avec des stèles de poètes italiens
et allemands.

▷▽ Schloss Charlottenhof, Fasanerie,
Ludwig Persius, 1840

Schloss Charlottenhof, Pheasantry, Ludwig
Persius, 1840

Palais de Charlottenhof, faisanderie,
Ludwig Persius, 1840.

▷▷ Schloss Charlottenhof, Herbstansicht
des Maschinenteichs im östlichen Teil des
Schlossparks

Schloss Charlottenhof, fall view of the
artificial lake in the eastern part of the
palace park

Palais de Charlottenhof, scène d'automne
sur l'étang des machines, dans la partie
orientale du parc.

Römische Bäder | Roman Baths | Les Bains Romains

Anders als der Name vermuten lässt, waren die Römischen Bäder nie zum Baden oder Schwimmen bestimmt. Zwar ahmen die prächtig ausgestatteten Haupträume der Bautengruppe römische Thermen nach, doch trugen sie ausschließlich musealen oder sentimentalen Charakter: Das malerische Ensemble spiegelt die Sehnsüchte des Kronprinzen Friedrich Wilhelm wider, der 1828 erstmals Italien bereist und mit großer Begeisterung die Ausgrabungen römischer Häuser und Villen in Pompeji studiert hatte. Nun wollte er, mithilfe seiner Architekten Karl Friedrich Schinkel und Ludwig Persius, diese Eindrücke in Sanssouci festhalten. Die Arbeiten an dem idyllischen, scheinbar zufällig gewachsenen Ensemble dauerten von 1829 bis 1840. Es schließt, neben den Römischen Bädern, völlig unterschiedliche Bauten ein, so einen Teepavillon, einen Turm, ein Gärtner- und ein Gehilfenhaus, eine Arkadenhalle und die Große Laube mit ihren Kopien antiker Kunstwerke. Schinkel und seine Mitarbeiter schmückten die Wandflächen mit Wandbildern, die pompejanischen Fresken nachempfunden waren. Man darf die Römischen Bäder demnach nicht als getreue Nachbauten historischer Monumente verstehen: Der Kronprinz und seine Künstler schufen ein ganz eigenes romantisches Ensemble, das für die Baukunst seiner Zeit in Potsdam und Berlin vorbildhaft werden sollte.

Despite their name, the Roman Baths were never intended for bathing or swimming. Although the splendidly decorated main rooms of the group of buildings are based on Roman *thermae,* their character was entirely that of a museum, albeit with an emotional aspect. The picturesque ensemble reflects the yearnings of Crown Prince Frederick William, who had traveled in Italy for the first time in 1828, and studied with great enthusiasm the excavations of Roman houses and villas in Pompeii. Now, with the help of his architects Karl Friedrich Schinkel and Ludwig Persius, he wanted to preserve these impressions in Sanssouci. Work on the idyllic ensemble, which seems to have come into being almost accidentally, lasted from 1829 to 1840. It includes, apart from

Charlottenhof, Römische Bäder, Karl Friedrich Schinkel und Ludwig Persius nach Ideen des Kronprinzen Friedrich Wilhelm (ab 1840 König Friedrich Wilhelm IV.), Außenansicht

Charlottenhof, Roman Baths, Karl Friedrich Schinkel and Ludwig Persius after concepts by Crown Prince Frederick William (from 1840 King Frederick William IV), exterior view

Charlottenhof, Bains Romains, Karl Friedrich Schinkel et Ludwig Persius, d'après des idées du prince héritier Frédéric Guillaume (le futur roi Frédéric Guillaume IV, à partir de 1840), vue de l'extérieur.

the Roman Baths, some totally diverse buildings, such as a
Tea Pavilion, a gardener's and an assistant gardener's house,
an arcaded hall, and the Great Pergola with its copies of
classical artworks. Schinkel and his assistants decorated the
walls with murals modeled on Pompeian frescoes. The
Roman Baths should not, however, be understood as faithful
replicas of historical monuments: the Crown Prince and his
artists created a quite individual romantic ensemble, which
was to become exemplary for the architecture of its time in
Potsdam and Berlin.

Le nom est trompeur, car les Bains Romains n'ont jamais été
conçus ni pour se baigner ni pour nager. Certes, les pièces
principales aménagées avec faste sont une imitation des
thermes romains, mais elles possèdent de fait un caractère
sentimental et assument une fonction de conservation : le
pittoresque ensemble reflète en effet la nostalgie du prince
héritier Frédéric Guillaume qui s'était rendu pour la

première fois en 1828 en Italie où il avait étudié avec
enthousiasme les fouilles des maisons romaines et des villas
de Pompéi. Il voulut conserver ces impressions à l'intérieur
de Sans-Souci, avec l'aide de ses architectes, Karl Friedrich
Schinkel et Ludwig Persius. Les travaux de cet ensemble
idyllique qui semble être sorti de terre de manière aléatoire
s'étirèrent de 1829 à 1840. Les édifices voisins des Bains
Romains sont très hétérogènes, avec, par exemple, un
pavillon de thé, une tour, une maison pour les jardiniers, une
autre pour les aides et une halle à arcades, ainsi que la
Grande Tonnelle, avec ses copies d'œuvres de l'Antiquité.
Schinkel et ses collaborateurs décorèrent les murs avec des
tableaux inspirés des fresques de Pompéi. On ne doit donc
pas voir dans les Bains Romains des répliques fidèles de
monuments historiques : le prince héritier et ses artistes
créèrent un ensemble romantique de leur cru qui devait être
pris comme modèle par l'architecture de l'époque à Berlin et
à Potsdam.

 Römische Bäder I Roman Baths I Les Bains Romains

Charlottenhof, Römische Bäder, Blick in die
1832 begonnene Große Laube mit der Statuette
des Herkules Farnese (Bronzenachguss 1984
nach einer Bronze des 19. Jhs.) und zwei
Satyrmasken von Christian Daniel Rauch und
Cornelius Gormann, 1834

Charlottenhof, Roman Baths, view of the Great
Pergola, begun in 1832, with the statuette of
the Farnese Hercules (bronze cast of 1984 after
a 19th-century bronze) and two satyrs' masks by
Christian Daniel Rauch and Cornelius Gormann,
1834

Charlottenhof, Bains Romains, vue dans la
Grande Tonnelle commencée en 1832, avec la
statuette d'Hercule Farnèse (copie en bronze de
1984, d'après un bronze du XIXᵉ siècle) et deux
masques de satyres de Christian Daniel Rauch
et Cornelius Gormann, 1834.

Atrium, Impluvium und Caldarium | Atrium, Impluvium, and Caldarium | Atrium, impluvium et caldarium

Die Struktur eines römischen Hauses und die Anlage römischer Thermen standen Pate bei der Konzeption des Kernbaus der Römischen Bäder. Sie verliehen der gesamten Anlage ihren Namen. Ein kostbar geschmücktes Atrium eröffnet die Raumfolge, hier fand die wundervolle Jaspiswanne Aufstellung, die Zar Nikolaus I. seinem Schwager Friedrich Wilhelm geschenkt hatte. An das Atrium schließt das Impluvium an, die einst zum Auffangen des Regens geöffnete rechteckige Säulenhalle mit dem zentralen Wasserbassin. Die Thermenräume bilden den prunkvollen Höhepunkt des Gebäudes. Als Blickfang dient das Caldarium mit den stattlichen, das Gebälk tragenden Marmorkaryatiden. Ein Fußbodenmosaik mit den Darstellungen von Meerestieren und Reptilien begrüßt den Besucher.

The structure of a Roman house and the layout of Roman *thermae* were the inspiration for the concept of the core building of the Roman Baths. They lent their name to the entire ensemble. A lavishly decorated Atrium opens the sequence of rooms, and it was here that the wonderful jasper bathtub given by Tsar Nicholas I to his brother-in-law Frederick William was installed. Adjacent to the Atrium is the Impluvium, the rectangular pillared hall with its central water basin, formerly open to collect rainwater. The thermal baths form the sumptuous culmination of the building. An eye-catching feature is the Caldarium with the stately marble caryatids that support the beams. A floor mosaic representing marine creatures and reptiles greets the visitor.

La conception du cœur des Bains Romains fut manifestement inspirée par la structure d'une maison romaine et par les thermes romains auxquels l'ensemble doit son nom. On accède tout d'abord à l'atrium précieusement décoré. C'est ici qu'est exposée la magnifique baignoire de jaspe que le tsar Nicolas Ier offrit à son beau-frère, Frédéric Guillaume. De l'atrium, on passe dans l'impluvium, qui était autrefois une halle à colonnades carrée et ouverte, destinée à récupérer les eaux de pluie dans un bassin central. Les pièces des thermes constituent l'apogée fastueux de l'édifice. Le caldarium capte l'attention avec ses caryatides de marbre imposantes qui supportent la charpente. Au sol, une mosaïque représentant des animaux marins et des reptiles accueille le visiteur.

Details der Wanddekoration im Impluvium (Fries mit Meeresgottheiten von Bernhard Wilhelm Rosendahl) sowie der »pompejanschen Fresken« im Atrium (Albert Eichhorn und Karl Lompeck nach Entwürfen Schinkels)

Details of the wall decoration in the Impluvium (frieze with marine deities by Bernhard Wilhelm Rosendahl) and of the "Pompeian frescoes" in the Atrium (Albert Eichhorn and Karl Lompeck after designs by Schinkel)

Détails de la décoration murale dans l'impluvium (frise avec des divinités de Bernhard Wilhelm Rosendahl), ainsi que des « fresques pompéiennes » dans l'atrium (Albert Eichhorn et Karl Lompeck d'après des projets de Schinkel).

Friedenskirche | The Church of Peace | L'église de la Paix

Friedrich Wilhelm IV. hegte seit Längerem den Wunsch, eine Kirche im Park von Sanssouci errichten zu lassen. Auf den Tag genau 100 Jahre nach der Grundsteinlegung des Weinbergschlosses erfolgte am 14. April 1845 die Gründung der Friedenskirche als spiritueller Gegenpol zur Sommerresidenz Friedrichs II.

Architektur und Ausstattung spiegeln die religiösen Neigungen des Königs wider: Das Vorbild für den Kirchenbau lieferte die frühchristliche Basilika von S. Clemente in Rom, der Campanile gleicht dem von S. Maria in Cosmedin, ebenfalls in Rom. Die Pläne für das Ensemble, welches Atrium, Kreuzgang und etliche Nebengebäude vereint, entwickelten Friedrich Wilhelm IV. und sein Architekt Ludwig Persius gemeinsam.

Frederick William IV had long harbored the wish to have a church built in the park at Sanssouci. On the day precisely 100 years after the foundation stone of the vineyard palace had been laid, April 14, 1845, the Church of Peace was founded as a spiritual antithesis to Frederick II's summer residence.

Architecture and decoration reflect the King's religious leanings. The model for the church building was supplied by the early Christian basilica of S. Clemente in Rome, while the bell-tower is similar to that of S. Maria in Cosmedin, also in Rome. The plans for the ensemble, which unites atrium, cloister, and several outbuildings, were developed by Frederick William IV together with his architect Ludwig Persius.

Außenansicht der Friedenskirche nach Plänen von Ludwig Persius und Friedrich Wilhelm IV., 1844–54

Exterior view of the Church of Peace after plans by Ludwig Persius and Frederick William IV, 1844–54

Vue de l'extérieur de l'église de la Paix, selon des plans de Ludwig Persius et Frédéric Guillaume IV, 1844-1854.

Frédéric Guillaume IV poursuivait depuis longtemps le souhait d'ériger une église dans le parc de Sans-Souci. Le 14 avril 1845, cent ans jour pour jour après la pose de la première pierre du château des vignes, il fonda l'Église de la Paix, comme pendant spirituel à la résidence d'été de Frédéric II.
Son architecture et son aménagement reflètent le penchant religieux du roi: la basilique Saint-Clément de Rome, des débuts du christianisme, servit de modèle pour la construction de l'église dont le campanile ressemble en outre à celui de Sainte-Marie in Cosmedine, également à Rome. Les plans de l'ensemble, qui compte un atrium, un cloître et un certain nombre d'édifices annexes, furent dessinés de concert par Frédéric Guillaume IV et son architecte, Ludwig Persius.

▽ Friedenskirche, Blick in das Atrium mit der Kopie der Christusstatue von Berthel Thorvaldsen (1821 bzw. 1851)

Church of Peace, view of the Atrium with the copy of the statue of Christ by Bertel Thorvaldsen (1821 and 1851)

Église de la Paix, vue dans l'atrium, avec la copie de la statue du Christ de Berthel Thorvaldsen (respectivement de 1851 et 1821).

▷ Friedenskirche mit Atrium und Campanile, nach Plänen von Ludwig Persius und Friedrich Wilhelm IV., 1844–54

Church of Peace with Atrium and belltower, after plans by Ludwig Persius and Frederick William IV, 1844–54

Église de la Paix avec atrium et campanile, selon des plans de Ludwig Persius et Frédéric Guillaume IV, 1844-1854.

△ Pfarr-, Pförtner- und Schulgebäude der Friedenskirche gruppieren sich kloster-ähnlich um einen Kreuzgang, 1849–54

Parochial house, porter's lodge, and school building of the Church of Peace are grouped in monastic style around a cloister, 1849-54

Presbytère, maison du gardien et école de l'église de la Paix, regroupés comme dans un monastère autour d'un cloître, 1849-1854.

△ Ansicht des als Brunnen gestalteten Kugelfangs mit byzantinischen und mittelalterlichen Spolien, um 1852

View of the bullet trap, designed as a fountain, with Byzantine and medieval spolia, c. 1852

Vue sur le mur du pare-balles aménagé en fontaine, avec des spolias byzantins et médiévaux, vers 1852.

▷ Friedenskirche, Skulpturengruppe im Atrium, »Moses im Gebet«, Christian Daniel Rauch nach einer Ideenskizze von Friedrich Wilhelm IV., 1857–63

Church of Peace, sculptural group in the Atrium, *Moses at Prayer,* Christian Daniel Rauch after a sketched idea by Frederick William IV, 1857–63

Église de la Paix, groupe de sculptures dans l'atrium, « Moïse en prière », Christian Daniel Rauch, d'après une esquisse des idées de Frédéric Guillaume IV, 1857-1863.

Der kunstbegeisterte Friedrich Wilhelm IV. nutzte das klösterliche Ensemble der Friedenskirche zur Präsentation der Spolien und Skulpturenfragmente, die er während seiner Bildungsreisen gesammelt oder später erworben hatte. Scheinbar bunt gewürfelt und dekorativ, folgte die Zurschaustellung von Objekten unterschiedlichen Alters und unterschiedlicher Herkunft jedoch klaren Vorgaben, die in der tiefen Religiosität und der Herrschaftsauffassung des Königs begründet lagen. So lässt sich die Skulpturengruppe »Moses im Gebet« als Allegorie auf das Gottesgnadentum des Herrschers lesen. In der Wand des Kugelfangs, einer einstigen Schießmauer, sind byzantinische Platten, venezianische Reliefs und der Abguss des romanischen Tympanons von Alpirsbach zu einer imposanten Brunnenfassung vereint.

The art enthusiast Frederick William IV made use of the monastic ensemble of the Church of Peace to put on show the spolia and sculptural fragments he had collected during his educational grand tour or acquired later. Outwardly colorfully diverse and decorative, the display of objects of varying age and origin however followed clear terms of reference, based on the profound religiosity and concept of sovereignty of the King. Thus the sculptural group *Moses at Prayer* can be read as an allegory of the divine right of kings. In the wall of the bullet trap—a former shooting range—, Byzantine panels, Venetian reliefs, and a cast of the Romanesque tympanum of Alpirsbach are united to form an impressive frame for the fountain.

Frédéric Guillaume IV était un grand amateur d'arts et il choisit le cloître de l'église de la Paix comme cadre de son exposition de spolia et fragments de sculpture qu'il avait rapportés de ses voyages de formation ou acquis plus tard. Ces objets d'âge et d'origine différents semblent exposés de manière aléatoire et décorative, mais leur présentation répond clairement à la profonde religiosité du roi et à sa conception de l'exercice du pouvoir. C'est ainsi que le groupe de sculptures « Moïse en prière » peut être interprété comme l'allégorie du souverain de droit divin. Dans le mur du pare-balles, un ancien stand de tir, les plaques byzantines, les reliefs vénitiens et le moulage du tympan roman d'Alpirsbach sont assemblés en un imposant captage de puits.

Die Begeisterung des Königs für das frühe Christentum prägte auch das Innere der Friedenskirche. So ist das Langhaus als dreischiffige querschifflose Säulenbasilika gestaltet und mit Ambonenbrüstungen vom Sanktuarium der Apsis getrennt. Deren Wölbung und das überleitende Vorjoch ziert ein venezianisches Mosaik des frühen 12. Jahrhunderts, das aus der zerstörten Kirche S. Cipriano auf Murano stammt; es wurde 1834 vom Preußischen Hof angekauft. Das figurenreiche, mit Goldgrund gezierte Deckenbild zeigt die Deesis, den Christus des Jüngsten Gerichts zwischen Maria und Johannes dem Täufer. Die Dimensionen der Apsis wurden eigens dem mittelalterlichen Original angepasst.

The King's enthusiasm for early Christianity also defined the interior of the Church of Peace. Thus the nave is designed as a three-aisled pillared basilica with no transept and separated from the sanctuary of the apse by ambo parapets. The apse vaulting and connected bay is adorned by a Venetian mosaic of the early 12th century, which originally had been in the destroyed church of S. Cipriano on Murano; it was bought by the Prussian court in 1834. The ceiling painting, richly adorned with figures on a gold background, shows the Deesis, the Christ of the Day of Judgment, between the Virgin Mary and John the Baptist. The dimensions of the apse were specifically matched to those of the medieval artwork.

L'intérieur de l'église est également empreint de l'enthousiasme du roi pour les débuts de la chrétienté. C'est ainsi que le vaisseau est conçu comme une basilique à colonnades de trois nefs sans nef transversale et qu'il est séparé du sanctuaire de l'abside par une balustrade d'ambon. Sa voûte et l'avancée de la travée sont ornées d'une mosaïque vénitienne du début du XIIe siècle provenant de l'église Saint-Cyprien, détruite sur l'île de Murano. La cour de Prusse l'acheta en 1834. Cette image de plafond sur une couche d'or représente la Déisis, le Christ du Jugement Dernier entre Marie et saint Jean-Baptiste. La dimension de l'abside a été adaptée à l'original médiéval.

Friedenskirche l The Church of Peace l L'église de la Paix

ARChGLS RAFAhEL
S PETRUS
OP FROSINA
DIESER IST DER WAHRHAFTIGE G

S IOHS
SCHOL
MARCELLA
XC
S CIPRIAN
BAPTISA
CORIGIS
PATA
ARCHGIS MICHAH EL
UND DAS EWIGE LEBEN. 1 JOH. V. V. 20.

Mausoleum Kaiser Friedrichs III., Julius Raschdorff, 1888–90, Kuppelmosaik und Innenraum mit den Sarkophagen Friedrichs III. und seiner Gemahlin Viktoria, 1892 bzw. 1903

Mausoleum of Emperor Frederick III, Julius Raschdorff, 1888–90, dome mosaic and interior room with the sarcophagi of Frederick III and his wife Victoria, 1892 and 1903

Mausolée de l'empereur Frédéric III, Julius Raschdorff, 1888-1890, mosaïque de la coupole et intérieur, avec les sarcophages de Frédéric III et de son épouse, Victoria, respectivement de 1892 et 1903.

Mausoleum Friedrichs III. | Mausoleum of Frederick III | Le mausolée de Frédéric III

Nördlich des Atriums der Friedenskirche erhebt sich seit 1890 das Mausoleum Kaiser Friedrichs III., das die Sarkophage und Gräber des Neffen Friedrich Wilhelms IV. und seiner Familie aufnahm. Julius Raschdorff, der nur wenig später den Berliner Dom erbaute, schuf den neobarocken Zentralbau, der dem Hl. Grab von Innichen/Südtirol nachempfunden ist.

North of the Atrium of the Church of Peace is the mausoleum, built in 1890, of Emperor Frederick III, which contains the sarcophagi and tombs of his nephew Frederick William IV and his family. Julius Raschdorff, who was only a little later to build Berlin Cathedral, created the Neo-Baroque central building, which is modeled on the Church of the Holy Sepulcher at Innichen in South Tyrol.

Au nord de l'atrium de l'église de la Paix, s'élève depuis 1890 le mausolée de l'empereur Frédéric III qui abrite les sarcophages et les tombes du neveu de Frédéric Guillaume IV et de sa famille. L'élément central, inspiré du tombeau sacré d'Inninchen, au Tyrol du Sud, fut conçu par Julius Raschdorff, qui devait construire peu de temps après le dôme de Berlin.

Marly- und Friedensgarten | Marly Gardens and Garden of Peace | Le Jardin de Marly et le Jardin de la Paix

▷ ▷▷ Florahügel mit Standbild der Göttin (Albert Wolf, vor 1850) und Blick in den von Peter Joseph Lenné 1845–47 angelegten Marlygarten

Hill of Flora with statue of the goddess (Albert Wolf, before 1850) and view of the Marly Gardens, laid out by Peter Joseph Lenné in 1845–47

La colline de la flore, avec la statue de la déesse (Albert Wolf, avant 1850) et vue sur le jardin de Marly, aménagé de 1845 à 1847 par Peter Joseph Lenné.

▽ Heinrich Berges, Glassäule, Mädchenfigur mit Papagei aus vergoldetem Zinkguss, Mitte 19. Jh.

Heinrich Berges, glass column, figure of a girl with a parrot in gilded cast zinc, mid-19th century

Heinrich Berges, colonne de verre, la *Jeune fille au perroquet,* zinc coulé et doré, milieu du XIXᵉ siècle.

Der Bereich des Marlygartens diente im 18. Jahrhundert als Küchengarten. Im Zusammenhang mit dem Bau der Friedenskirche erwarb Friedrich Wilhelm IV. das zwischen Lustgarten, Villa Illaire und Grünem Gitter gelegene Gelände und ließ es ab 1845 durch Peter Joseph Lenné zu einem der schönsten Landschaftsgärten seiner Zeit umgestalten. Gerahmt von den stimmungsvollen Klosteranlagen, dem Friedensteich, den heiteren italienischen Villen, präsentiert sich der Marlygarten als Paradiesgärtlein mit weiten Rasenflächen, idyllischen Baumgruppen und farbenfrohen Blumenbeeten. Romantische Skulpturen akzentuieren Wege und Blickpunkte. Das Alpinum mit seinen Alpenpflanzen sollte die Gemahlin des Königs, Elisabeth, an ihre bayerische Heimat erinnern.

In the 18th century, the area of the Marly Gardens served as a kitchen garden. In the context of the building of the Church of Peace, Frederick William IV acquired the plot located between the pleasure garden, Villa Illaire, and the Green Trellis, and had it redesigned from 1845 by Peter Joseph Lenné as one of the most beautiful landscape gardens of his time. Framed by the atmospheric monastery complex, the Pool of Peace, and the placid Italian villas, the Marly Gardens resemble a little Garden of Eden, with expanses of lawn, idyllic clumps of trees, and colorful flower beds. Romantic sculptures accentuate the paths and vistas.
The Alpinum with its alpine plants was intended to remind Elisabeth, the King's consort, of her Bavarian home.

Au XVIIIe siècle, le Jardin de Marly était un potager. Lors de la construction de l'église de la Paix, Frédéric Guillaume IV acheta le terrain situé entre le Lustgarten, la Villa Illaire et la Grille Verte. À partir de 1845, il le fit transformer par Peter Joseph Lenné en l'un des plus beaux parcs paysagers de son temps. Encadré par les magnifiques bâtiments du cloître, l'étang de la Paix et les coquettes villas italiennes, le Jardin de Marly se présente comme un jardinet paradisiaque, avec de vastes surfaces de pelouse, des bosquets idylliques et des massifs de fleurs multicolores. Des sculptures romantiques mettent en exergue les chemins et les points de vue. L'alpinum et ses plantes des Alpes devaient rappeler à l'épouse du roi, Élisabeth, sa patrie bavaroise.

Dampfmaschinenhaus | Steam Engine House | La Maison de la machine à vapeur

Das Dampfmaschinenhaus in Form einer »türkischen« Moschee darf zweifelsohne als eines der auffälligsten Bauwerke Potsdams gelten. 1841–43 unter der Leitung von Ludwig Persius errichtet, bildet es den exotischen Blickfang am Ufer der Neustädter Havelbucht. Zugleich schrieben das Monument und seine technische Einrichtung Ingenieursgeschichte.

Die Bewässerung des Parks von Sanssouci, der Betrieb der Fontänen, Grotten und Kaskaden hatten bereits Friedrich den Großen vor unlösbare Probleme gestellt. Friedrich Wilhelm IV. unternahm einen erneuten Versuch, das ehrgeizige Projekt umzusetzen. Dank neuer technischer Möglichkeiten, vor allem dank der Erfahrungen, die die 1837 gegründeten Borsigwerke im Dampflokomotivenbau gesammelt hatten, gelang es nun, die lang ersehnten Wasserspiele in Betrieb zu nehmen: Eine mit 82 PS angetriebene Zweizylinder-Dampfmaschine drückte das Havelwasser durch eine 1800 Meter lange Leitung den Hügel hinauf und speiste so u. a. die Große Fontäne vor dem »Weinbergschloss«. Mit 38 Metern Höhe zählte sie zu den höchsten ihrer Zeit.

Die Architektur des Pumpwerks bediente freilich ganz andere Vorstellungen: Mit ihren gebänderten Fassaden, der Kuppel und dem Minarett – das den Schornstein des Maschinenhauses kaschiert – ordnet es sich ein in die »Weltarchitektur« der Potsdamer Kulturlandschaft. Während das Äußere weitgehend den Fantasien des Architekten entsprang, zitiert der über einer Eisenkonstruktion errichtete Innenraum die Hauptwerke maurischer Kunst: die Bögen der Moschee von Córdoba und den Löwenhof der Alhambra in Granada.

The Steam Engine House in the form of a "Turkish" mosque undoubtedly ranks as one of Potsdam's most striking structures. Built in 1841–43 under the direction of Ludwig Persius, it forms the exotic showpiece on the banks of the Neustädter Havelbucht. At the same time, this structure and its technical equipment have become part of engineering history. The irrigation of the Sanssouci Park, the operation of the fountains, grottos, and cascades had already presented Frederick the Great with insoluble problems. Frederick William IV undertook a new attempt to carry out this ambitious project. Thanks to new technological advances, and above to the experiences gathered by the Borsigwerke factory, founded in 1837, in the building of steam locomotives, it was now possible to activate the long-awaited water features. An 82-horse-power twin-cylinder steam motor forced the water of the Havel uphill through an 1800-meter-long pipeline, thus energizing, among other devices, the Great Fountain in front of the "vineyard palace." At a height of 38 meters, it was among the tallest of its time. The architecture of the Steam Engine House evoked different ideas. With its banded façades, its dome, and its minaret—which conceals the chimney of the engine house—it is part of the "world architecture" of the cultural landscape of Potsdam. While its exterior sprang largely from the architect's imagination, the interior, built over an iron structure, invokes the major works of Moorish art: the arches of the mosque of Córdoba and the Court of the Lions at the Alhambra in Granada.

La Maison de la machine à vapeur, en forme de mosquée « turque », est indéniablement l'édifice le plus voyant de Potsdam. Construite entre 1841 et 1843 sous la houlette de Ludwig Persius, elle constitue le point d'attraction exotique de la baie de la Havel à Neustadt. Le monument marqua également l'histoire de l'ingénierie avec ses installations techniques. L'irrigation du parc de Sans-Souci, le fonctionnement des fontaines, des grottes et des cascades avaient déjà posé des problèmes insolubles à Frédéric le Grand. Frédéric Guillaume IV entreprit une nouvelle tentative de mettre en œuvre cet ambitieux projet. Grâce aux nouvelles possibilités techniques accumulées par les usines Borsig, fondées en 1837, dans la construction de locomotives, on parvint à faire jaillir le jet d'eau si ardemment désiré : une machine à vapeur bicylindre développant 82 chevaux permit de faire remonter l'eau de la Havel à travers un conduit de 1 800 mètres et d'alimenter ainsi la Grande Fontaine devant le « château des vignobles ». Son jet, de 38 mètres de haut, était le plus haut de l'époque. L'architecture de l'usine de pompage relevait bien sûr de conceptions très différentes : avec ses façades striées, le dôme et le minaret – qui dissimule la cheminée des pompes – elle s'intègre dans l' « architecture mondiale » du paysage culturel de Potsdam. Alors que l'esthétique extérieure exprime largement la fantaisie des architectes, l'intérieur, érigé sur une construction métallique, fait référence à des œuvres majeures de l'art mauresque : les voûtes de la mosquée de Cordoue et la Cour des Lions de l'Alhambra de Grenade.

Dampfmaschinenhaus, Ludwig Persius
u. a., 1841–43

Steam Engine House, Ludwig Persius
and others, 1841–43

Maison de la machine à vapeur, entre autres
de Ludwig Persius, 1841-1843.

Dampfmaschinenhaus, Ludwig Persius
u. a., 1841–43, Innenansicht und Blick
in die Kuppel

Steam Engine House, Ludwig Persius
and others, 1841–43, interior view and
view into the dome

Maison de la machine à vapeur, entre
autres de Ludwig Persius, 1841-1843,
vue intérieure et dans le dôme.

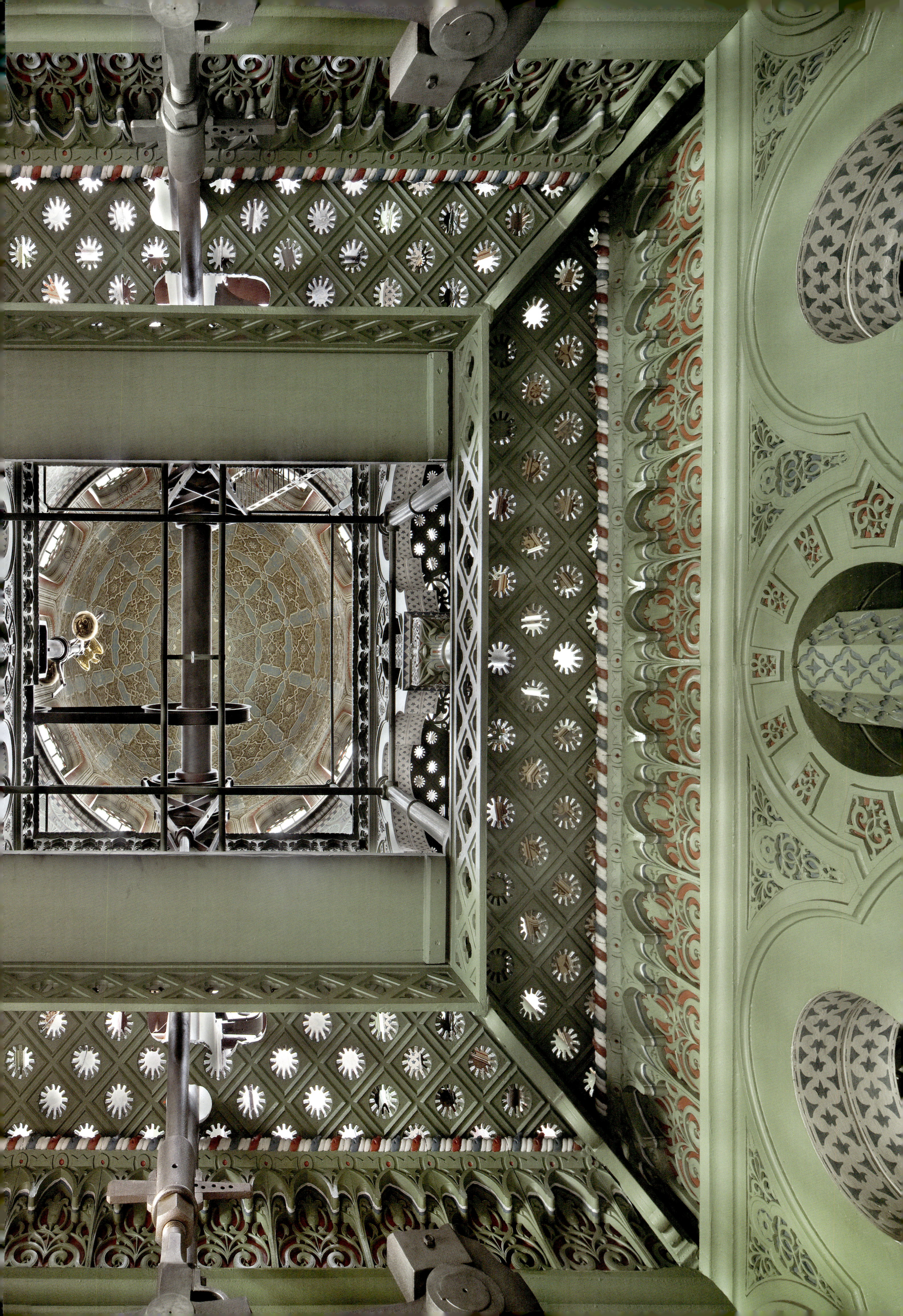

Die Landschaft als Gemälde

Der Neue Garten und seine Bauten

Landscape as a Painting

The Neuer Garten and Its Buildings

La campagne se fait tableau

Le Nouveau Jardin et ses édifices

Marmorpalais | Marmorpalais | Le Palais de Marbre

In programmatischer Distanz zu Sanssouci, dem Lieblingsschloss seines Onkels Friedrich II., ließ sich Friedrich Wilhelm II. im Nordosten Potsdams sein eigenes Arkadien errichten. An den Ufern von Jungfernsee und Heiligem See schufen der zuvor in Wörlitz tätige Gartenarchitekt Johann August von Eyserbeck d. J. und Peter Joseph Lenné einen einzigartigen Park voller sentimentaler Landschaftsbilder (1787–1825). Sein Zentrum ist das klassizistische Marmorpalais, das über ausgedehnte Sichtachsen mit malerischen Lust- und Zweckbauten korrespondiert. Immer wieder sind in die scheinbar »natürliche« Landschaft bedeutungsvolle Architekturstaffagen eingestreut. Friedrich Wilhelm II. verbrachte hier mit seiner Mätresse Wilhelmine von Encke und den gemeinsamen Kindern die Sommermonate.

At a programmatic distance from Sanssouci, the favorite palace of his uncle Frederick II, Frederick William II created his own Arcadia to the northeast of Potsdam. On the banks of the Jungfernsee and the Heiliger See, Johann August von Eyserbeck the Younger, a landscape gardener previously active in Wörlitz, and Peter Joseph Lenné laid out a unique park full of lyrical landscape images (1787–1825). Its center is the Neoclassical Marmorpalais, or marble palace, which is linked, across extended visual axes, with picturesque pleasure structures and functional buildings. The apparently "natural" landscape is repeatedly strewn with important decorative architectural elements. Here, Frederick William II spent the summer months with his mistress Wilhelmine von Encke and their children.

Dans son souci de se distancier de Sans-Souci, le palais préféré de son oncle Frédéric II, Frédéric Guillaume II se fit aménager sa propre Arcadie au nord-est de Potsdam. Johann August von Eyserbeck le Jeune, l'architecte paysager qui avait auparavant travaillé à Wörlitz, et Peter Joseph Lenné créèrent sur les berges du lac de la Vierge et du lac Sacré un parc unique en son genre, dominé par les tableaux paysagers sentimentaux (1787-1825). En son centre s'élève l'édifice classique du Palais de Marbre qui dialogue par de vastes axes de perspective avec des bâtiments d'agrément et des bâtiments utilitaires. Dans ce paysage qui se voudrait « naturel » sont disséminés d'imposants édifices factices. C'est ici que Frédéric Guillaume II passait les mois d'été avec sa maîtresse, Wilhelmine von Encke, et leurs enfants.

Blick vom Marmorpalais über den Heiligen See auf die ufernahen Villen des Stadtteils Berliner Vorstadt

View from the Marmorpalais over the Heiliger See of the villas of the Berliner Vorstadt district, built along its shores

Vue du Palais de Marbre, au-delà du lac Sacré, sur les villas proches de la berge des faubourgs berlinois.

△ ▷ Der Heilige See und das Marmorpalais im Neuen Garten

The Heiliger See and the Marmorpalais in the Neuer Garten

Le lac Sacré et le Palais de Marbre dans le Nouveau Jardin.

Das Marmorpalais im Neuen Garten kündet vom Stilwechsel, den Friedrich Wilhelm II. nach dem Tod seines Vaters vollzog: Nicht mehr das friderizianische Rokoko, sondern ein an englischen und französischen Vorbildern angelehnter Klassizismus bestimmten fortan die preußische Baukunst.

Die Sommerresidenz des Hohenzollernkönigs wurde zwischen 1787 und 1791 am Ufer des Heiligen Sees errichtet, genauer gesagt in diesen hineingebaut, denn ein Teil der Konstruktion lagert aus Platzgründen auf einer Terrasse im Wasser. Kostbarer schlesischer Marmor bestimmt den Dekor des kubischen Kernbaus, dessen Mauern in holländischer Tradition aus rotem Backstein aufgeführt wurden. Ein Belvedere eröffnet den Blick in die weitläufige Havellandschaft. Die Arbeiten an dem schmucken Schlossbau leiteten Carl von Gontard und Carl Gotthard Langhans.

Nur sechs Jahre nach seiner Fertigstellung wurde das Marmorpalais nach Entwürfen von Langhans durch Georg Friedrich Boumann um zwei ausgedehnte, eingeschossige Seitenflügel erweitert. Für die Säulengänge, die diese flankieren, wurden Teile der abgebrochenen Knobelsdorffschen Kolonnaden im Rehgarten von Sanssouci verwendet. Die Marmorvorräte waren inzwischen ausgeschöpft.

The Marmorpalais in the Neuer Garten bears witness to the change in style introduced by Frederick William II after his father's death. It was no longer Frederician Rococo but a Neoclassicism based on English and French models that would from now on define Prussian architecture.

The summer residence of the Hohenzollern monarch was built between 1787 and 1791 on the banks of the Heiliger See, or rather into them, for part of the structure, for lack of space, is mounted on a terrace in the water. Costly Silesian marble dominates the decoration of the cubical core of the building, whose walls, in the Dutch tradition, are of red brick. A belvedere opens up the vista of the wide Havel landscape. Carl von Gontard and Carl Gotthard Langhans were responsible for the work on this pretty palace.

Only six years after its completion, the Marmorpalais was extended by Georg Friedrich Boumann to designs by Langhans, with the addition of two spacious, single-story side wings. For the arcades that flank them, parts of the dismantled colonnades by Knobelsdorff in the Deer Park at Sanssouci were used. The supplies of marble had meanwhile been exhausted.

Le Palais de Marbre, dans le Nouveau Jardin, est précurseur du changement de style amorcé par Frédéric Guillaume II après la mort de son père : ce n'est désormais plus le rococo frédéricien qui imprègne l'architecture prussienne, mais un classicisme inspiré des modèles anglais et français.

La résidence d'été du roi des Hohenzollern fut construite, entre 1787 et 1791, sur les berges du lac Sacré, ou, pour être plus précis, sur celui-ci. Pour des raisons de place, il repose en partie sur une terrasse dans l'eau. Le marbre précieux de Silésie domine le décor du cœur cubique de la construction, dont les murs, conformément à la tradition hollandaise, sont en brique rouge. Un belvédère offre une belle vue sur l'étendue de la campagne de la Havel. Les travaux de ce coquet palais furent confiés à Carl von Gontard et Carl Gotthard Langhans.

Six ans seulement après son achèvement, le Palais de Marbre fut agrandi de deux vastes ailes latérales d'un étage par Georg Friedrich Boumann, d'après des plans de Langhans. On utilisa pour les colonnades qui les flanquent des éléments des colonnades de Knobelsdorff qui avait été démolies dans le Jardin de la Biche, à Sans-Souci. Les stocks de marbre étaient entre-temps épuisés.

Das Zentrum des Marmorpalais nimmt das elegante Treppenhaus ein, das sich über die gesamte Höhe des Schlösschens ausdehnt. Dies ist eigentlich ein barockes Motiv, das hier jedoch klassizistisch neu interpretiert wird. Weit mehr noch als im Außenbau beeindrucken die Pracht und die Vielfalt des kostbaren Marmors, der in geometrischen Mustern den Fußboden ziert oder, malerisch geädert, die Säulenschäfte des Vestibüls veredelt. Von hier aus erschließen sich die anliegenden Wohnräume und Säle, die einem quadratischen Grundriss eingefügt sind. Für die Innenausstattung des Marmorpalais zeichnete ab 1790 Carl Gotthard Langhans verantwortlich. Ihm standen weitere namhafte Künstler zur Seite, unter ihnen der Bildhauer Johann Gottfried Schadow, der einige der Reliefs und Supraporten gestaltete.
Zu DDR-Zeiten wurde das Marmorpalais als Armeemuseum zweckentfremdet, seine Ausstattung wanderte ins Magazin.

At the heart of the Marmorpalais lies the elegant staircase, which extends over the total height of the little palace. This is actually a Baroque motif, but one which is here newly interpreted in Neoclassical terms. The splendor and diversity of the costly marble is even more impressive here than on the exterior, adorning the floor in geometrical patterns, or, picturesquely veined, enriching the column shafts of the vestibule. The adjacent residential rooms and halls open up from this point, and together form a square ground plan. From 1790, Carl Gotthard Langhans was responsible for the interior decoration of the Marmorpalais. He was assisted by other noted artists, among them the sculptor Johann Gottfried Schadow, who designed some of the reliefs and sopraportas.
During the GDR period, the Marmorpalais was co-opted as an army museum and its decorative features were placed in storage.

Le cœur du Palais de Marbre est occupé par un élégant escalier qui s'élève sur la hauteur totale du palais. Son motif baroque a toutefois été réinterprété en style classique. Le faste et la grande diversité des marbres précieux impressionnent nettement plus ici qu'à l'extérieur. Ils décorent le sol en motifs géométriques ou ennoblissent les colonnes des vestibules avec leurs veines picturales. De là, on accède aux pièces d'habitation et aux salles attenantes qui occupent un plan de base rectangulaire. Les plans de l'aménagement intérieur du Palais de Marbre ont été dessinés, à partir de 1790, par Carl Gotthard Langhans. Il était assisté par d'autres artistes de renom, comme, par exemple, le sculpteur Johann Gottlieb Schadow qui conçut un certain nombre de reliefs et de dessus de porte.
À l'époque de la RDA, le Palais de Marbre fut détourné de son usage et accueillit un musée de l'armée. Son aménagement fut stocké en magasin.

Marmorpalais im Neuen Garten, Vestibül,
Carl Gotthard Langhans u. a., 1787–91

Marmorpalais in the Neuer Garten,
vestibule, Carl Gotthard Langhans and
others, 1787–91

Palais de Marbre dans le Nouveau Jardin,
vestibule, entre autres de Carl Gotthard
Langhans, 1787-1791.

Grottensaal | Grotto Hall | La Salle de la Grotte

Der ovale, durch symmetrische Nebenräume erweiterte Grottensaal beschließt die Hauptachse des Schlosses. Hier, in unmittelbarer Nachbarschaft des Sees, tafelte der König während seiner Sommeraufenthalte. Die Mahlzeiten wurden in der separaten, in Form einer Tempelruine gestalteten Küche zubereitet, die durch einen unterirdischen Gang mit dem Speisesaal verbunden ist. Die Dekoration des Grottensaals thematisiert die Nähe zum Wasser und die Kraft der Naturgewalten. Kühn geschwungene Hermenpilaster mit Halbfiguren tragen das Gebälk, das Bildprogramm der flachen Kuppel und der Zwickelfelder variiert spielerisch maritime Motive. Großflächige Quecksilberspiegel erweitern den Raum in die Unendlichkeit. Wieder ist der Fußboden mit kostbaren, farblich abgestuften Marmorplatten geschmückt, deren geometrische Muster die Rundung des Raums nachvollziehen.

The oval Grotto Hall, extended with symmetrical side rooms, concludes the main axis of the palace. Here, directly next to the lake, the King would dine during his summer stays. His meals were prepared in the separate kitchen, designed in the form of a ruined temple, which is connected to the dining hall by an underground passage. The decoration of the Grotto Hall is inspired by the closeness to water and depicts the power of natural forces. Boldly curving herm pilasters with half-figures support the beams. The pictorial program of the shallow dome and the pendentives make playful use of maritime motifs. Large mercury mirrors extend the space into infinity. Again, the floor is adorned with costly marble panels graduated in color, whose geometric patterns echo the curvature of the space.

La Salle de la Grotte contiguë, agrandie par des pièces annexes symétriques, ferme l'axe principal du château. C'est ici, à proximité immédiate du lac, que le roi mangeait. Les repas étaient préparés dans une cuisine séparée érigée en ruines de temple et reliée à la salle de repas par un souterrain. La décoration de la Salle de la Grotte reprend les thèmes de la proximité de l'eau et de la puissance des forces de la nature. Des bustes d'hermès judicieusement courbés supportent la charpente. Le programme iconographique de la coupole plate et des pendentifs fait gaiement alterner les motifs marins. De vastes glaces au mercure agrandissent l'espace à l'infini. Ici aussi, le sol est orné de carreaux de marbre précieux faisant des dégradés de couleurs. Leurs motifs géométriques appréhendent l'arrondi de la pièce.

Marmorpalais im Neuen Garten, Grottensaal, Carl Gotthard Langhans, ab 1790

Marmorpalais in the Neuer Garten, Grotto Hall, Carl Gotthard Langhans, from 1790

Le Palais de Marbre dans le Nouveau Jardin, Salle de la Grotte, Carl Gotthard Langhans, à partir de 1790.

◁ Blick in den nördlichen Verbindungsgang
mit Groteskenmalereien und Skulpturen, ab
1797

View of the northern passage with grotesques
and sculptures, from 1797

Le passage nord, avec des peintures
grotesques et des sculptures, à partir de
1797.

△ Das königliche Schreibkabinett nach
Entwürfen von Carl Gotthard Langhans,
1787–91

The King's writing cabinet, following designs
by Carl Gotthard Langhans, 1787–91

Le cabinet d'écriture du roi, selon des
plans de Carl Gotthard Langhans,
1787-1791.

Räume der Seitenflügel | Rooms in the Side Wings | Pièces de l'aile latérale

1797 begannen die Arbeiten an den Seitenflügeln, die über gebogene Gänge mit dem Kernbau verbunden wurden. Ihre Innenwände zieren Schmuckfriese mit Grotesken, die an Raffaels Fresken in den Vatikanischen Loggien erinnern.
Die Fassaden der Seitentrakte wurden mit Szenen des Nibelungenliedes dekoriert, ihre Säle erhielten farbige Seidenbespannungen, die als Folie erbaulicher Gemälde dienen. Prachtvolle Intarsien aus seltenen Hölzern zieren Böden und Wände, kunstvolle Möbel schmücken den Raum, erlesene Wedgwood-Keramik prangt auf Tischen und Kaminsimsen.

In 1797 work began on the side wings, which were linked with the core building by curved passages. Their interior walls are adorned with decorative friezes, with grotesques reminiscent of Raphael's frescoes in the Vatican loggias.
The façades of the side wings were decorated with scenes from the Nibelungenlied saga, and their halls were draped with colorful silk coverings, which serve as a foil to edifying paintings. Magnificent intarsia works in rare woods adorn the floors and walls, ornate furniture enhances the space, and choice Wedgwood ceramics are proudly displayed on tables and mantelpieces.

Les travaux des deux ailes latérales, reliées au cœur du bâtiment par des passages courbes, commencèrent en 1797. Leurs murs intérieurs sont ornés de frises avec des grotesques qui évoquent les fresques de Raphael dans les loggias du Vatican.
Les façades des ailes latérales furent décorées avec des scènes du chant des Nibelungen, leurs salles furent dotées de tentures en soie de couleurs qui servirent de support à des peintures réjouissantes. Des marqueteries somptueuses en essences rares décorent les sols et les murs, et des meubles richement travaillés relèvent les pièces. Des céramiques raffinées resplendissent sur les tables et les chambranles des cheminées.

Marmorpalais im Neuen Garten, Ansichten des Lila Salons und der Gelben Schreib-kammer im Südflügel des Erweiterungsbaus, ab 1797

Marmorpalais in the Neuer Garten, views of the Lilac Salon and the Yellow Study Chamber in the south wing of the extension building, from 1797

Le Palais de Marbre dans le Nouveau Jardin, le Salon Mauve et la Chambre de Soie Jaune, dans l'aile sud de l'agrandissement, à partir de 1797.

Die Innenausstattung der Flügelbauten des Marmorpalais erfolgte erst Mitte des 19. Jahrhunderts, also rund 50 Jahre nach ihrem Baubeginn. Friedrich Wilhelm IV. veranlasste ihre historistische Ausgestaltung durch die Architekten Ludwig Persius und Ludwig Ferdinand Hesse; die Maler August von Kloeber, Bernhard Rosendahl und Heinrich Lengerich schufen die Wand- und Deckenbilder mit ihren mythologischen Darstellungen. Prunkvollster Raum ist der Ovale Saal, der herrschaftlich mit Doppelsäulen gegliedert ist.

The interior decoration of the wings of the Marmorpalais was not executed until the mid-19th century, that is, some 50 years after building began. Frederick William IV commissioned the architects Ludwig Persius and Ludwig Ferdinand Hesse to carry out its historicist design; the painters August von Kloeber, Bernhard Rosendahl, and Heinrich Lengerich created the wall and ceiling paintings with their mythological scenes. The most magnificent room is the Oval Hall, which is structured in a lordly manner with double columns.

La décoration intérieure des ailes du Palais de Marbre ne fut achevée qu'au milieu du XIXe siècle, soit une cinquantaine d'années après le début de leur construction. Frédéric Guillaume IV chargea les architectes Ludwig Persius et Ludwig Ferdinand Hesse de leur conception historique, et les peintres August von Kloeber, Bernhard Rosendahl et Heinrich Lengerich réalisèrent les scènes mythologiques des peintures des plafonds et des murs. La plus fastueuse des salles est la Salle Ovale, majestueusement structurée par des colonnes géminées.

Marmorpalais im Neuen Garten, Ovaler Saal im Südflügel des Erweiterungsbaus, Gesamtansicht, Carl Gotthard Langhans und Georg Friedrich Boumann (?), ab 1797; das Deckengemälde von 1845 kopiert Guido Renis Fresko der *Aurora* aus dem Palazzo Palavicini Rospigliosi in Rom.

Marmorpalais in the Neuer Garten, Oval Hall in the south wing of the extension building, general view, Carl Gotthard Langhans and Georg Friedrich Boumann (?), from 1797; the ceiling painting of 1845 is a copy of Guido Reni's fresco of *Aurora* from the Palazzo Palavicini Rospigliosi in Rome.

Le Palais de Marbre dans le Nouveau Jardin, la Salle Ovale dans l'aile sud de l'agrandissement, vue globale, Carl Gotthard Langhans et Georg Friedrich Boumann (?), à partir de 1797 ; la peinture de plafond de 1845 copie la fresque de l'aurore, de Guido Reni, dans le Palazzo Palavicini Rospigliosi de Rome.

 Marmorpalais | Marmorpalais | Le Palais de Marbre

Orientalisches Kabinett | Oriental Cabinet | Cabinet Oriental

Der an den Höfen Europas weit verbreiteten Orientmode entsprechend, wurde eines der Zimmer im Kernbau des Marmorpalais als orientalisches Kabinett gestaltet. Carl Gotthard
Langhans lieferte die Entwürfe für das türkische Zeltzimmer,
das mit einem Baldachin aus gestreifter Atlasseide ausstaffiert
wurde. Ein Diwan, Wandbespannungen mit Straußenfedern
und Draperien aus getigerter Seide vervollkommneten die
exotische Ausstattung. Die weitgehend verlorenen Stoffe wurden um die Jahrtausendwende aufwendig rekonstruiert.

In accordance with the widespread fashion for Orientalism at
the courts of Europe, one of the rooms in the core building
of the Marmorpalais was designed as an Oriental cabinet.
Carl Gotthard Langhans provided designs for this Turkish
tent room, which was provided with a baldachin in striped
satin. A divan, wall coverings with ostrich feathers, and
draperies of striped silk completed the exotic decoration. The
fabrics, mostly lost, were reconstructed at great expense
around the turn of the century.

Conformément à la mode orientale très répandue dans les
cours d'Europe, l'une des pièces au cœur du Palais de
Marbre fut aménagée en cabinet oriental. Les plans pour la
salle de la tente turque, aménagée avec un baldaquin en soie
rayée de l'Atlas, furent signés par Carl Gotthard Langhans.
Un divan, des tentures murales ornées de plumes d'autruche
et des draperies en soie tigrée complètent l'aménagement
exotique. Les étoffes ont en grande partie disparu et elles
furent reproduites à grands frais au seuil du troisième
millénaire.

»Normannische« Meierei, Pyramide, Gotische Bibliothek | "Norman" Dairy, Pyramid, Gothic Library | La laiterie « normande », la pyramide, la bibliothèque gothique

Im Bildprogramm des Neuen Gartens verschmelzen unterschiedliche Idealvorstellungen, denen Friedrich Wilhelm II., wie übrigens viele seiner Zeitgenossen, anhing: Zum einen träumte er von einem unkomplizierten, naturnahen Leben, wie die Einbeziehung alter Weinberghäuser, die Anlage der Meierei, die Eremitage und die holländische Mustersiedlung belegen. Andererseits stand er dem Gedankengut der Rosenkreuzer nahe, deren Loge er seit 1781 angehörte. So finden sich überall im Park verschlüsselte Hinweise auf deren Lehre, die sich auf ägyptische Ursprünge beruft: etwa die Pyramide mit Hieroglyphen, der Obelisk, das Isisheiligtum, die Orangerie mit ihren Sphingen. Die Pyramide erfüllte jedoch einen ganz und gar unromantischen Zweck: In ihr wurde Eis zur Kühlung der Lebensmittel aufbewahrt.

The pictorial program of the Neuer Garten merges a variety of perceptions of the ideal to which Frederick William II, incidentally like many of his contemporaries, was attached. On the one hand he dreamed of an uncomplicated life close to nature, as is attested by the inclusion of old vineyard buildings, the dairy, the hermitage, and the Dutch model settlement. On the other hand he was drawn to the ideas of the Rosicrucians, to whose lodge he had belonged since 1781. Everywhere in the park we find encrypted references to their teachings, which are based on Egyptian origins, such as the Pyramid with its hieroglyphs, the Obelisk, the Shrine of Isis, and the Orangery with its sphinxes. However, the Pyramid fulfilled a totally unromantic purpose: it was used for the storage of ice to cool foodstuffs.

Diverses visions idéales auxquelles, comme nombre de ses contemporains, Frédéric Guillaume II adhérait fusionnent dans le programme iconographique du Nouveau Jardin : d'une part, il rêvait d'une vie simple, proche de la nature, ce que confirme la présence de vieilles maisons de vignoble, de la laiterie, d'ermitages et du lotissement hollandais modèle. D'autre part, il était proche des idées des Chevaliers de la Rose-Croix, dont il fréquentait la loge depuis 1781. C'est ainsi que sont disséminés dans le parc des indices concernant leur doctrine, qui revendique ses origines grecques : la pyramide, par exemple, avec ses hiéroglyphes, l'obélisque, le sanctuaire d'Isis, l'orangerie avec ses sphinx. L'utilisation de la pyramide était loin d'être romantique : on y stockait la glace nécessaire à la conservation des aliments.

▷ Neuer Garten, die als Eiskeller genutzte Pyramide, 1791/92

Neuer Garten, Pyramid used as a cold store, 1791/92

Le Nouveau Jardin, la pyramide utilisée comme glacière, 1791/1792.

▽ Neuer Garten, »normannische« Meierei am Jungfernsee, Entwurf Carl Gotthard Langhans u. a., Ausführung 1844 durch Ludwig Persius und Ludwig Ferdinand Hesse

Neuer Garten, "Norman" dairy by the Jungfernsee, designed by Carl Gotthard Langhans and others, executed in 1844 by Ludwig Persius and Ludwig Ferdinand Hesse

Le Nouveau Jardin, la laiterie « normande » et le lac de la Vierge, plans entre autre de Carl Gotthard Langhans, réalisation à partir de 1844 par Ludwig Persius et Ludwig Ferdinand Hesse.

Neuer Garten, Gotische Bibliothek, Carl
Gotthard Langhans, 1791/92
Den südlichen Auslauf des Heiligen
Sees ziert die turmartige Gotische
Bibliothek, in der Friedrich Wilhelm II.
einst seine Bücher verwahren ließ. Ihr
entsprach am Nordufer des Sees ein höl-
zerner Maurischer Tempel (1869 zerstört).

Neuer Garten, Gothic Library, Carl
Gotthard Langhans, 1791/92
The southern border of the Heiliger See
is adorned by the tower-like Gothic
Library, in which Frederick William II
used to keep his books. Its counterpart
at the north bank of the lake was a
wooden Moorish Temple (destroyed in
1869).

Le Nouveau Jardin, bibliothèque
gothique, Carl Gotthard Langhans,
1791/1792.
La bibliothèque gothique en forme de
tour, qui abritait autrefois les livres de
Frédéric Guillaume II, agrémente
l'extrémité sud du lac Sacré. Un temple
maure en bois lui fait écho sur la rive
nord (détruit en 1869).

△ ▽ Neuer Garten, Orangerie, Carl Gotthard Langhans, Andreas Ludwig Krüger, 1791/92; Schmalseite mit ägyptisierenden Statuen von Johann Gottfried Schadow, Sphinx von Michael Christoph Wohler

Neuer Garten, Orangery, Carl Gotthard Langhans, Andreas Ludwig Krüger, 1791/92; narrow side with Egyptian-style statues by Johann Gottfried Schadow, sphinx by Michael Christoph Wohler

Le Nouveau Jardin, l'Orangerie, Carl Gotthard Langhans, Andreas Ludwig Krüger, 1791/1792 ; côté étroit avec des statues de style égyptien de Johann Gottfried Schadow, sphinx de Michael Christoph Wohler.

Neuer Garten, Orangerie, Carl Gotthard Langhans, Andreas Ludwig Krüger, Palmensaal mit exotischer Dekoration, 1791/92

Neuer Garten, Orangery, Carl Gotthard Langhans, Andreas Ludwig Krüger, Palm Hall with exotic decoration, 1791/92

Le Nouveau Jardin, l'Orangerie, Carl Gotthard Langhans, Andreas Ludwig Krüger, la salle des palmiers avec sa décoration exotique, 1791/1792.

Orangerie | Orangerie | L'orangerie

Die lang gestreckte Orangerie im Neuen Garten diente nicht allein der Überwinterung exotischer Pflanzen – dafür waren lediglich zwei Säle an den Schmalseiten des Gebäudes bestimmt. Diese rahmen allerdings den mit aufwendigen Boiserien geschmückten und einem Stichkappengewölbe überhöhten »Palmensaal«, der für Konzerte des Hofes geöffnet wurde. Auch die Fassaden erhielten auffälligen Schmuck, der vermutlich auf die Symbolik der Freimaurer und Rosenkreuzer anspielt: Die als Schaufront ausgebildete Schmalseite zieren schwarze ägyptisierende Standbilder von Johann Gottfried Schadow, eine Sphinx lagert auf dem Architrav. Die Architektur der repräsentativen Vorhalle greift, wie weitere Staffagebauten im Park, französische Stichvorlagen auf.

The elongated Orangery in the Neuer Garten served not only for keeping exotic plants safe during the winter months; only two halls on the narrow sides of the building were allocated for this purpose. These, however, frame the Palm Hall, adorned with ornate boiserie and surmounted by a lunette vault, which was opened for court concerts. The façades too were strikingly decorated, with presumed allusions to the symbolism of the Freemasons and Rosicrucians: the narrow side, designed as an ornamental front, displays black Egyptian-style statues by Johann Gottfried Schadow, while a sphinx is settled on the architrave. The architecture of the imposing entrance hall, like other decorative buildings in the park, is modeled on French engravings.

L'orangerie tout en longueur du Nouveau Jardin ne servait pas exclusivement à abriter des plantes exotiques en hiver – deux salles sur ses côtés les plus étroits y suffisaient. Celles-ci encadrent par ailleurs la « salle des palmiers » dont les boiseries précieuses et la haute voûte à lunettes servaient de cadre aux concerts de la cour. Les façades furent également dotées de décors voyants qui faisaient vraisemblablement allusion à la symbolique des Francs-Maçons et des Chevaliers de la Rose-Croix : des statues noires de style égyptien de Johann Gottfried Schadow ornent le côté le plus étroit conçu, comme une vitrine, et un sphinx repose sur l'architrave. Comme d'autres édifices factices du parc, l'architecture du préau de prestige s'inspire de gravures françaises.

    Architekturszenarien | Architectural Scenarios | Scénarios architecturaux

Holländisches Etablissement, Carl von Gontard, Andreas Ludwig Krüger, 1789–90. Wie seine Vorgänger liebte auch Friedrich Wilhelm II. die »vorbildliche« holländische Backsteinarchitektur. In den schlichten, jedoch schmucken Giebelhäusern logierte der Hofstaat.

Dutch settlement, Carl von Gontard, Andreas Ludwig Krüger, 1789–90. Like his predecessors, Frederick William II loved the "exemplary" Dutch brick architecture. These unpretentious but attractive gabled houses provided lodgings for the royal household.

Établissement hollandais, Carl von Gontard, Andreas Ludwig Krüger, 1789-1790. À l'instar de son prédécesseur, Frédéric Guillaume II aimait l'architecture de brique hollandaise « exemplaire ». La cour logeait dans les maisons à pignon, sobres mais délicates.

▷ Neuer Garten, Grünes Haus, ein ehem. Weinberghaus aus dem 18. Jh.

Neuer Garten, Grünes Haus (green house), a former 18th-century vineyard building

Le Nouveau Jardin, la Maison Verte, une ancienne maison de vignoble du XVIIIe siècle.

▷▷ Herbstansicht des Neuen Gartens zwischen Marmorpalais und Schloss Cecilienhof

View of the Neuer Garten in the fall, between the Marmorpalais and Schloss Cecilienhof

Le Nouveau Jardin en automne, entre le Palais de Marbre et le palais de Cecilienhof.

Schloss Cecilienhof | Schloss Cecilienhof | Le palais de Cecilienhof

Das letzte große Bauvorhaben des Preußischen Herrscher-hauses war Schloss Cecilienhof, das 1913 als Wohnsitz des Kronprinzenpaares Wilhelm und seiner Gattin Cecilie begon-nen wurde. Die Arbeiten an dem im Norden des Neuen Gar-tens gelegenen Anwesen zogen sich bis in den 1. Weltkrieg hinein. Als Architekt des Baukomplexes wurde auf ausdrück-lichen Wunsch des Kronprinzenpaares Paul Schultze-Naum-burg berufen: Als Mitbegründer des Deutschen Werkbundes und Vertreter der so genannten Heimatschutzarchitektur pro-pagierte er eine moderne, funktionale Baukunst. Nach Studi-enreisen durch England, Schottland und Wales entwarf Schultze-Naumburg Schloss Cecilienhof im englischen Land-hausstil und durchbrach damit die Tradition der historistisch geprägten wilhelminischen Repräsentationsarchitektur. Ceci-lienhof ist ein komfortabler, in die Landschaft eingepasster Schlossbau. Die Obergeschosse sind in Fachwerk ausgeführt, das Innere dominierte einst die gediegene, konsequent mo-derne Ausstattung von Paul Ludwig Troost und Vertretern der Berliner Kunstgewerbeschule.

The last great building project of the Prussian ruling house was Schloss Cecilienhof, begun in 1913 as a residence for Crown Prince Wilhelm and his wife Cecilie. Work on the structure at the north of the Neuer Garten continued into the period of World War I. At the express wish of the royal couple, Paul Schultze-Naumburg was commissioned as architect of the complex. A co-founder of the Deutscher Werkbund and representative of the so-called Heimatschutzarchitektur (heritage architecture), he expounded a modern, functional

Schloss Cecilienhof, Paul Schultze-Naumburg, 1913–17, Außenansicht

Schloss Cecilienhof, Paul Schultze-Naumburg, 1913–17, exterior view

Le palais de Cecilienhof, Paul Schultze-Naumburg, 1913-1917, vue extérieure.

architecture. After study trips to England, Scotland, and Wales, Schultze-Naumburg designed Schloss Cecilienhof in the English country-house style, breaking through the tradition of the imposing historicist Wilhelmine architecture. Cecilienhof is a comfortable mansion which fits well into the landscape. The upper floors are executed in timber framing, while the interior was once dominated by the dignified, consistently modern decoration of Paul Ludwig Troost and representatives of the Berlin School of Arts and Crafts.

Le palais de Cecilienhof fut le dernier grand projet architectural de la dynastie régnante. Commencé en 1913, il devait accueillir le domicile du prince héritier Guillaume et de son épouse, Cécilie. Les travaux de ce domaine situé au nord du Nouveau Jardin s'étirèrent jusque pendant la Première Guerre mondiale. À la demande du couple princier, la conception de ce complexe architectural fut confiée à l'architecte Paul Schultze-Naumburg. En tant que cofondateur de la Deutscher Werkbund (Association allemande des artisans) et représentant de l'architecture dite de préservation du patrimoine, il était adepte d'une architecture moderne et fonctionnelle. Suite à ses voyages d'étude en Angleterre, en Écosse et au Pays de Galles, Schultze-Naumburg conçut le palais de Cecilienhof dans le style des maisons de campagne anglaises, reniant ainsi la tradition d'une architecture représentative frédéricienne liée à l'histoire. Cecilienhof est un palais confortable, intégré dans la nature. Les étages supérieurs sont en colombage, l'intérieur est dominé par l'aménagement résolument moderne et robuste de Paul Ludwig Troost et de représentants de l'école des Arts et Métiers de Berlin.

Schloss Cecilienhof, Paul Schultze-Naumburg, 1913–17, Außenansicht und Blick in den Innenhof mit dem Roten Stern, der anlässlich der Potsdamer Konferenz gepflanzt wurde

Schloss Cecilienhof, Paul Schultze-Naumburg, 1913–17, exterior view and view of the inner courtyard with the Red Star, planted in memory of the Potsdam Conference

Le palais de Cecilienhof, Paul Schultze-Naumburg, 1913-1917, vue extérieure et vue sur la cour intérieure avec l'Étoile Rouge qui fut plantée à l'occasion de la conférence de Potsdam.

Nach Ende des 2. Weltkriegs rückte Schloss Cecilienhof ins Blickfeld der Öffentlichkeit: Vom 17. Juli bis zum 2. August 1945 trafen sich hier die drei mächtigsten Männer der Welt, der Amerikaner Harry S. Truman, der Brite Winston Churchill und der Russe Josef Stalin, um über die Geschicke Deutschlands zu entscheiden. In Vorbereitung der Konferenz wurde fast das gesamte bewegliche Mobiliar ausgetauscht, um den Ansprüchen der Gäste zu genügen. So erhielt der Konferenzsaal den wuchtigen Eichentisch, der von einer Moskauer Firma angefertigt wurde. Die originalen Möbel wurden in die Alte Meierei gebracht, wo sie wenig später durch Feuer zerstört wurden. Die historischen Räume von Cecilienhof dienen heute teils als Museum, teils als Hotel. Im Andenken an die Potsdamer Konferenz blieb der fünfzackige rote Blumenstern im Innenhof erhalten.

After the end of World War II, Schloss Cecilienhof came into public view when, from July 17 to August 2, 1945, the three most powerful men in the world, the American Harry S. Truman, the British Winston Churchill, and the Russian Joseph Stalin, met to decide the fate of Germany. In preparation for the conference, almost all the movable furniture was replaced to meet the demands of the guests. Thus the Conference Hall acquired the massive oak table built by a Moscow firm. The original furniture was taken to the Old Dairy, where a little later it was destroyed by fire. Today the historic rooms at Cecilienhof serve partly as a museum, partly as a hotel. A flower-bed in the form of a red five-pointed star was planted in the inner courtyard in memory of the Potsdam Conference.

À la fin de la Seconde Guerre mondiale, le palais de Cecilienhof se trouva soudain au cœur de l'actualité mondiale : c'est ici que se rencontrèrent, du 17 juillet au 2 août 1945, les trois hommes les plus puissants de la planète, l'Américain Harry S. Truman, le Britannique Winston Churchill et le Russe Joseph Staline, pour sceller le sort de l'Allemagne. La préparation de la conférence imposa de changer pratiquement tout le mobilier déplaçable pour satisfaire les exigences des hôtes. C'est ainsi que l'on installa dans la salle de conférence l'imposante table en chêne fabriquée par une entreprise russe. Les meubles originaux furent entreposés dans l'ancienne laiterie où ils furent détruits par un incendie peu après. De nos jours, les pièces historiques de Cecilienhof ont été converties en partie en hôtel, en partie en musée. L'étoile de fleurs rouges a été conservée dans la cour intérieure en souvenir de la conférence de Potsdam.

Schloss Cecilienhof, Paul Schultze-
Naumburg, 1913–17, Konferenzsaal,
Tagungsort der Potsdamer Konferenz vom
17. Juli bis 2. August 1945

Schloss Cecilienhof, Paul Schultze-
Naumburg, 1913–17, Conference Hall,
venue of the Potsdam Conference from
July 17 to August 2, 1945

Le palais de Cecilienhof, Paul Schultze-
Naumburg, 1913-1917, salle où se réunit
la conférence de Potsdam, du 17 juillet
au 2 août 1945.

Räume des Kronprinzenpaars | Private Rooms of the Royal Couple | Les appartements du couple princier

Die Privaträume des Kronprinzenpaares weisen nur noch zum Teil das originale Mobiliar der Berliner Kunstgewerbeschule auf. Glücklicherweise blieb das einzigartige Kajütenzimmer der Kronprinzessin erhalten (siehe S. 321), das ihr persönliches Refugium darstellte. Sie hatte es von dem Architekten Paul Ludwig Troost gestalten lassen, der auch für die Innenausstattung der Luxusdampfer des Norddeutschen Lloyd verantwortlich zeichnete.

Only part of the original furniture by the Berlin School of Arts and Crafts remains in the royal couple's private rooms. Fortunately, the Crown Princess's unique cabin room, her personal retreat, is preserved (see p. 321). She had it made by the architect Paul Ludwig Troost, who was also responsible for the interior decoration of the luxury steamships of the North German Lloyd company.

Seule une partie du mobilier original des appartements du prince héritier et de son épouse, de l'école des Arts et Métiers de Berlin, est encore en place. Par bonheur, la pièce de la Cabine, le refuge personnel de la princesse héritière, fut conservée (*voir* page 321). Elle en avait confié l'aménagement à Paul Ludwig Troost, l'architecte qui conçut l'aménagement intérieur du paquebot de luxe de la Norddeutsche Llyod.

    Schloss Cecilienhof | Schloss Cecilienhof | Le palais de Cecilienhof

Schloss Cecilienhof, Paul Schultze-
Naumburg, 1913–17, Schlafzimmer
des Kronprinzenpaares

Schloss Cecilienhof, Paul Schultze-
Naumburg, 1913–17, the royal
couple's bedroom

Le palais de Cecilienhof, Paul Schultze-
Naumburg, 1913-1917, la chambre à coucher
du prince héritier et de son épouse.

Schloss Cecilienhof, Ankleide-
zimmer des Kronprinzen (oben)

Bad des Kronprinzen (rechts)

Schloss Cecilienhof, Crown Prince's
dressing room (above)

Crown Prince's bathroom (right)

Le palais de Cecilienhof, le dressing
du prince héritier (ci-dessus).

La salle de bain du prince héritier
(à droite).

Schloss Cecilienhof, Ankleide-
zimmer der Kronprinzessin (oben)

Bad der Kronprinzessin (links)

Schloss Cecilienhof, Crown Princess's
dressing room (above)

Crown Princess's bathroom (left)

Le palais de Cecilienhof, le dressing
de la princesse héritière (ci-dessus).

La salle de bain de la princesse héritière
(à gauche).

Schloss Cecilienhof, Paul Schultze-
Naumburg, 1913–17, Heizungsverklei-
dung im Kabinett der Kronprinzessin

Schloss Cecilienhof, Paul Schultze-
Naumburg, 1913–17, cladding of the
heating in the Crown Princess's cabinet

Le palais de Cecilienhof, Paul Schultze-
Naumburg, 1913-1917, habillage du
chauffage dans les appartements de la
princesse héritière.

Belvedere auf dem Pfingstberg | Belvedere on the Pfingstberg | Le Belvédère sur la Pfingstberg

Der Pfingstberg oberhalb des Neuen Gartens bietet den schönsten Ausblick über die Potsdamer Havellandschaft. Bereits im 18. Jahrhundert architektonisch inszeniert, erhielt er Mitte des 19. Jahrhunderts seine monumentale malerische Bebauung. Die Vorbilder für die festliche, von Doppeltürmen bekrönte Terrassenanlage lieferten römische Villen der Renaissance und des Manierismus. Wieder war es Friedrich Wilhelm IV., der die Ideenskizzen lieferte und diese von seinen Baumeistern konkretisieren ließ.

Das Belvedere ist eine reine Schau-Architektur, lediglich zwei Turmzimmer, das Römische und das Maurische Kabinett,, waren bewohnbar. Nicht vollendet wurden die Kaskaden und ein Casino auf der Kuppe des Berges.

The Pfingstberg above the Neuer Garten offers the finest view of the Havel riverscape of Potsdam. Structures were built here as early as the 18th century, but it was not until the mid-19th century that it was developed as a picturesque attraction. The models for the ceremonial terrace complex, crowned with twin towers, were the Roman villas of the Renaissance and the Mannerist period. Once again it was Frederick William IV who delivered sketches based on his ideas and had them realized by his architects.

The Belvedere is simply an architectural showpiece, of which only two tower rooms, the Roman and the Moorish Cabinet, were habitable. The cascades and a casino on the crest of the mountain were never completed.

C'est de la Pfingstberg, une colline située au-dessus du Nouveau Jardin, que l'on a la plus belle vue sur la campagne de la Havel près de Potsdam. Elle fut mise en scène architectonique dès le XVIIIe siècle, mais le monumental édifice pictural date du milieu du XIXe siècle. Les magnifiques terrasses couronnées par les tours jumelles ont été inspirées par les villas romaines de la Renaissance et du Maniérisme. Ici aussi, c'est Frédéric Guillaume IV qui dessina les esquisses de ses idées qu'il fit réaliser par les architectes.

Le Belvédère est une architecture fictive, car seuls deux pièces des tours, le Cabinet Romain et le Cabinet Maure étaient habitables. Les cascades et le casino sur le mamelon de la colline ne furent jamais achevés.

△ ▷ ▷▷ Belvedere auf dem Pfingstberg, Gesamtansicht, Aufgang und Portal zum römischen Kabinett, Baubeginn 1847

Belvedere on the Pfingstberg, overall view, entrance, and portal to the Roman Cabinet, begun in 1847

Le Belvédère, sur la Pfingstberg, vue globale sur l'escalier et le portail donnant accès au Cabinet Romain, commencé en 1847.

Belvedere auf dem Pfingstberg | Belvedere on the Pfingstberg | Le Belvédère sur la Pfingstberg

Belvedere auf dem Pfingstberg | Belvedere on the Pfingstberg | Le Belvédère sur la Pfingstberg

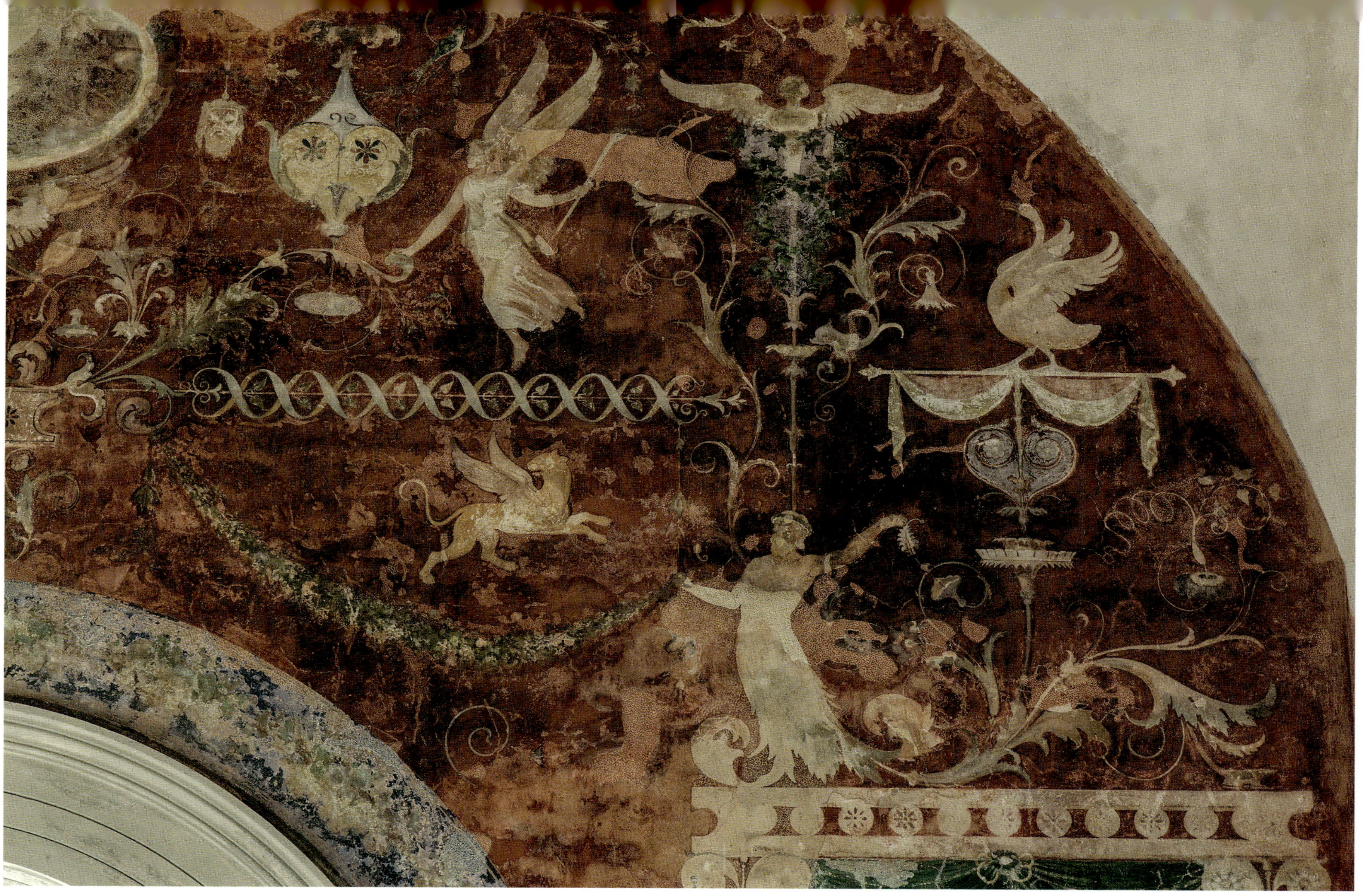

◁ △ Belvedere auf dem Pfingstberg, Treppenaufgang und Fresken im Römischen Kabinett, begonnen 1847

Belvedere on the Pfingstberg, staircase and frescos in the Roman Cabinet, begun in 1847

Le Belvédère, sur la Pfingstberg, escalier et fresques dans le Cabinet Romain, commencés en 1847.

▷ Pomonatempel auf dem Pfingstberg, Karl Friedrich Schinkel, 1800–01

Temple of Pomona on the Pfingstberg, Karl Friedrich Schinkel, 1800–01

Temple de Pomona sur la Pfingstberg, Karl Friedrich Schinkel, 1800-1801.

Italiensehnsucht und Antikenbegeisterung prägen die Atmosphäre des Pfingstbergs. Schon um 1800 hatte Karl Friedrich Schinkel hier einen Pomonatempel errichtet, welcher der Göttin des Obstanbaus huldigte. Der zierliche Bau mit dem ionischen Portikus gilt als sein frühestes ausgeführtes Werk.

The atmosphere of the Pfingstberg is characterized by a certain nostalgia for Italy and enthusiasm for antiquities. Around 1800, Karl Friedrich Schinkel had already built a Temple of Pomona here, in honor of the goddess of fruit-growing. This graceful building with its Ionic portico is considered his earliest executed work.

L'atmosphère de la Pfingstberg est dominée par la nostalgie de l'Italie et la passion pour l'Antiquité. Déjà vers 1800, Karl Friedrich Schinkel avait érigé un temple dédié à Pomona, la déesse des vergers. Ce frêle édifice au portique ionien est considéré comme la toute première de ses œuvres.

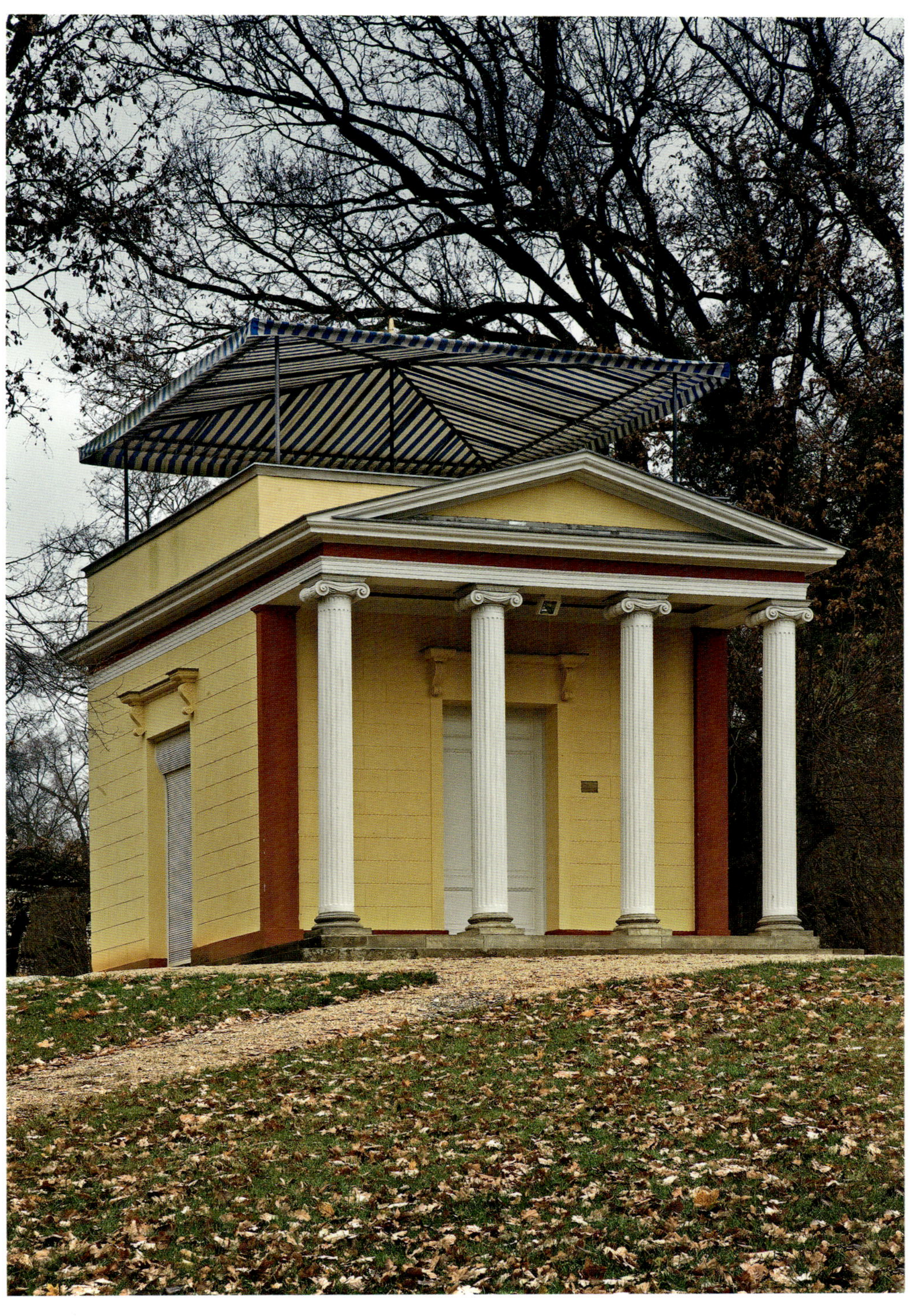

Belvedere auf dem Pfingstberg. Das Maurische Kabinett wurde nach 1847 durch Karl von Diebitsch eingerichtet; als Vorbild diente die Stanza di Ruggero im Normannenpalast von Palermo

Belvedere on the Pfingstberg. The Moorish Cabinet was installed after 1847 by Karl von Diebitsch; the model for it was the Stanza di Ruggero in the Palazzo dei Normanni in Palermo

Le Belvédère, sur la Pfingstberg. Le Cabinet Maure fut construit après 1847 par Karl von Diebitsch, sur le modèle de la Stanza di Ruggero dans le palais normand de Palerme.

Kolonie Alexandrowka | Alexandrowka Colony | Colonie Alexandrowka

Zeugnis der Verbundenheit zwischen den Häusern Romanow und Hohenzollern ist die Kolonie Alexandrowka, die Friedrich Wilhelm III. für einstige russische Kriegsgefangene und ihre Familien anlegen ließ. Den Grundriss der Siedlung in Form eines Hippodroms mit eingeschriebenem Andreaskreuz – Reminiszenz an den russischen Schutzpatron – gestaltete Peter Joseph Lenné, die bäuerlichen Blockhäuser schuf Adolf Carl Leonhard Snethlage nach dem Vorbild des Musterdorfs Glasowo bei St. Petersburg. Von dort kamen auch die Pläne für die Kapelle der Kolonie, die orthodoxe Kirche des hl. Alexander Newski. Schinkel verlieh ihr das endgültige Aussehen und gestaltete u. a. die Ikonostas, die Bilderwand im Inneren.

A token of the ties between the houses of Romanov and Hohenzollern is the Alexandrowka Colony, which Frederick William III established for former Russian prisoners of war and their families. The ground plan for the settlement, in the form of a hippodrome incorporating a cross of St. Andrew—recalling the patron saint of Russia—was designed by Peter Joseph Lenné, while the rustic wooden houses were created by Adolf Carl Leonhard Snethlage in imitation of the model village of Glasovo near St. Petersburg. The plans for the colony chapel, the Orthodox church of St. Alexander Nevsky, also originated there. Schinkel was responsible for its ultimate appearance and, among other features, designed the iconostasis or wall of paintings in the interior.

La colonie Alexandrowka est le témoin de l'alliance entre les maisons des Romanov et des Hohenzollern, à l'initiative de Frédéric Guillaume III, pour les anciens prisonniers de guerre russes et leurs familles. Peter Joseph Lenné dessina le plan de base en forme d'hippodrome avec une croix de Saint-André – réminiscence du saint-patron russe –, Adolf Carl Leonhard Snethlage créa les maisons paysannes d'après l'exemple du village modèle de Glasow, près de Saint-Pétersbourg, d'où proviennent également les plans de la chapelle de la colonie, l'église orthodoxe Saint-Alexandre Nevsky. Schenkel lui conféra son esthétique définitive et conçut entre autre l'iconostase, le mur iconographique intérieur.

◁ Kolonie Alexandrowka, Orthodoxe Kirche des hl. Alexander Newski, nach Plänen des Petersburger Architekten Wassilij Petrowitsch Stassow unter Mitwirkung von Karl Friedrich Schinkel 1826 – 29 errichtet

▽ Russisches Blockhaus in der Kolonie Alexandrowka, 1826/27

Alexandrowka Colony, Orthodox church of St. Alexander Nevsky, built in 1826-29 after plans by the architect Vasily Petrovich Stasov from St. Petersburg, with the assistance of Karl Friedrich Schinkel

Russian block house in the Alexandrowka Colony, 1826/27

La colonie Alexandrowka, église orthodoxe Saint-Alexandre Nevsky, d'après des plans de l'architecte de Saint-Pétersbourg, Wassilij Petrowitsch Stassow, en collaboration avec Karl Friedrich Schinkel 1826-1829.

Maison de rondins russe dans la colonie Alexandrowka, 1826/1827.

Ein Kranz von Schlössern

Potsdams nahe Umgebung

A Wreath of Palaces

Potsdam and Its Environs

Une couronne de palais

Les environs de Potsdam

Schloss und Park Babelsberg | Schloss Babelsberg and Park | Le palais et le parc de Babelsberg

Schloss Babelsberg wurde ab 1833 als Sommerresidenz des Kronprinzen und späteren Kaisers Wilhelm I. und seiner Gattin Augusta geplant. Inspiriert von mittelalterlichen Kastellen und englischen Landsitzen, fand das Paar in Karl Friedrich Schinkel den idealen Partner zur Umsetzung seiner Vorstellungen. Die Ausführung des malerisch über der Havel sich erhebenden Backsteinbaus erfolgte in zwei Etappen: Zunächst errichteten Schinkel und sein Schüler Ludwig Persius 1834/35 den Cottage-artigen zweigeschossigen Ostflügel. Zwischen 1844 und 1849 entstand schließlich der dominierende südwestliche Erweiterungstrakt, der das Gebäude zu einer imposanten Burganlage erhob. Anklänge an den so genannten Tudorstil und eine Vielzahl gotisierender Elemente wie Zinnen, Erker und Fialen prägen das pittoreske, auf Fernsicht angelegte Antlitz des Baus.

Schloss Babelsberg was planned from 1833 as the summer residence of the Crown Prince, and later Emperor, William I and his consort Augusta. Inspired by medieval castles and English country estates, the couple found the ideal partner in Karl Friedrich Schinkel for the realization of their ideas.
The execution of the brick building, rising picturesquely above the Havel, took place in two stages. First, in 1834/35, Schinkel and his pupil Ludwig Persius built the cottage-like two-story east wing. Later, between 1844 and 1849, the dominant south-western extension wing came into being, elevating the building to the state of an imposing castle complex. Echoes of the so-called Tudor style and a number of Neo-Gothic elements such as battlements, bow fronts, and pinnacles characterize the picturesque façade of the building, designed to be seen from afar.

La construction du palais de Babelsberg comme résidence d'été du prince héritier, le futur Guillaume Ier, et de son épouse Augusta commença en 1833. Le couple puisa son inspiration dans les châteaux médiévaux et dans les domaines anglais, et il trouva en Karl Friedrich Schinkel le partenaire idéal pour mettre en œuvre ses idées. L'édifice de brique à la situation pittoresque au-dessus de la Havel fut réalisé en deux étapes : Schinkel et son élève, Ludwig Persius, érigèrent dans un premier temps, en 1834-1835, l'aile orientale de deux étages évoquant un cottage. L'aile sud-ouest, qui domine et la complète, fut construite entre 1844 et 1849. L'édifice se mua alors en un imposant château. Des références au style dit des Tudor et un grand nombre d'éléments de type gothique, comme les créneaux, les encorbellements et les pinacles, marquent de leur empreinte l'esthétique de cet édifice doté d'un magnifique point de vue.

▷ ▷▷ Schloss Babelsberg, Karl Friedrich Schinkel, Ludwig Persius u. a., 1833–49, Außenansichten

Schloss Babelsberg, Karl Friedrich Schinkel, Ludwig Persius, and others, 1833–49, exterior views

Palais de Babelsberg, entre autres de Karl Friedrich Schinkel et Ludwig Persius, 1833-1849.

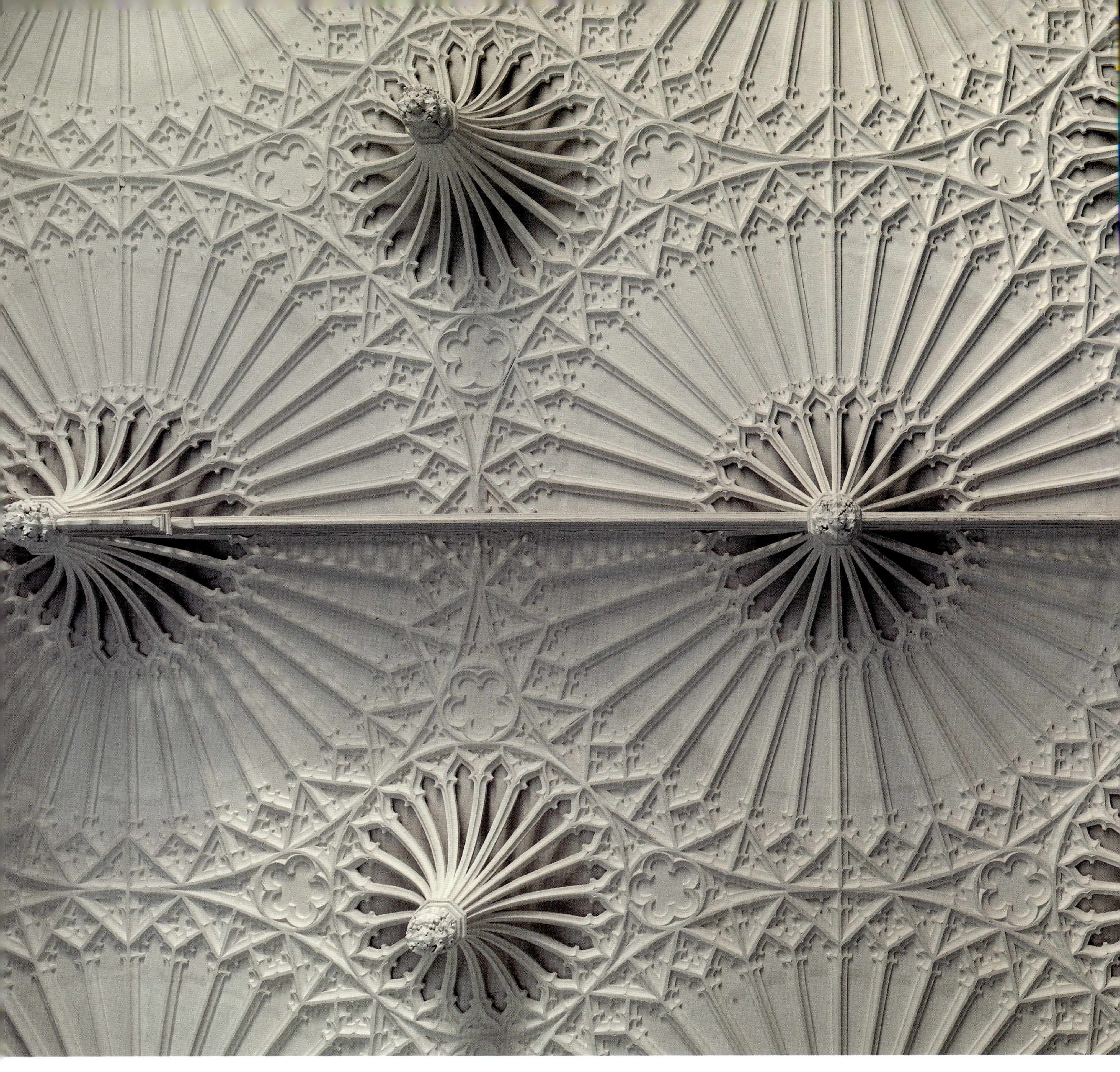

Die Leidenschaft des Königs-/Kaiserhauses für das Mittelalter bestimmte natürlich auch die Ausstattung der Innenräume, die von Schinkel (Kernbau) und Strack (Erweiterungsbau) gestaltet wurde. Wieder ist es vor allem die feingliedrige englische Spätgotik, die die Vorbilder für Decken-, Wand- und Raumdekor lieferte. So zieren Fächergewölbe die Bibliothek des Schinkeltrakts, ein elegantes Sterngewölbe bekrönt den oktogonalen Tanzsaal, der zweigeschossig angelegt und durch hohe Bündelpfeiler rhythmisiert ist. Freilich mag die »altdeutsche« Ausmalung der Decke nicht ganz zu der zierlichen neugotischen Architektur passen.

Der Speisesaal mit seiner umlaufenden Galerie und dem hölzernen Dachstuhl ist den Prunksälen von Windsor Castle nachempfunden, der Marmorkamin mit seiner wandfüllenden Bekrönung wurde 1840 von dem Petersburger Baumeister Harald Julius von Bosse entworfen.

The passion of the royal and imperial house for the Middle Ages naturally also determined the decoration of the interior rooms, which were designed by Schinkel (core building) and Strack (extension). Once again it was above all the delicate English late Gothic style that provided models for ceiling, wall and room decoration. Thus, fan vaulting adorns the library of the Schinkel wing, and an elegant stellar vault crowns the octagonal Ballroom, which is laid out on two stories and given rhythm by clustered pillars. Admittedly, the "old German" painting of the ceiling does not quite match the delicate Neo-Gothic architecture.

The Dining Hall with the gallery running around it and wooden roof timbering is based on the state rooms of Windsor Castle, and the marble chimneypiece was designed in 1840 by the architect Harald Julius von Bosse from St. Petersburg.

La passion des maisons royale et impériale pour le Moyen Âge
joua bien sûr un rôle déterminant dans l'aménagement des
pièces conçues par Schinkel (cœur de la construction) et Strack
(agrandissement). Et de nouveau, la fin du gothique anglais
tout en finesse livra les modèles pour les décors des plafonds,
des murs et des pièces. C'est ainsi que des voûtes en éventail
ornent la bibliothèque de l'aile de Schinkel, une élégante
voûte en étoile couronne la salle de bal octogonale de deux
étages et rythmée par de hautes colonnes en faisceau. La
peinture « rustique » du plafond ne s'harmonise naturellement
pas tout à fait avec la finesse de l'architecture néogothique.
La salle à manger avec sa galerie circulaire et sa charpente de
bois est inspirée des salles de prestige du château de Windsor.
La cheminée de marbre, dont le couronnement occupe le
mur, fut dessinée par l'architecte de Petersburg, Harald Julius
von Bosse.

    Schloss und Park Babelsberg | Schloss Babelsberg and Park | Le palais et le parc de Babelsberg

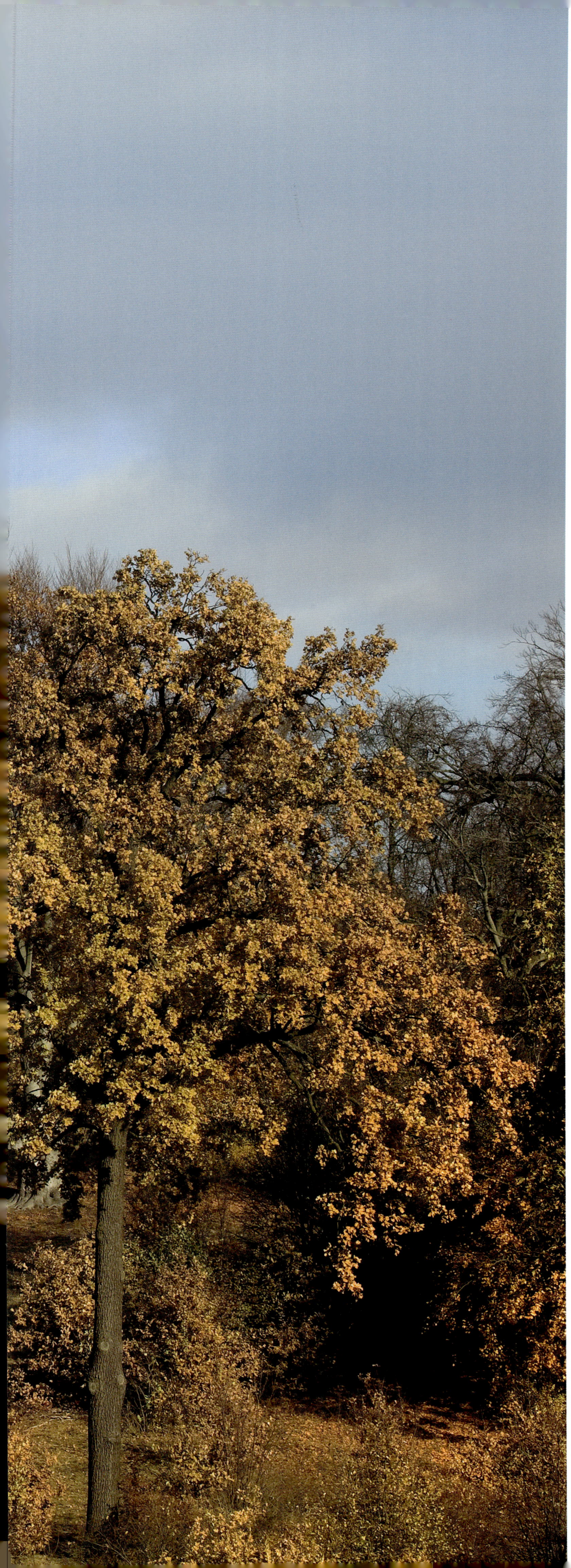

Flatowturm und Gerichtslaube | Flatow Tower and Court Summerhouse (Gerichtslaube) | La tour de Flatow et la galerie du tribunal

Der spätgotische Torturm von Eschenheim bei Frankfurt stand Pate für den Flatowturm, den Friedrich Wilhelm IV. 1853–56 durch Johann Heinrich Strack errichten ließ. Nach außen markantes Wahrzeichen der Babelsberger Parklandschaft, diente das bastionartige Gebäude mit dem charakteristischen Rundturm als Gästewohnung. In seine Vorhalle wurde ein figuriertes Rundbogenportal des 16. Jahrhunderts eingelassen. Seinen Namen erhielt das Monument nach der Domäne Flatow, deren Erträge den Bau ermöglicht hatten.

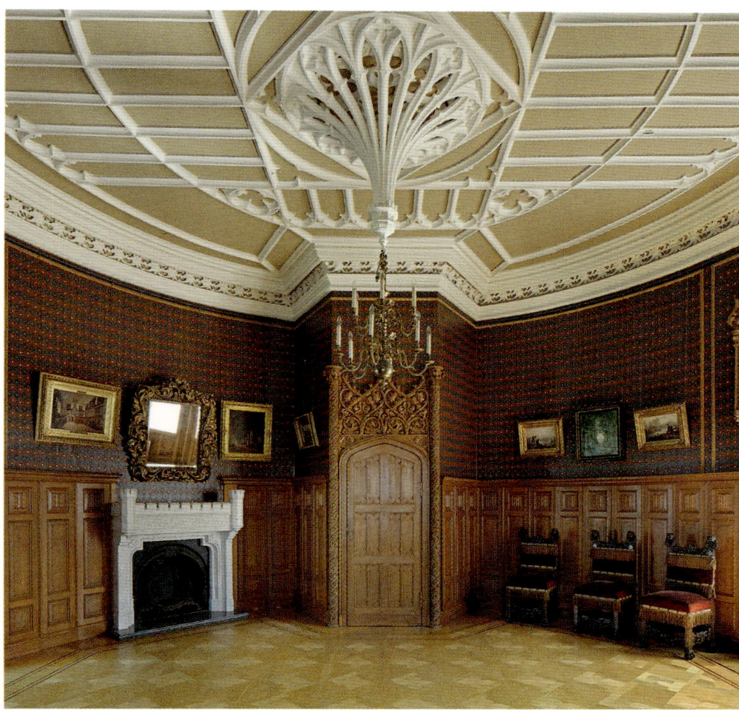

The late-Gothic gate tower at Eschenheim near Frankfurt was the inspiration for the Flatow Tower, which Frederick William IV commissioned Johann Heinrich Strack to build in 1853–56. From the outside a striking landmark of the Babelsberg park landscape, the bastion-like building with its characteristic round tower served as accommodation for guests. A 16th-century figured portal with circular arch was inserted in its front hall. The edifice took its name from the estate of Flatow, whose revenues had made the project possible.

La tour de Flatow, construite entre 1853 et 1856 par Johannes Heinrich Strack à la demande de Frédéric Guillaume IV, fut inspirée par la tour de la porte d'Eschenheim, près de Francfort, de la fin du gothique. Symbole marquant vers l'extérieur du paysage de Babelsberg, cet édifice de type bastion avec sa tour ronde caractéristique servait de logements pour les hôtes. Un portail cintré du XVIe siècle fut intégré dans son préau. Le monument fut construit grâce aux revenus du domaine de Flatow qui lui donna son nom.

Babelsberg, Flatowturm im Schlosspark, Johann Heinrich Strack, 1853–56

Babelsberg, Flatow Tower in the palace park, Johann Heinrich Strack, 1853–56

Babelsberg, tour de Flatow dans le parc du palais, Johann Heinrich Strack, 1853-1856.

Babelsberg, Parkansicht und Blick in die
mittelalterliche Gerichtslaube, die durch
Johann Heinrich Strack 1871/72 auf die
Lennéhöhe versetzt wurde

Babelsberg, view of the park and of the
medieval Court Summerhouse, which was
transferred to the Lennéhöhe in 1871/72
by Johann Heinrich Strack

Babelsberg, le parc, vue sur les arcades
médiévales du tribunal qui furent
remontées ici en 1871/1872 par Johann
Heinrich Strack.

Unweit des Flatowturms erhebt sich ein weiteres historisches
Baudenkmal, das durch Strack – sicher im Einvernehmen mit
dem Kaiser – in den romantischen Babelsberger Park integriert wurde: die aus dem späteren 13. Jahrhundert stammende Gerichtslaube des gotischen Berliner Ratsgebäudes. Beim
Neubau des Roten Rathauses nach 1866 abgebrochen, wurde
der offene Backsteinbau 1871/72 im Schlosspark wieder auf-
gebaut, allerdings mit erheblichen, dem Zeitgeschmack ge-
schuldeten Veränderungen. Sein Untergeschoss bildet die
(heute) nach allen Seiten geöffnete Halle, deren Mitte ein ele-
ganter Rundpfeiler mit Stuckkapitell stützt. Sein Figurenre-
pertoire prangert Laster und Torheiten an. Das Obergeschoss
zieren Maßwerkfenster und Netzgewölbe; an einem der Stre-
bepfeiler wacht der »Kaak«, eine Vogelgestalt mit Menschen-
gesicht und Eselsohren.

Not far from the Flatow Tower rises a further historical monument, which was incorporated by Strack–certainly in agreement with the Emperor–into the Romantic Babelsberg Park: the Court Summerhouse of the Gothic council building in Berlin, dating from the late 13th century. The building of the open brick structure was abandoned after 1866 when the Red City Hall was built, but it was rebuilt in 1871/72 in the palace park, although with significant alterations attributable to contemporary taste. Its lower floor is formed by the hall, today open on all sides, whose center is supported by an elegant circular pillar with stucco capital. Its repertoire of figures form an attack on vice and foolishness. The upper floor is adorned with tracery windows and reticulated vaulting; on one of the buttresses the "Kaak" keeps watch, a figure of a bird with a human face and donkey's ears.

Non loin de la tour de Flatow s'élève un autre monument historique qui fut intégré par Strack – avec l'assentiment de l'empereur – dans le parc romantique de Babelsberg : la galerie de l'ancien tribunal gothique de Berlin datant de la fin du XIIIe siècle. Rasée lors de la construction de la nouvelle Mairie Rouge, après 1866, la structure ouverte de brique fut reconstruite dans le parc du château en 1871-1872, mais avec d'importantes modifications pour l'adapter au goût de l'époque. Son niveau inférieur constitue la halle ouverte (aujourd'hui) de toutes parts, dont le centre est soutenu par une colonne ronde à chapiteau de stuc. Son répertoire de personnages stigmatise le vice et la folie. L'étage supérieur est orné de fenêtres à remplage et de voûtes réticulaires. Sur l'un des piliers veillent le « kaak », un oiseau avec un visage humain et des oreilles d'âne.

Glienicke, eigentlich Kleinglienicke, liegt auf Berliner Territorium, ist aber gleichwohl eindrucksvoller Bestandteil der romantischen Potsdamer Havellandschaft. Weite Sichtachsen verbinden das klassizistische Schloss und die weitläufigen Parkanlagen mit den jenseits der Wasserflächen aufragenden Aussichtspunkten.
Schloss Glienicke entstand als Sommersitz des Prinzen Carl von Preußen, der das Gelände samt älterer Gutsbauten und dem 1816 von Peter Joseph Lenné gestalteten »Pleasureground« 1824 erworben hatte. 1825 begann die Umgestaltung des Anwesens im Sinne römischer Villenanlagen. Die Pläne für die etwa 25 Jahre dauernden Baumaßnahmen lieferte Karl Friedrich Schinkel, der in seinen Entwürfen Stichvorlagen und Schilderungen antiker Landsitze verarbeitete. Schinkels Ideen wurden von seinen Schülern Ludwig Persius und Ferdinand von Arnim weitergeführt.

Glienicke—actually Kleinglienicke—lies on Berlin territory, but is nevertheless an impressive feature of the romantic Havel landscape at Potsdam. Broad vistas link the Neoclassical palace and the extensive parklands to the scenic outposts towering beyond the stretches of water.
Schloss Glienicke came into being as the summer residence of Prince Carl of Prussia, who had acquired the site in 1824 together with older estate buildings and the "Pleasure Ground" designed in 1816 by Peter Joseph Lenné. In 1825 work began on the redesign of the property in the style of Roman villa complexes. The plans for the building project, which took some 25 years to complete, were supplied by Karl Friedrich Schinkel, who used existing prints and descriptions of classical country houses in his designs. Schinkel's ideas were developed by his pupils Ludwig Persius and Ferdinand von Arnim.

Glienicke, en fait Kleinglienicke, se situe sur le territoire de Berlin, mais n'en est pas moins un élément important du paysage romantique de Potsdam sur la Havel. De vastes axes de perspectives relient le château classique et le vaste domaine du parc avec les points de vue qui s'élèvent de l'autre côté des cours d'eau.
Le château de Glienicke fut érigé comme résidence d'été du prince Charles de Prusse qui avait acheté le domaine en 1824, avec l'ensemble du bâti ancien et le *pleasureground* aménagé en 1816 par Joseph Lenné. La propriété fut transformée à partir de 1825 en une sorte de lotissements de villas romaines. Les plans de ce chantier, qui dura quelque 25 ans, furent dessinés par Karl Friedrich Schinkel d'après des gravures et des évocations de domaines antiques. Ses idées furent ensuite reprises par ses élèves, Ludwig Persius et Ferdinand von Armin.

Schloss Glienicke, Ansicht des Schlosses von Süden mit der vorgelagerten Löwenfontäne nach Entwürfen von Karl Friedrich Schinkel, 1837

Schloss Glienicke, view of the palace from the south with the lion fountain in front, from designs by Karl Friedrich Schinkel, 1837

Château de Glienicke, le château vu du sud avec au premier plan la fontaine aux Lions réalisée d'après des esquisses de Karl Friedrich Schinkel, 1837.

Den Mittelpunkt des Anwesens bildet der annähernd quadratische Gartenhof. Er verbindet die dreiflügelige Schlossanlage mit dem so genannten Kavalierhaus, einem einstigen Wirtschaftsgebäude, dem Schinkel einen malerischen Turm hinzufügte (1865 weiter aufgestockt). Vor der Südfassade fand eine Bronzekopie der berühmten »Ildefonsogruppe« Aufstellung, zwei bekränzte Jünglinge, die nach der Deutung Gotthold Ephraim Lessings Schlaf und Tod symbolisieren.

Antikische Reminiszenzen finden sich auch an den zum Garten gewandten Fassaden von Schloss und Kavalierhaus: In ihr Mauerwerk ließ Prinz Carl seine »Reiseandenken« einsetzen, Spolien und Fragmente antiker Reliefs und Skulpturen. Bereits in der Renaissance pflegte man Wandflächen von Villen derart zu dekorieren und seine Schätze so öffentlich zur Schau zu stellen.

Schloss Glienicke, Blick in den Gartenhof mit Kopie der »Ildefonsogruppe«, Wand mit eingemauerten Spolien und Brunnenfragment

Schloss Glienicke, view of the garden courtyard with copy of the "Ildefonso Group," wall with inserted spolia, and the fragment of a fountain

Château de Glienicke, vue dans la cour du jardin, avec une copie du « groupe de San Ildefonso », mur incrusté de spolias et de fragments de fontaine.

The almost square garden courtyard forms the central point of the property. It links the three-winged palace complex with the so-called Kavalierhaus, a former outbuilding to which Schinkel added a picturesque tower (another storey was added in 1865). In front of the south façade, a bronze copy of the famous "Ildefonso Group" was set up, two garlanded youths who, according to Gotthold Ephraim Lessing's interpretation, symbolize sleep and death.
Classical echoes are also found in the garden façades of the palace and Kavalierhaus, where Prince Carl had his "travel souvenirs" inserted in the walls: spolia and fragments of classical reliefs and sculptures. As early as the Renaissance, it was the custom to decorate the wall surfaces of villas in this way, in order to display one's treasures in public.

La cour du jardin, pratiquement carrée, constitue le cœur du domaine. Elle relie les trois ailes du château avec la maison dite des cavaliers, un ancien bâtiment des communs que Schinckel avait doté d'une tour pittoresque (surélevée en 1865). Devant la façade sud est exposée une copie de bronze du célèbre « groupe de San Ildefonso » que Gotthold Ephraim Lessing interpréta comme le symbole du sommeil et de la mort.
Des réminiscences antiques se trouvent également sur les façades du château et de la maison des cavaliers donnant sur le jardin : le prince Charles fit intégrer dans leurs murs des « souvenirs de voyage », spolias et fragments de reliefs et de sculptures antiques. Déjà pendant la Renaissance, on avait coutume d'orner ainsi les murs des villas et d'exposer ses trésors à la vue de tous.

◁ △ Schloss Glienicke, Bibliothek
Prinz Carl und Weißer Salon. Die
Inneneinrichtung der Säle wurde nach
alten Fotos und Beschreibungen rekonstruiert.

Schloss Glienicke, Prince Carl's
library and White Salon. The interior
decoration of the walls was
reconstructed from old photographs
and descriptions.

Château de Glienicke, Bibliothèque du
Prince Charles et Salon Blanc.
L'aménagement intérieur des salles fut
reconstruit d'après de vieilles
photographies et des descriptions
d'époque.

△ ▷ Schloss Glienicke, Weißer Salon, Gipsbüsten mit dem Antlitz Schinkels und Lennés, antikisierender Dekor

Schloss Glienicke, White Salon, plaster busts with the faces of Schinkel and Lenné, decoration in classical style

Château de Glienicke, Salon Blanc, bustes de plâtre représentant Schinckel et Lenné, décor de style antique.

▷▷ Schloss Glienicke, Roter Saal (rekonstruiert) mit Porträts des Prinzen Carl von Preußen

Schloss Glienicke, Red Room (reconstructed), with portraits of Prince Carl of Prussia

Château de Glienicke, Salle Rouge (reconstruite) avec des portraits du prince Charles de Prusse.

Weißer Salon | White Salon | Le Salon Blanc

Die originale Ausstattung der Innenräume von Schloss Glienicke ist nicht mehr erhalten, das Anwesen verfiel nach dem Tod des Prinzen 1883, im 2. Weltkrieg diente das Ensemble als Lazarett, später als Offizierskasino der Roten Armee. Erste Restaurierungsmaßnahmen begannen in den 1960er-Jahren, seit 1987 dient das Schloss als Museum. Für die Rekonstruktion der Innenausstattung konnte immerhin Mobiliar aus dem ehemaligen Besitz des Prinzen Carl erworben werden. Zu den äußerst glücklichen Instandsetzungen der Säle gehört der Wanddekor des Weißen Salons, der auch Marmorzimmer genannt wurde. Weißes, mit Gold profiliertes Stuckornament gliedert den Raum, Gipsbüsten schmücken die Wände. Sie wurden nach Werken von Christian Daniel Rauch geschaffen und zeigen u. a. den Gartenarchitekten Peter Joseph Lenné und den Baumeister Karl Friedrich Schinkel.

The original decoration of the interior rooms of Schloss Glienicke has not been preserved. After the death of the Prince in 1883, the property became derelict, and in World War II the complex was used as a military hospital and later as an officers' mess by the Red Army. The first measures to restore the palace began in the 1960s, and since 1987 it has served as a museum. Fortunately, it proved possible to acquire furniture from the possessions of Prince Carl for the reconstruction of the interior decoration.

The highly successful restoration of the rooms included the wall decoration of the White Salon, also known as the Marble Room. The space is subdivided by white stucco ornamentation with gilded moldings, and the walls are adorned with plaster busts created after works by Christian Daniel Rauch, representing, among others, the landscape gardener Peter Joseph Lenné and the architect Karl Friedrich Schinkel.

Les aménagements originaux de l'intérieur du château de Glienicke ne sont pas parvenus jusqu'à nous. Le domaine tomba en décrépitude après la mort du prince, en 1883. Il servit ensuite d'hôpital de campagne pendant la Seconde Guerre mondiale, puis devint le casino des officiers de l'Armée rouge. Les premiers travaux de restauration commencèrent dans les années 1960 et le château accueille un musée depuis 1987. On parvint toutefois à acquérir du mobilier de l'ancienne propriété du prince Charles pour la reconstruction des aménagements intérieurs. Parmi les travaux de réparation les plus réussis, on notera la décoration murale du Salon Blanc, également appelé la Salle de Marbre. La pièce est structurée par des ornements de stuc profilés à l'or, des bustes de plâtre ornent les murs. Ils furent réalisés d'après des œuvres de Christian Daniel Rauch et représentent entre autre l'architecte paysagiste Peter Joseph Lenné et l'architecte Karl Friedrich Schinkel.

Schloss Glienicke, Grüner Salon,
Gemälde der Prinzessin Marie zu Pferde,
Julius Schoppe 1838/39

Schloss Glienicke, Green Salon, painting
of Princess Marie on horseback, Julius
Schoppe 1838/39

Château de Glienicke, Salon Vert, tableau
représentant la princesse Marie à cheval,
Julius Schoppe 1838/1839.

Grüner Salon | Green Salon | Le Salon Vert

Der Grüne Salon war Teil des Appartements der Prinzessin
Marie, der Gattin des Prinzen. Auch dieser Raum wurde in
den 1990er-Jahren sorgsam rekonstruiert.
Die Chaiselongue im Stil einer griechischen Kline wurde ver-
mutlich von Schinkel entworfen; sie stand ursprünglich im
Stadtpalais des Prinzenpaares am Berliner Wilhelmsplatz.

The Green Salon was part of the apartment of Princess
Marie, the Prince's consort. This room too was carefully
reconstructed in the 1990s.
The chaise longue in the style of a Greek *kline* is presumed
to have been designed by Schinkel; it originally stood in the
princely couple's town house on the Wilhelmsplatz in Berlin.

Le Salon Vert faisait partie de l'appartement de la princesse
Marie, l'épouse du prince. Cette pièce fut également
reconstruite avec soin dans les années 1990.
La chaise-longue, dans le style d'une couche grecque, fut
vraisemblablement conçue par Schinkel. À l'origine, elle se
trouvait dans le palais de ville du couple princier, sur la
Wilhelmplatz, à Berlin.

Park Glienicke | Glienicke Park | Parc Glienicke

Der so genannte Pleasureground im Park von Glienicke wurde bereits 1816 angelegt, also noch vor der Übernahme des Gutes durch Prinz Carl von Preußen. Der Vorbesitzer, Staatskanzler Fürst Karl August von Hardenberg, hatte den damals noch unbekannten Gärtnergesellen Peter Joseph Lenné mit der Gestaltung eines Landschaftsparks nach englischen Vorbildern beauftragt. Der Pleasureground übernimmt darin eine Mittlerrolle zwischen dem hausnahen Ziergarten und dem in die freie Natur ausgreifenden Park. Geschmückte Rasenflächen sollten »wie ein samtener Teppich« in die idealisierte Landschaft überleiten.

Der Glienicker Pleasureground ist vermutlich der Älteste seiner Art in Preußen. Nach langer Verwahrlosung wurde er ab 1979 durch die Berliner Gartendenkmalpflege wiederhergestellt. Dabei wurden nicht nur die Lennésche Wegführung, sondern auch die Ausblicke über die Havel zurückgewonnen.

The so-called Pleasure Ground in the Glienicke Park was laid out as early as 1816, that is, before the property was taken over by Prince Carl of Prussia. The previous owner, Prime Minister Prince Karl August von Hardenberg, had commissioned Peter Joseph Lenné, then still an unknown assistant gardener, to design a landscape garden following English models. Here the Pleasure Ground takes up an intermediary role between the ornamental garden close to the house and the park extending into the open countryside. The decorative stretches of lawn were to lead "like a velvet carpet" into the idealized landscape.

The Pleasure Ground at Glienicke is believed to be the oldest of its kind in Prussia. From 1979, after a long period of neglect, it was restored by the office for the preservation of historic gardens in Berlin, which reclaimed not only Lenné's system of paths, but also the views across the Havel.

Ledit *pleasureground* du parc de Glienicke fut aménagé dès 1816, c'est-à-dire avant que le prince Charles de Prusse ne reprenne le domaine. Le propriétaire précédent, le prince Karl August von Hardenberg, chancelier d'État, avait autrefois confié à un jardinier encore inconnu, Peter Joseph Lenné, la conception d'un parc paysager selon le modèle anglais. Le *pleasureground* assurait alors un rôle de médiateur entre le jardin décoratif, proche de la maison, et le parc qui s'intégrait dans la nature. La surface de pelouse décorée devait faire la transition comme un « tapis de velours » vers la campagne idéalisée.

Le *pleasureground* de Glienicke est vraisemblablement le plus ancien dans son genre en Prusse. Il resta longtemps en friche et fut remis en état, à partir de 1979, par la Conservation et restauration des jardins de Berlin. On rétablit les voies de circulation de Lenné, mais également les points de vue sur la Havel.

Glienicke, Schlosspark, Pleasureground
von Peter Joseph Lenné, begonnen 1816,
Rekonstruktion ab 1979

Glienicke, palace park, Pleasure Ground
by Peter Joseph Lenné, begun in 1816,
reconstruction from 1979

Glienicke, parc du château, Pleasureground
de Peter Joseph Lenné, commencé
en 1816, reconstruction à partir de 1979.

Casino | Casino | Le Casino

Zu den ersten Gebäuden, die Karl Friedrich Schinkel in Glienicke errichtete, zählt das Casino, das aus einem Billardhäus-
chen des 18. Jahrhunderts hervorging. Der zweigeschossige
klassizistische Bau mit seinen ausladenden Pergolen verleiht
dem Havelufer römisches Flair. Er diente als Gastquartier wie
als Ausstellungs- und Aufbewahrungsort der zahlreichen Antiken, die der Prinz auf seinen Italienreisen gesammelt hatte.
Bedauerlicherweise wurden die meisten Kunstwerke von den
Nachfahren des Prinzen verkauft. – Der Betende Knabe ist
eine Kopie der griechischen Großbronze, die Friedrich II.
erworben hatte.

▷ Glienicke, Casino im Schlosspark,
Karl Friedrich Schinkel, 1824/25

Glienicke, Casino in the palace park,
Karl Friedrich Schinkel, 1824/25

Glienicke, Casino dans le parc du
château, Karl Friedrich Schinkel,
1824/1825

◁ Glienicke, Casino im Schlosspark,
Betender Knabe, Kopie der griechischen
Großbronze aus dem Besitz Friedrichs II.
in Sanssouci

Glienicke, Casino in the palace park,
Praying Boy, copy of the large Greek
bronze from the possessions of Frederick II
in Sanssouci

Glienicke, Casino dans le parc du château,
Le *Garçon en prière,* copie de la grande
statue grecque de bronze, propriété de
Frédéric II à Sans-Souci.

Among Karl Friedrich Schinkel's first buildings in Glienicke is the Casino, which was developed from a little 18th-century billiard house. The two-story Neoclassical structure with its projecting pergolas lends a Roman atmosphere to the banks of the Havel. It served as guest quarters as well as an exhibition and storage site for the many classical antiquities that the Prince had collected on his trips to Italy. Regrettably, most of the artworks were sold by the Prince's descendants. — The Praying Boy is a copy of the large Greek bronze acquired by Frederick II.

Le Casino compte parmi les premiers bâtiments construits par Karl Friedrich Schinkel à Glienicke, sur l'emplacement d'une maison de billard du XVIIIe siècle. L'édifice classique de deux étages et ses vastes pergolas confèrent aux rives de la Havel un charme romain. On y hébergeait les hôtes, mais on y exposait et conservait également les innombrables antiquités que le prince avait rapportées de ses voyages en Italie. Il est regrettable que les descendants du prince aient vendu la plupart des œuvres d'art. Le *Garçon en prière* est une copie du bronze grec de grande taille que Frédéric II avait acheté.

Auch im Inneren des Casinos wird die klassische Architektur beschworen: Verschiedenfarbiger Stuck gliedert Wände und Decken des Marmorsaals, den eine Kassettendecke feierlich beschließt. Der Marmorfußboden stammt aus dem Palazzo Corner della Regina in Venedig, hier wurde er 1849 verlegt. Fragmente antiker Statuen und Porträtköpfe schmücken den Raum. – Von der Terrasse des Casinos eröffnet sich ein idyllischer Blick auf die Havellandschaft und das gegenüberliegende Potsdam.

In the interior of the Casino too, classical architecture is invoked. Multicolored stucco structures the walls and ceilings of the Marble Hall, which is ceremonially completed by a coffered ceiling. The marble floor comes from the Palazzo Corner della Regina in Venice and was moved here in 1849. Fragments of classical statues and portrait heads adorn the space. – From the Casino's terrace, an idyllic view opens onto the Havel landscape and to Potsdam on the opposite bank.

L'intérieur du Casino est également consacré à l'architecture classique : le stuc multicolore structure les murs et le plafond de la Salle de Marbre que coiffe solennellement un plafond à cassettes. Le sol de marbre provient du Palazzo Corner della Regina, à Venise, et il fut posé ici en 1849. Des fragments de statues antiques et des bustes ornent la pièce. De la terrasse, on a une vue magnifique sur le paysage de la Havel et, en face, sur Potsdam.

Glienicke, Casino im Schlosspark, Marmorsaal, Karl Friedrich Schinkel, 1824/25, Ausblick auf die Havel

Glienicke, Casino in the palace park, Marble Hall, Karl Friedrich Schinkel, 1824/25, view of the Havel

Glienicke, Casino dans le parc du château, Salle de Marbre, Karl Friedrich Schinkel, 1824/1825, vue sur la Havel.

Nach Vorlagen Schinkels wurden auch die übrigen Räume dekoriert, hier das Südzimmer, dessen Decke einen Blick in den Sternenhimmel suggeriert. Fruchtgirlanden und antikisches Ornament bilden seine festliche Rahmung.

The other rooms, too, were decorated to designs by Schinkel, including the South Room seen here, whose ceiling suggests a view of the starry sky. Festoons of fruit and classical ornamentation form its ceremonial frame.

Les autres pièces furent également décorées d'après des suggestions de Schinkel, comme ici, la pièce au sud, dont le plafond évoque une vue sur le ciel étoilé. Des guirlandes de fruits et des ornements de type antique constituent un cadre réjouissant.

Glienicke, Casino im Schlosspark,
Südzimmer, Karl Friedrich Schinkel,
1824/25

Glienicke, Casino in the palace park,
South Room, Karl Friedrich Schinkel,
1824/25

Glienicke, Casino dans le parc du
château, pièce au sud, Karl Friedrich
Schinkel, 1824/1825.

◁ Glienicke, Stibadium im Schlosspark, Figur der Ceres nach einer Antikenkopie von Christian Daniel Rauch, Mitte 19. Jh.

Glienicke, Stibadium in the palace park, figure of Ceres after a copy of a classical work by Christian Daniel Rauch, mid-19th century

Glienicke, stibadium dans le parc du château, statue de Ceres d'après une copie de l'Antiquité de Christian Daniel Rauch, milieu du XIXᵉ siècle.

▷ Glienicke, Schlosspark, Blick in den Klosterhof mit venezianischen Spolien, Gesamtkonzeption durch Ferdinand von Arnim, 1850

Glienicke, palace park, view of the monastery courtyard with Venetian spolia, total concept by Ferdinand von Arnim, 1850

Glienicke, parc du château, vue sur la cour du cloître avec des spolias vénitiennes, conception globale de Ferdinand von Arnim, 1850.

▷ Glienicke, Schlosspark, Große Neugierde, Karl Friedrich Schinkel, 1835–37. Den Rundbau bekrönt ein Nachbau des Lysikrates-Monuments in Athen.

Glienicke, palace park, Great Curiosity, Karl Friedrich Schinkel, 1835–37. The circular building is crowned by a copy of the Lysicrates monument in Athens.

Glienicke, parc du château, Grosse Neugierde (« grande curiosité »), Karl Friedrich Schinkel, 1835-1837. L'édifice circulaire est couronné par une reproduction du monument de Lysicrate à Athènes.

▽ Glienicke, Schlosspark, Stibadium, Entwurf Ludwig Persius, 1840. Von diesem antikischen Ruheplatz öffnet sich der Blick nach Potsdam.

Glienicke, palace park, Stibadium, design by Ludwig Persius, 1840. From this classical-style resting spot, the view opens toward Potsdam.

Glienicke, parc du château, stibadium, d'après des plans de Ludwig Persius, 1840. Cette place de repos antique offre une belle vue vers Potsdam.

▷▷ Glienicke, Schlosspark, Kleine Neugierde, Umbau eines älteren Gartenhäuschens zum Teepavillon durch Karl Friedrich Schinkel, 1825

Glienicke, palace park, Little Curiosity, remodeling of an older, small summerhouse as a tea pavilion by Karl Friedrich Schinkel in 1825

Glienicke, parc du château, Kleine Neugierde (« petite curiosité »), transformation d'une ancienne maisonnette de jardin en un pavillon de thé par Karl Friedrich Schinkel, 1825.

Sacrow, Heilandskirche und Schloss | Sacrow, Church of the Redeemer and Palace | Sacrow, l'église de Notre-Sauveur et château

Malerisch auf einer Landzunge zwischen Havel und Jungfernsee gelegen, wartet das ehemalige Rittergut Sacrow mit romantischen Bauten auf. Italienischen Basiliken nachempfunden ist die weithin sichtbare Heilandskirche mit ihrem frei stehenden Campanile. Friedrich Wilhelm IV. lieferte erste Entwürfe für den Bau, den Ludwig Persius ausführte. Persius war es auch, der das aus dem späten 18. Jahrhundert stammende Schloss Sacrow italianisierend umgestaltete. Die ausgedehnten Parkanlagen mit ihren weiten Sichtachsen schuf Peter Joseph Lenné.

Picturesquely situated on a promontory between the Havel and the Jungfernsee, the former manor of Sacrow offers romantic buildings. The Church of the Redeemer, visible from afar, with its free-standing campanile, is based on Italian basilicas. Frederick William IV supplied the first designs for the building, which were executed by Ludwig Persius. It was Persius too who redesigned, in Italian style, the late-18th-century Sacrow Palace. The extended park complexes with their wide vistas were created by Peter Joseph Lenné.

L'ancien domaine seigneurial de Sacrow et ses édifices romantiques se situent sur une langue de terre, entre la Havel et le lac de la Vierge. L'église de Notre-Sauveur et son campanile se voient de loin, elle est inspirée des basiliques italiennes. Frédéric Guillaume IV en dessina les premiers plans qui furent mis en œuvre par Ludwig Persius. C'est également Persius qui revisita à la mode italienne le château de Sacrow de la fin du XVIIIe siècle. Les immenses domaines paysagers aux vastes axes de perspective sont une œuvre de Peter Joseph Lenné.

◁ ▽▽ Sacrow, Heilandskirche, 1841–44 von Ludwig Persius nach Skizzen Friedrich Wilhelms IV. erbaut

Sacrow, Church of the Redeemer, built 1841–44 by Ludwig Persius after sketches by Frederick William IV

Sacrow, église Notre-Sauveur, 1841-1844, construite par Ludwig Persius d'après des esquisses de Frédéric Guillaume IV.

▽ Ansicht von Schloss Sacrow, begonnen 1773, 1844 durch Ludwig Persius umgestaltet

Views of Schloss Sacrow, begun 1773, redesigned in 1844 by Ludwig Persius

Vues du château de Sacrow, commencé en 1773, transformé par Ludwig Persius, en 1844.

Die knapp 70 Hektar große Pfaueninsel vor dem Glienicker Havelufer diente zunächst der Kaninchenzucht. 1685 übereignete der Große Kurfürst das Eiland dem Alchimisten Johann Kunckel, damit dieser unter Ausschluss der Öffentlichkeit mit der Herstellung von Glas experimentieren konnte. 1689 brannte das Laboratorium aus, der »Kaninchenwerder« verwilderte. Etwa 100 Jahre später begeisterte sich Friedrich Wilhelm II. für das romantische Terrain, das in der Sichtachse des Potsdamer Neuen Gartens liegt. 1794 begannen die Arbeiten an dem künstlich verfallenen turmbewehrten Schloss und der Meierei; zu Beginn des 19. Jahrhunderts folgten weitere malerische Staffagebauten. Der alternde König verbrachte hier vergnügliche Stunden mit seiner Geliebten, der Gräfin Lichtenau. Gleichzeitig besann man sich auf den alten Namen der Insel, Pfau-Werder, und siedelte die exotischen Vögel, Attribute der Göttin Juno, hier an.

The Pfaueninsel or Peacock Island, a mere 70 hectares in size, by the Glienicke bank of the Havel, was first used for breeding rabbits. In 1685 the Great Elector transferred the island to the alchemist Johann Kunckel, so that he could conduct experiments in glass production away from public view. In 1689 the laboratory burnt down, and the "Rabbit Ait" became overgrown. Some 100 years later, Frederick William II developed an enthusiasm for this romantic terrain, which lies in the line of vision of the Neuer Garten at Potsdam. In 1794, work began on the artificial ruin of the castle, defended by a tower, and the dairy; further picturesque decorative buildings followed in the early 19th century. Here the aging King passed pleasant hours with his mistress, Countess Lichtenau. At the same time, in memory of the old name of the island, Peacock Ait, it was colonized with these exotic birds, attributes of the goddess Juno.

Dans un premier temps, les 70 hectares de l'île aux Paons furent consacrés à l'élevage des lapins. En 1865, le prince électeur la transmit à l'alchimiste Johann Kunckel, afin qu'il puisse y mener ses expériences de fabrication du verre à l'abri des curieux. Le laboratoire brûla en 1689 et l'« élevage de lapins » fut laissé à l'abandon. Quelque cent ans plus tard, Frédéric Guillaume II s'éprit de ce domaine romantique, situé dans l'axe de perspective du Nouveau Jardin de Potsdam. Les travaux sur la tour artificiellement en ruines du château et de la laiterie commencèrent en 1794, et d'autres édifices factices pittoresques furent également érigés au début du XIXᵉ siècle. Le roi y passa sur ses vieux jours d'agréables moments avec sa bien-aimée, la comtesse de Lichtenau. L'île fut alors de nouveaux consacrée à l'activité dont elle tirait son nom et on réintroduisit sur l'île ces oiseaux exotiques si chers à Junon.

Berlin, Pfaueninsel, Schloss auf der Pfaueninsel nach Entwürfen von Johann George Brendel, 1794–97

Berlin, Pfaueninsel, castle to designs by Johann George Brendel, 1794–97

Berlin, l'île aux Paons, château d'après des plans de Johann George Brendel, 1794-1797.

△ Berlin, Schloss auf der Pfaueninsel,
1794 – 97, Wohnzimmer

Berlin, castle on the Pfaueninsel,
1794 – 97, living room

Berlin, château sur l'île aux Paons,
1794-1797, appartement.

△△ △ Teezimmer mit Spiegelbekrönung und
Gipsreliefs von Johann Peter Egtler

Tea Room with mirror framework and plaster
reliefs by Johann Peter Egtler

Salle de thé, avec couronnement de miroirs
et reliefs de plâtre de Johann Peter Egtler.

Innenräume | Interior Rooms | Les espaces intérieurs

Hinter der mit Holz verkleideten Schlossfassade – die aufgemalten Fugen suggerieren freilich Mauerwerk – verbergen sich neun repräsentative Räume, deren Einrichtung von der Gräfin Lichtenau arrangiert wurde. Sie sind im Wesentlichen unverändert erhalten geblieben. Kostbare Papiertapeten verkleiden die Wände, Möbel, Gemälde und Skulpturen zeugen vom eklektischen Geschmack der Bewohner. Im Teezimmer sind antikisierende Gipsreliefs von Johann Peter Egtler angebracht, den klassizistischen Festsaal schmücken Kopien römischer Barockgemälde.

Behind the wood-clad palace façade, which is, however, painted with joints to suggest brickwork, nine imposing rooms are hidden, whose decoration was planned by Countess Lichtenau. They have been preserved in an essentially unaltered condition. The walls are decked out with sumptuous wallpaper, and furniture, paintings, and sculptures bear witness to the eclectic taste of the occupants. Plaster reliefs in antique style by Johann Peter Egtler adorn the Tea Room, and copies of Roman Baroque paintings hang in the Neoclassical ceremonial hall.

Derrière l'habillage de bois de la façade du château – dont les joints peints suggèrent un mur de pierre – se trouvent neuf pièces de prestige qui furent aménagées par la comtesse de Lichtenau. Elles sont en grande partie restées en l'état. Les murs sont recouverts de tapisseries précieuses, et les meubles, tableaux et sculptures témoignent du goût éclectique des habitants. Des reliefs de plâtre de Johann Peter Egtler sont exposés dans le salon de thé, et la salle de réception de style classique est ornée de copies de tableaux baroques romains.

Berlin, Schloss auf der Pfaueninsel,
Festsaal

Berlin, castle on the Pfaueninsel,
ceremonial hall

Berlin, château sur l'île aux Paons,
salle de réception.

Eine Wendeltreppe mit 118 Stufen führt in das Obergeschoss, die Ausmalung des Treppenhauses besorgte Carl Wilhelm Rosenberg »in rustiker Manier«. Exotisch-exquisit gibt sich dagegen das so genannte Otaheitische Kabinett im Nordturm: Hier verschmelzen Naturromantik und Südseeträume, denn in dem als Bambushütte aufgefassten Rundzimmer wechseln reale Ausblicke und fiktive, tropisch verfremdete Havellandschaften. Peter Ludwig Lütke, ein Schüler des Landschaftsmalers Jakob Philipp Hackert, schuf die zauberhaften Szenerien.

A spiral staircase with 118 steps leads to the upper floor. The painting of the staircase was executed by Carl Wilhelm Rosenberg "in a rustic manner." In contrast, an exotically exquisite impression is conveyed by the so-called "Otaheitian Cabinet" in the North Tower. Here the romantic ideals of nature and dreams of the South Seas merge, for in this circular room, conceived as a bamboo hut, realistic views alternate with fictive, tropically outlandish Havel landscapes. Peter Ludwig Lütke, a pupil of the landscape painter Jakob Philipp Hackert, created the magical scenery.

Un escalier en colimaçon de 118 marches permet d'accéder à l'étage supérieur. Les peintures « rustiques » de l'escalier sont une œuvre de Carl Wilhelm Rosenberg. Le cabinet dit « Otaheite », dans la tour nord, est en revanche d'un exotisme raffiné. Le romantisme de la nature s'y confond avec les rêves de mers tropicales, car les paysages fictifs de la Havel sur un mode tropical y alternent avec les vues réelles. Ces mises en scène fantastiques sont l'œuvre de Peter Ludwig Lütke, un élève du peintre paysager Jakob Philipp Hackert.

Jahrhundertealter Baumbestand prägt weite Teile der Pfaueninsel. Die Umgestaltung des Eilands zum Landschaftspark erfolgte ab 1821 durch Peter Joseph Lenné. Gleichzeitig ließ Friedrich Wilhelm III. nach Pariser Vorbild Menagerien bauen, in denen exotische Tiere, darunter fremdartige Vögel, Bären, Löwen und Kängurus gezüchtet wurden.

A stock of centuries-old trees characterizes wide expanses of the Pfaueninsel. The transformation of the island into a landscape garden was carried out from 1821 by Peter Joseph Lenné. At the same time, Frederick William III had menageries built to a Parisian model, where exotic creatures were bred, including strange birds, bears, lions, and kangaroos.

L'île aux Paons arbore sur de vastes parties des essences séculaires. En 1821, Peter Joseph Lenné fut chargé de transformer l'île en un vaste parc paysager. Frédéric Guillaume III fit simultanément construire sur le modèle parisien des ménageries dans lesquelles furent élevés des animaux exotiques, dont des oiseaux inconnus, des ours, des lions et des kangourous.

Berlin, Pfaueninsel, Ansichten des Landschaftsparks mit Meierei (unten links) und Kavalierhaus (rechts)

Berlin, Pfaueninsel, views of the landscape garden with dairy (below left) and Kavalierhaus (right)

Berlin, l'île aux Paons, le parc paysager avec la laiterie (en bas à gauche) et la maison des Cavaliers (à droite).

Schloss Caputh | Schloss Caputh | Le château de Caputh

Caputh, etwa sieben Kilometer südwestlich von Potsdam am
Havelufer gelegen, diente bereits im 16. Jahrhundert als fürstliche Sommerresidenz. Ein erster frühbarocker Schlossbau
wurde im 30-jährigen Krieg zerstört, 1662 ließ Philipp de
Chièze, der Kammerherr des Großen Kurfürsten, die Ruine
wiederaufbauen. Das neunachsige Corps de Logis wurde
1673 um quadratische Eckpavillons und die ausladende Freitreppe zum Park erweitert. Zu diesem Zeitpunkt stand Caputh unter der Oberhoheit der zweiten Gattin des Großen
Kurfürsten, Dorothea, die auch für die luxuriöse Innenausstattung verantwortlich zeichnete. Ab 1687 erfolgten weitere
Um- und Ausbauten des Schlosses, sie gipfelten 1720 in der
Einrichtung des mit Delfter Fliesen verkleideten Sommerspeisesaals im Souterrain. Friedrich II. zeigte wenig Interesse an
Caputh, so dass das Gut zwischenzeitlich als Fabrik und
Baumschule genutzt wurde.

Caputh, some seven kilometers southwest of Potsdam on the
banks of the Havel, already served as a princely summer
residence as early as the 16th century. A first early Baroque
palace building was destroyed in the Thirty Years War. In
1662 Philipp de Chièze, the Great Elector's chamberlain, had
the ruin rebuilt. The nine-axis corps de logis was extended in
1673 to include square corner pavilions and the projecting
flight of stairs to the park. At this time, Caputh was under the
authority of the Great Elector's second wife, Dorothea, who
was also responsible for the luxurious interior decoration.
Further rebuilding and extension of the palace followed from
1687, culminating in 1720 in the building of the summer
dining room in the basement, with its cladding of Delft tiles.
Frederick II showed little interest in Caputh, so that the
property was intermittently used as a factory and a tree
nursery.

Caputh, à quelque sept kilomètres au sud-ouest de Potsdam
sur les rives de la Havel, était déjà au XVIe siècle la résidence
d'été des princes. Le château baroque initial ayant été détruit
pendant la guerre de Cent Ans, Philippe de Chièze, le
chambellan du prince électeur, fit reconstruire la ruine, en
1662. Au corps de logis à neuf axes vinrent s'ajouter, en 1763,
les pavillons d'angle carrés ainsi que le vaste escalier donnant
accès au parc. À cette époque, Caputh était sous la
souveraineté de la seconde épouse du prince électeur,
Dorothée, qui assuma la responsabilité de son aménagement
intérieur luxueux. Le château subit des transformations et des
réaménagements à partir de 1687, avec un apogée, en 1720,
lors de la construction de la salle à manger souterraine
habillée de carreaux de Delft. Frédéric II ne faisait que peu
de cas de Caputh qui fut utilisé parfois comme usine, parfois
comme pépinière.

Schloss Caputh, begonnen 1662,
Außenansicht des Ehrenhofes

Schloss Caputh, begun 1662, exterior
view of the main courtyard

Château de Caputh, commencé
en 1662, la cour d'honneur.

Da der Grundwasserspiegel der brandenburgischen Fluss-
und Seenlandschaft diverse Rücksichten erforderte, entschied
man sich, das Erdgeschoss des Schlosses als Souterrain- bzw.
Kellergeschoss zu behandeln. Dies hatte zur Folge, dass der
repräsentative Zugang im Obergeschoss eingerichtet wurde.
So ist das Obere Vestibül prachtvoll mit vergoldeten Stuckatu-
ren und einem Deckenbild (Drei Genien mit Kurhut, 1910
erneuert) geschmückt. Die Büsten des Großen Kurfürsten und
seiner zweiten Gemahlin Dorothea begrüßen die Gäste.

Since the ground-water table of the Brandenburg landscape
of rivers and lakes demanded various considerations, it was
decided to treat the ground floor of the palace as a basement
or cellar. This meant that the imposing entrance was situated
on the upper floor. Thus the Upper Vestibule is magnificently
decorated with gilded stucco and a ceiling painting (*Three
Genii with Electoral Crown,* restored in 1910). The busts of the
Great Elector and his second wife Dorothea greet the guests.

Le niveau de la nappe phréatique de cette contrée du
Brandebourg riche en cours d'eau et en lacs imposait
quelques précautions et on décida d'utiliser le rez-de-chaussée
comme cave et souterrain. Les personnages de haut rang
accédèrent alors au château par l'étage supérieur, et le
Vestibule Supérieur fut orné de stucs dorés et d'une peinture
de plafond (*Trois génies avec des coiffes électorales,* restaurée en
1910). Les hôtes sont accueillis par les bustes du prince
électeur et de sa seconde épouse, Dorothée.

▽ ▷ Schloss Caputh, begonnen 1662,
Gartenfassade mit Freitreppe (1673) und
Oberes Vestibül

Schloss Caputh, begun 1662, garden façade
with flight of stairs (1673) and Upper
Vestibule

Château de Caputh, commencé en 1662,
façade sur le jardin avec les escaliers (1673)
et le Vestibule Supérieur.

Festsaal | Ceremonial Hall | Salle de réception

Festsaal | Ceremonial Hall | Salle de réception

Mit seiner kostbaren Innenausstattung gehört Schloss Caputh zu den wichtigsten Zeugnissen höfischer Kultur in Brandenburg und Preußen. Ein Großteil der kunstvollen Leder- und Stofftapeten, Deckendekorationen, Möbel aus Lack oder Edelhölzern und der Gemälde und Skulpturen ist original erhalten.

With its costly interior decoration, Schloss Caputh is among the most important examples of courtly culture in Brandenburg and Prussia. A major part of the ornate leather and fabric wall coverings, ceiling decorations, furniture in lacquer or precious woods, and of the paintings and sculptures is preserved in its original condition.

Avec ses aménagements intérieurs prestigieux, le château de Caputh compte parmi les témoins importants de la culture de cour au Brandebourg et en Prusse. Une grande partie des précieux accessoires, les tapisseries de cuir ou d'étoffe, les décorations de plafond et les meubles peints ou en bois précieux, ainsi que les tableaux et les sculptures sont des originaux.

◁ △ ▷ Schloss Caputh, begonnen 1662, Festsaal (um 1671), Tischchen (Guéridon) mit nacktem Putto, um 1700, Figurengruppe mit dem Raub der Proserpina, Bartholomeus Eggers, um 1680

Schloss Caputh, begun in 1662, Ceremonial Hall (c. 1671), small table (guéridon) with nude putto, c. 1700, sculptural group showing the *Rape of Proserpina,* Bartholomeus Eggers, c. 1680

Château de Caputh, commencé en 1662, salle de réception (vers 1671), guéridon avec putto nu, vers 1700, groupe de personnages avec l'enlèvement de Proserpine, Bartholomeus Eggers, vers 1680.

Schloss Caputh, begonnen 1662,
Vorgemach des Kurfürsten, Innenansicht
mit den Bildnissen römischer Kaiser,
gefertigt 1616–25; Deckenbild mit der
Apotheose des Kurfürstenpaares, Samuel
Theodor Gericke, 1687

Schloss Caputh, begun 1662, Elector's
anteroom, interior view with portraits of
Roman emperors, completed 1616–25;
ceiling painting with the apotheosis of the
princely couple, Samuel Theodor Gericke,
1687

Château de Caputh, commencé en 1662,
antichambre du prince électeur, vue de
l'intérieur avec des portraits d'empereurs
romains, achevée entre 1616 et 1625 ;
peinture de plafond avec l'apothéose du
couple princier, Samuel Theodor Gericke,
1687.

△ △ Schloss Caputh, begonnen 1662,
Bodenvase aus Japan, Imari, Ende 17.
Jh.; holländischer Tisch mit chinesischen
und japanischen Porzellanen

Schloss Caputh, begun in 1662,
floor vase from Japan, Imari, late 17th
century; Dutch table with Chinese and
Japanese porcelain

Château de Caputh, commencé en
1662, grand vase du Japon, Imari, fin
du XVIIe siècle ; table hollandaise avec
des porcelaines chinoises et japonaises.

Porzellansammlung | Porcelain Collection | Collection de porcelaine

Wie ihre Vorgängerin Louise Henriette von Oranien, die erste Gemahlin des Großen Kurfürsten, liebte auch Dorothea
das Porzellan. Nach dem unmittelbaren Vorbild von Schloss
Oranienburg nördlich von Berlin ließ sie nach 1671 im westlichen Pavillon ein Porzellankabinett einrichten, das wertvolle
Stücke ihrer Sammlung aufnahm, darunter japanische und
chinesische Vasen und Teller der Ming-Dynastie. Auch die
Deckengemälde nehmen Bezug auf die kostbaren Exponate:
In den Eckzwickeln erscheinen, illusionistisch angelegt, riesi-
ge gemalte Fayencevasen.

Like her predecessor Louise Henriette of Orange, the first
wife of the Great Elector, Dorothea loved porcelain. After
1671, directly on the model of Oranienburg Palace, north of
Berlin, she had a porcelain cabinet installed in the west
pavilion to house valuable pieces from her collection,
including Japanese and Chinese vases and Ming Dynasty
plates. The ceiling paintings too make reference to the
precious exhibits; in the corner pendentives, illusionistically
presented, are paintings of gigantic faience vases.

À l'instar de la première épouse du prince électeur, Louise
Henriette d'Oran, Dorothée adorait la porcelaine. En 1761,
elle fit aménager dans le pavillon ouest un cabinet de
porcelaine directement inspiré du château d'Oranienburg, au
nord de Berlin. Elle y réunit les coûteuses pièces de sa
collection, dont des vases et des assiettes de la dynastie des
Ming. La peinture de plafond fait également référence à ces
pièces précieuses : les écoinçons d'angle sont ornés
d'immenses peintures en trompe-l'œil de vases de faïence.

Porzellankammer (nach 1671),
Deckenmalerei mit illusionistischen
Fayencevasen

Porcelain Chamber (after 1671),
ceiling painting with illusionistic
faience vases

La chambre des porcelaines
(après 1671), peinture de plafond avec
des vases de faïence en trompe-l'œil.

Schloss Caputh, Fliesensaal, umgestaltet 1710/20

Schloss Caputh, Tile Room, redesigned 1710/20

Château de Caputh, salle des carreaux, réaménagée entre 1710 et 1720.

Fliesensaal | Tile Room | Salle des carrelages

Etwa 7500 blau-weiße Delfter Fliesen schmücken den Sommerspeisesaal von Schloss Caputh; sie zeigen Landschaften, Tiere und erheiternde Alltagsszenen. Neben dem Fliesensaal von Schloss Oranienbaum bei Wörlitz ist dies das einzige erhaltene Beispiel der einst überaus beliebten Raumdekoration.

Some 7500 blue-and-white Delftware tiles adorn the summer dining room at Schloss Caputh; they depict landscapes, animals, and cheerful everyday scenes. Apart from the Tile Hall at Schloss Oranienbaum near Wörlitz, this is the only example to be preserved of a once extremely popular form of room decoration.

Quelque 7 500 carreaux de Deft bleu et blanc ornent la salle à manger d'été du château de Caputh. Ils représentent des paysages, des animaux et des scènes réjouissantes du quotidien. C'est, avec la salle des carrelages du château d'Oranienburg, le seul exemple encore visible de ce type de décoration de pièce alors extrêmement appréciée.

Das nordwestlich von Potsdam gelegene Landgut Paretz ge-
langte 1797 in den Besitz des Kronprinzen Friedrich Wilhelm
III., der noch im selben Jahr den Ausbau des Ortes zur Sommerresidenz beschloss. David Gilly, Vater des berühmteren
Friedrich Gilly, übernahm die Planung und schuf damit ein
Hauptwerk des preußischen Frühklassizismus. Gilly entwarf
nicht nur das Schloss im schlichten, aber noblen Stil märkischer Gutshäuser, sondern das gesamte Ensemble einschließ-
lich Schlosspark, Gehöften, Torhäusern und landwirtschaftli-
chen Musterbetrieben. Die mittelalterliche Kirche gestaltete
er neugotisch um.
In diesem idyllischen, in bezwingender Einheitlichkeit reali-
sierten Ambiente verbrachte das Kronprinzen- und spätere
Königspaar zwischen 1797 und 1805 regelmäßig den Spät-
sommer, ein Brauch, den der König auch nach dem Tod seiner Gemahlin Luise 1810 beibehielt.

In 1797, the estate of Paretz, lying northwest of Potsdam,
came into the possession of Crown Prince Frederick William
III, who decided in the same year to develop it as a summer
residence. David Gilly, father of the more famous Friedrich
Gilly, took over the planning, creating a major work of
Prussian early Neoclassicism. Gilly's design, in the
unpretentious but distinctive style of Brandenburg manor
houses, embraced not only the palace but the entire complex,
including the palace park, farmsteads, gatehouses, and
agricultural model plants. He redesigned the medieval
church in Neo-Gothic style.
In these idyllic surroundings, realized in a compelling
uniformity, the Crown Prince, later to be King, and his
consort Luise regularly spent the late summers between 1797
and 1805, a custom that the King kept up even after the
death of Luise in 1810.

Le domaine de Paretz, au nord-ouest de Potsdam, devint en
1797 la propriété du prince héritier Frédéric Guillaume III qui
le fit aussitôt aménager en résidence d'été. Les plans en furent
confiés à David Gilly, le père du célèbre Friedrich Gilly, qui
créa ainsi une œuvre majeure des débuts du classicisme
prussien. Gilly ne conçut pas uniquement le château dans le
style sobre mais noble des maisons du Brandebourg, il créa
l'intégralité du domaine, y compris le parc du château, les
fermes, les pavillons des portes et les exploitations agricoles
modèles. Il réaménagea en néogothique l'église médiévale.
C'est dans ce cadre idyllique, à l'harmonie extrêmement
poussée, que le couple princier et futur couple royal passa
régulièrement ses fins d'été entre 1797 et 1805, une coutume
que le roi conserva, également après la mort de son épouse,
Luise, en 1810.

Schloss Paretz, David Gilly, begonnen
1797

Schloss Paretz, David Gilly, begun
in 1797

Château de Paretz, David Gilly,
commencé en 1797.

Innenräume | Interior Rooms | Les espaces intérieurs

Bis 1945 konnte Schloss Paretz seine exquisite Innenausstattung aus dem frühen 19. Jahrhundert bewahren – danach teilte das Haus das Schicksal vieler Feudalbauten, wurde geplündert und zweckentfremdet. Zum Glück konnten die einzigartigen Paretzer Papiertapeten geborgen werden. Nach der Wiedervereinigung wurde das Schloss in seinen ursprünglichen Zustand zurückrestauriert und historisch möbliert; die wundervollen handbemalten oder bedruckten Tapeten verstrahlen idyllischen Charme und exotischen Reiz.

Schloss Paretz was able to retain its exquisite early-19th-century interior decoration up to 1945—after that year, the house shared the fate of many feudal buildings, was plundered and alienated from its original purpose. Fortunately, the unique Paretz wall coverings were preserved. After reunification, the palace was restored to its original state and furnished in historical style; the wonderful handpainted or printed wallpapers and tapestries radiate idyllic charm and exotic allure.

Le château de Paretz parvint à conserver son magnifique aménagement du début du XIXe siècle jusqu'en 1945 – la maison connut alors le sort d'un grand nombre d'édifices féodaux, elle fut pillée et détournée de son usage. Par chance, les tapisseries de papier de Paretz, uniques en leur genre, furent préservées. Après la réunification, le château fut restauré dans son état original, avec le mobilier historique. Les magnifiques tapisseries peintes ou imprimées rayonnent de leur charme idyllique et de leur attrait exotique.

▽ Schloss Paretz, begonnen 1797,
Wohnzimmer der Königin Luise von Preußen

Schloss Paretz, begun in 1797, living room of
Queen Luise of Prussia

Château de Paretz, commencé en 1797, salle
de séjour de la reine Louise de Prusse.

△ Schloss Paretz, David Gilly, Kleiner Saal (Gartensaal)

Schloss Paretz, David Gilly, Small Hall (Garden Hall)

Château de Paretz, David Gilly, Petite Salle (salle du jardin).

◁ Schloss Paretz, Gesellschaftssaal

Schloss Paretz, Salon

Château de Paretz, salle de rencontre.

◁◁ Schloss Paretz, Vestibül

Schloss Paretz, Vestibule

Château de Paretz, vestibule.

△ Schloss Paretz, begonnen 1797, Tapete
mit exotischem Vogel im Gesellschaftssaal

Schloss Paretz, begun in 1797, wall
coverings with exotic birds in the Salon

Château de Paretz, commencé en 1797,
tapisserie avec des oiseaux exotiques dans
la salle de rencontre.

▷ Schloss Paretz, Tapeten mit Früchten,
Blumen und Gesträuchen im Gartensaal

Schloss Paretz, wall coverings with fruit,
flowers, and shrubs in the Garden Hall

Château de Paretz, tapisserie avec des
fleurs, des fruits et des buissons dans
la salle du jardin.

Von der Garnison zur Kulturstadt

Die Stadt Potsdam

From Garrison to City of Culture

The City of Potsdam

De ville de garnison à ville de culture

La ville de Potsdam

Das Gelände nördlich des Havelübergangs, den heute die Lange Brücke überspannt, besaß bereits im Mittelalter strategische Bedeutung. Hier erhob sich eine Burg, die gegen Ende des 16. Jahrhunderts schlossartig erweitert wurde.

Als der Große Kurfürst Potsdam zur zweiten Residenz bestimmte, entschloss man sich 1662 zum Bau einer repräsentativen Vierflügelanlage nach holländischen Vorbildern; die Pläne dafür lieferten Jacob van Campen und Johann Gregor Memhardt. 1701, anlässlich der Krönung Friedrichs I., errichtete Jean de Bodt das Fortunaportal mit der Glücksgöttin auf der Kuppelspitze.

Dieses frühbarocke Schloss ließ Friedrich II. ab 1744 durch Georg Wenzelaus von Knobelsdorff grundlegend umgestalten. Lediglich das Fortunaportal wurde in den nunmehr reich instrumentierten und farbig geschmückten Außenbau integriert. Auch das Innere erhielt mit dem Treppenhaus, dem Großen Marmorsaal, dem königlichen Appartement und den Gästezimmern eine würdevolle Ausgestaltung. Johann August Nahl d. Ä. sorgte für den üppigen Raumdekor im Stil des friderizianischen Rokoko.

1945 war das Potsdamer Stadtschloss Ziel schwerer Luftangriffe; die Innenausstattung ging dabei unwiederbringlich verloren. Die von Bränden zwar beschädigten, aber wiederaufbaufähigen Außenmauern wurden 1959/60 auf Beschluss des ZK der SED gesprengt und abgetragen.

As early as the Middle Ages, the area north of the Havel crossing, today spanned by the Lange Brücke (Long Bridge), had strategic significance. A fortress arose here which was expanded into a palace toward the end of the 16th century.

When the Great Elector decided on Potsdam as his second residence, the decision was made in 1662 to build an imposing four-wing complex based on Dutch models; the plans were supplied by Jacob van Campen and Johann Gregor Memhardt. In 1701, on the occasion of the coronation of Frederick I, Jean de Bodt built the Fortuna Gate with the goddess of fortune on top of the dome.

From 1744, Frederick II had this early Baroque palace radically redesigned by Georg Wenzeslaus von Knobelsdorff. Only the Fortuna Gate was incorporated into the exterior structure, which was now richly orchestrated and colorfully decorated. The interior too was redesigned in dignified style with its staircase, Great Marble Hall, royal apartment, and guestrooms. Johann August Nahl the Elder supplied the lavish interior decoration in the Frederician Rococo style.

In 1945 the Potsdam Stadtschloss was the object of severe air raids, as a result of which the interior decoration was irretrievably lost. The outer walls, which were damaged by fire but could have been reconstructed, were blown up and removed in 1959/60 on the orders of the central committee of the SED (Socialist Unity Party of Germany).

Le site au nord du passage de la Havel, aujourd'hui surplombé par un grand pont, possédait dès le Moyen Âge une importance stratégique. Le château qui s'y dressait fut agrandi à la fin du XVIᵉ siècle sous la forme d'un château-fort. En 1662, lorsque le Grand Électeur fit de Potsdam sa seconde résidence, on décida d'y construire un édifice prestigieux à quatre ailes selon le modèle hollandais. Jacob von Campen et Johann Gregor Memhardt en dessinèrent les plans. En 1701, à l'occasion du couronnement de Frédéric Iᵉʳ, Jean de Bost érigea la porte Fortuna, avec la déesse de la chance au sommet de sa coupole.

Frédéric II fit transformer en profondeur ce château construit dans le style des débuts du baroque, à partir de 1744, par Georg Wenzelaus von Knobelsdorff. Seule la porte Fortuna fut intégrée dans l'architecture extérieure désormais richement instrumentée et dotée d'ornements de couleurs. Avec son escalier, sa Grande Salle de Marbre, ses appartements royaux et ses chambres pour les hôtes, l'intérieur fut également agencé avec faste. Le décor exubérant des pièces dans le style du rococo frédéricien est une œuvre de Johann August Nahl l'Ancien.

En 1945, le palais de Potsdam fut la cible d'intenses attaques aériennes et son aménagement intérieur irrémédiablement détruit. Les murs extérieurs, certes endommagés par les incendies, mais cependant susceptibles d'être reconstruits, furent dynamités et leurs débris évacués, en 1959 et 1960, à l'initiative du Comité central du Parti socialiste unifié d'Allemagne.

◁ Johann Friedrich Meyer, Der Alte Markt mit dem Obelisken und dem Stadtschloss, 1772

Johann Friedrich Meyer, The Alter Markt with obelisks and the Stadtschloss, 1772

Johann Friedrich Meyer, ancien marché avec l'obélisque et le palais de la ville, 1772.

▽ Johann Friedrich Meyer, Das Stadtschloss von der Gartenseite, 1773

Johann Friedrich Meyer, The Stadtschloss from the garden side, 1773

Johann Friedrich Meyer, palais de la ville, vue du jardin, 1773.

Am 20. Mai 2005 fiel, nach jahrelangen kontroversen Debatten, der Entschluss zum Wiederaufbau des Stadtschlosses als Sitz des brandenburgischen Landtags. Bereits drei Jahre zuvor war in privater, höchst zeichenhafter Initiative das Fortunaportal rekonstruiert worden. Bei der Gesamtanlage entschied man sich allerdings gegen eine vollständige Rekonstruktion: Lediglich die Fassaden werden mit Fragmenten der Originalsubstanz wiedererrichtet. Der Dresdner Architekt Peter Kulka wird das Innere modern und funktional gestalten.

After years of divisive debate, the decision was taken on May 20, 2005, to rebuild the Stadtschloss as the seat of the Brandenburg Landtag (legislative assembly). Three years earlier, the Fortuna Gate had already been reconstructed as the result of a private, highly symbolic initiative. With the complex as a whole, however, the decision was not in favor of a total reconstruction. Only the façades were constructed anew with fragments of the original fabric. The Dresden architect Peter Kulka is to design the interior in a modern and functional manner.

Le 20 mai 2005, à l'issu de débats aussi interminables que controversés, on prit la décision de reconstruire le palais et d'y installer le siège du parlement du Brandebourg. Trois années auparavant, une initiative privée on ne peut plus symbolique avait conduit à la reconstruction de la porte Fortuna. On opta toutefois pour une reconstruction partielle de l'ensemble du site : seules les façades seront de nouveau érigées avec des fragments de la substance originale. Peter Kulka, un architecte de Dresde, aménagera l'intérieur d'après des critères modernes et fonctionnels.

◁ Luftbild vom 21. 12. 2012 mit Blick
auf den Neubau des Schlosses, den Alten
Markt und die Nikolaikirche. Im
Hintergrund St. Peter und Paul.

Aerial image of December 21, 2012, with
view of the new building of the
Stadtschloss, the Alter Markt, and the
Nikolaikirche. In the background, church
of St. Peter and St. Paul

Vue aérienne du 21 décembre 2012 sur
les nouveaux bâtiments du palais, le vieux
marché et l'église Saint-Nicolas. En
arrière-plan, l'église Saints-Pierre-et-Paul.

△ Stadtschloss/Landtag, Detail der
Fassadenrekonstruktion

Stadtschloss/Landtag, detail of the
reconstructed façade

Palais de Ville/parlement du Land,
détail de la reconstruction de façade.

Altes Rathaus | Altes Rathaus (Old City Hall) | L'ancienne mairie

Am Alten Markt verwirklichte Friedrich II. seinen Traum von einem italienischen Stadtplatz mit markanten Renaissance- und Barockfassaden. Leider zeugen nur noch der Obelisk und das (rekonstruierte) Alte Rathaus von dieser denkwürdigen Konzeption. Das alte Rathaus vereinte Ratswaage und Steuerkasse. Der Fassade mit ihrer korinthischen Kolossalordnung lag ein nicht ausgeführter Entwurf Palladios zugrunde, den der oberitalienische Architekt für den Palazzo Angarano in Vicenza gefertigt hatte. Den Bau bekrönt eine hohe Tambourkuppel mit der vergoldeten Figur des Atlas samt der Weltkugel. Der Tambour diente übrigens zeitweilig als Gefängnis.

With the Alter Markt (old market square), Frederick II realized his dream of an Italian town square with striking Renaissance and Baroque façades. Unfortunately, only the obelisk and the (reconstructed) Altes Rathaus (old city hall) still bear witness to this notable concept. The Altes Rathaus was a combination of a department of weights and measures and tax collector's office. The façade with its Corinthian colossal order was based on an unexecuted design by Palladio, which he had prepared for the Palazzo Angarano in Vicenza. The structure is crowned by a tall tambour dome with a gilded figure of Atlas supporting the globe. The tambour incidentally sometimes served as a prison.

Frédéric le Grand réalisa sur l'ancien marché son rêve d'une place italienne aux façades marquantes du Baroque et de la Renaissance. Malheureusement, seuls l'obélisque et l'ancienne mairie (reconstruite) témoignent encore de cette mémorable initiative. L'ancienne mairie abritait la balance publique et les impôts. La façade, au colossal ordre corinthien, fut construite d'après des plans que Palladio, un architecte d'Italie du Nord, avait dessinés, sans les réaliser, pour le Palazzo Angarano, à Vicence. L'édifice est couronné par une coupole à tambour surmontée de la statue dorée d'Atlas portant le globe terrestre. Le tambour fit parfois office de prison.

△ ▷ Altes Rathaus, begonnen 1750 von Johann Boumann d. Ä. und Carl Ludwig Hildebrandt; Rekonstruktion 1966 zusammen mit dem benachbarten Knobelsdorffhaus

Altes Rathaus, begun in 1750 by Johann Boumann the Elder and Carl Ludwig Hildebrandt, reconstructed in 1966 together with the nearby Knobelsdorff House

Ancienne mairie, commencée en 1750 par Johann Boumann l'Ancien et Carl Ludwig Hildebrandt ; reconstruction en 1966, avec la maison de Knobelsdorff voisine.

... VERHALTEN EINES PILOTEN DER SICH MEHR DEN LAUNEN DES WINDES ALS DEN ANGABEN DES KOMPASSES ÜBERLIEFERT
... AUCH VIEL DEM ZUFALL ZU ÜBERLASSEN.

Marstall (Filmmuseum) | Marstall (Royal Stables, now Film Museum) | Marstall (musée du cinéma)

Am nördlichen Rand des Lustgartens erhebt sich der lang gestreckte Barockbau des heutigen Filmmuseums. Er erfuhr zahlreiche Umwidmungen: Der Große Kurfürst hatte das Gebäude 1685 als Orangerie durch Johann Arnold Nering errichten lassen; knapp 30 Jahre später nutzte es der praktisch veranlagte Friedrich Wilhelm I. als Pferdestall und Remise. 1746 erfolgte der Umbau durch Knobelsdorff, der die Front um ein Drittel verlängern und mit Risaliten beleben ließ. Aus der Zeit Friedrichs II. stammen auch die bewegten Reiterskulpturen über der Attika, sie sind Werk des Bildhauers Friedrich Christian Glume.

At the northern edge of the Pleasure Garden rises an elongated Baroque structure, today's Film Museum, which has experienced a number of rededications. The Great Elector had it built in 1685 as an orangery by Johann Arnold Nering; barely 30 years later the practical-minded Frederick William I used it as a stables and carriage house. In 1746 it was rebuilt by Knobelsdorff, who had the façade lengthened by a third and enlivened with risalits. The lively equestrian sculptures above the attic story also date from the time of Frederick II; they are the work of the sculptor Friedrich Christian Glume.

À l'extrémité nord du jardin d'agrément, s'étire l'édifice baroque abritant l'actuel musée du cinéma. Il connut maintes utilisations : le prince électeur avait fait ériger le bâtiment, en 1685, par Johann Arnold Nering, pour en faire une orangerie, mais, à peine trente ans plus tard, le roi soldat doté d'un solide sens pratique le transforma en écuries et en remises. En 1746, Knobelsdorff fit rallonger d'un tiers la façade qu'il agrémenta de ressauts. Les sculptures équestres au-dessus de l'attique proviennent de l'époque de Frédéric le Grand et furent réalisées par le sculpteur Friedrich Christian Glume.

Marstall, heute Filmmuseum, begonnen 1685 durch Johann Arnold Nering, Umbau durch Georg Wenzeslaus von Knobelsdorff u. a. 1746–48

Royal Stables, today Film Museum, begun in 1685 by Johann Arnold Nering, rebuilt by Georg Wenzeslaus von Knobelsdorff and others, 1746–48

Marstall, l'actuel musée du cinéma, commencé en 1685 par Johann Arnold Nering, transformation par, entre autres, Georg Wenzeslaus von Knobelsdorff, 1746-1748.

Potsdams neuzeitliche Entwicklung ist, mit etwas Gespür, noch deutlich im Stadtgrundriss zu erkennen: Um die einstige Burg, das spätere Stadtschloss, gruppiert sich der älteste repräsentative Stadtkern, dem sich jeweils nördlich 1713–24 die erste, 1733–45 die zweite barocke Stadterweiterung anschlossen. Zu Letzter gehört das Holländische Viertel, das Friedrich Wilhelm I. als moderne Planstadt anlegen ließ. Zu Zeiten Friedrichs II. entstanden Vorstädte außerhalb der Zollmauern. Im 19. Jahrhundert dehnte sich die Potsdamer Residenz mit einem Ring von Schlössern und Lustbauten weit in die umgebende Havellandschaft aus.

Die drei erhaltenen Tore, die noch heute die Innenstadt begrenzen, sind Teil der zweiten barocken Stadterweiterung. Es sind dies das Nauener Tor (siehe S. 402/403), das Jägertor und das Brandenburger Tor. An ein viertes, das Neustädter Tor, erinnert immerhin noch ein Obelisk. Während Jägertor und Brandenburger Tor ihr barockes Äußeres gewahrt haben, wurde das Nauener Tor bereits 1755 im mittelalterlichen Stil umgebaut; es gilt als eines der frühesten Zeugnisse neugotischer Architektur in Mitteleuropa. Die Flügelbauten entstanden 1867. Das Brandenburger Tor ist das prächtigste der drei; als Monument der *via triumphalis* Friedrichs II. erhielt es üppigen Trophäenschmuck. Römische und französische Triumphbögen standen bei seiner Errichtung Pate.

With a little intuition, it is still possible to recognize Potsdam's more recent development quite clearly in the ground plan of the city. Around the former fortress, the later Stadtschloss, the oldest, impressive city core is clustered, to the north of which were added in 1713–24 the first, and in 1733–45 the second Baroque extension of the city. The latter includes the Dutch Quarter, which Frederick William I ordered to be laid out as a modern planned city. At the time of Frederick II suburbs came into existence outside the tariff walls. In the course of the 19th century, the royal residence in Potsdam extended far into the surrounding Havel landscape, with a ring of palaces and country mansions.

The three preserved gates that today still form the limits of the inner city are part of the second Baroque extension. These are the Nauener Tor (see page 402/403), the Jägertor, and the Brandenburger Tor. An obelisk is all that is left of a fourth gate, the Neustädter Tor. While the Jägertor and Brandenburger Tor have retained their Baroque exteriors, the Nauener Tor was rebuilt in as early as 1755 in medieval style; it is considered one of the earliest examples of Neo-Gothic architecture in central Europe. The winged structures were built in 1867. The Brandenburger Tor is the most splendid of the three: as a monumental part of Frederick II's *via triumphalis,* and being inspired by Roman and French triumphal arches, it was lavishly decorated with trophies.

Avec un peu d'intuition, on peut aisément détecter l'évolution moderne de Potsdam dans le plan de base de la ville : le cœur ancien et prestigieux de la vieille ville, auquel vint se greffer au nord, entre 1713 et 1724, le premier agrandissement baroque, puis entre 1733 et 1745, le second agrandissement baroque de la ville, cerne l'ancien château fort, le futur château de la ville. Ce dernier agrandissement comprend le Quartier Hollandais que Frédéric Guillaume Ier fit aménager pour moderniser la ville. Des faubourgs apparurent en dehors des murs d'enceinte sous Frédéric le Grand. Au XIXe siècle, la résidence de Potsdam s'étendit jusque loin dans la campagne de la Havel, avec une couronne de palais et de bâtiments d'agrément.

Les trois portes qui, aujourd'hui encore, délimitent le centre-ville datent de ce deuxième agrandissement. Ce sont la Nauener Tor (*voir* pages 402-403), la Jägertor et la Brandenburger Tor. Un obélisque évoque encore une quatrième porte, la Neutstädter Tor. Alors que la Jägertor et la Brandenburger Tor ont conservé leur esthétique baroque, la Nauener Tor fut transformée dès 1755 en style médiéval. Elle est considérée comme l'un des témoins les plus anciens de l'architecture néogothique d'Europe centrale. Les battants datent de 1867. La Brandenburger Tor est la plus somptueuse des trois. En tant que monument de la via triumphalis elle fut ornée de magnifiques trophées. Sa conception fut inspirée par les arcs de triomphe romains et français.

◁ Jägertor, unbekannter Baumeister, 1733

Jägertor, unknown architect, 1733

Jägertor, architecte inconnu, 1733.

▽ Brandenburger Tor, Carl von Gontard, Georg Christian Unger, 1770

Brandenburger Tor, Carl von Gontard, Georg Christian Unger, 1770

Brandenburger Tor, Carl von Gontard, Georg Christian Unger, 1770.

Das Holländische Viertel sollte den unter Friedrich Wilhelm I. ins Land gerufenen niederländischen Handwerkern eine angemessene Heimstatt bieten. Regelmäßige Straßenzüge mit normierten, im Wechsel trauf- und giebelständigen Backsteinhäusern garantierten modernen Wohnkomfort und schufen ein einheitliches barockes Stadtbild nach dem Vorbild niederländischer Siedlungen. Nicht zufällig stammte einer der beiden federführenden Architekten, Johann Boumann d. Ä., aus Amsterdam. Friedrich II. ernannte ihn 1755 zum preußischen Oberbaudirektor.

The Dutch Quarter was intended to offer an appropriate home to the Dutch craftsmen summoned to Potsdam under Frederick William I. Regular residential streets with standardized brick houses, with alternating side- and street-facing gables, guaranteed modern living comfort and created a uniform Baroque cityscape on the model of Dutch settlements. It was not by chance that one of the two leading architects, Johann Boumann the Elder, came from Amsterdam. In 1755 Frederick II appointed him chief director of building for Prussia.

Le Quartier Hollandais devait proposer un gîte approprié aux artisans néerlandais invités à venir travailler à Potsdam sous Frédéric Guillaume Ier. Des rues régulières de maisons de brique standard avec alternativement des toits à pignons et à gouttières devaient leur garantir le confort des habitations modernes et créèrent un paysage urbain homogène et baroque inspiré des lotissements hollandais. Ce n'est d'ailleurs pas un hasard si l'un des architectes responsables du projet, Johann Boumann le Jeune, était d'Amsterdam. En 1775, Frédéric II le nomma directeur général du bâtiment en Prusse.

Holländisches Viertel, Andreas Berger, Jan Boumann d. Ä. u. a, 1737–42, Hausfassaden in der Mittelstraße

Dutch Quarter, Andreas Berger, Jan Boumann the Elder, and others, 1737–42, façades on Mittelstraße

Quartier Hollandais, entre autre d'Andreas Berger, Jan Boumann l'Ancien, 1737–1742 dans Mittelstraße.

Nikolaikirche | Nikolaikirche | L'église Saint-Nicolas

Mit der Nikolaikirche besitzt Potsdam eines der Hauptwerke klassizistischer Architektur. Der klar gegliederte Kreuzkuppelbau mit dem hoch aufragenden, von Säulen flankierten Tambour dominiert die Silhouette der Stadt.

Trotz des einheitlichen Erscheinungsbildes ist die Baugeschichte der Nikolaikirche verwirrend: Anlass für ihre Errichtung war ein Brand im Jahr 1795, der den barocken Vorgängerbau zerstörte. Nachdem verschiedene Ideen verworfen wurden – nicht zuletzt, weil Friedrich Wilhelm III. und der Kronprinz, der spätere Friedrich Wilhelm IV., immer wieder in die Planungen eingriffen –, entschied man sich 1829 für den kubischen Bau Karl Friedrich Schinkels, der allerdings zunächst nur flach gedeckt wurde. Erst ab 1843 konnten Ludwig Persius und Friedrich August Stüler die gewaltige Kuppel ausführen; neue Techniken wie das Eisenrippengewölbe der Firma Borsig ermöglichten die statische Meisterleistung. Zusätzlich wurden vier Ecktürme als Widerlager angefügt.

1945 wurde die Nikolaikirche durch Artilleriebeschuss schwer beschädigt. Der Wiederaufbau konnte 1981 abgeschlossen werden, die Inneneinrichtung wurde vereinfachend rekonstruiert.

In the Nikolaikirche (Church of St. Nicholas) Potsdam possesses one of the most important works of Neoclassical architecture. This clearly structured cross-in-square building, with its towering tambour flanked by columns, dominates the city's silhouette.

Despite its uniform appearance, the building history of the Nikolaikirche is confusing. It was built as a result of a fire in 1795, which destroyed its Baroque predecessor. After the rejection of various ideas—not least because Frederick William III and the Crown Prince, later Frederick William IV, were constantly intervening in the planning—the decision was taken in 1829 in favor of Karl Friedrich Schinkel's cubic design. This, however, at first had only a flat roof. It was only from 1843 that Ludwig Persius and Friedrich August Stüler were able to execute the mighty dome; this static tour de force was made possible by new techniques such as the Borsig company's iron-ribbed vaulting. In addition, four corner towers were attached as abutments.

In 1945, the Nikolaikirche was severely damaged by artillery shells. Reconstruction works were completed in 1981; the interior was renovated more simplistically.

Avec l'église Saint-Nicolas, Potsdam possède l'une des œuvres majeures de l'architecture classiciste. Cette construction de coupole en croix clairement structurée domine la silhouette de la ville avec son haut tambour flanqué de colonnes.

Malgré l'apparence homogène de l'église Saint-Nicolas, sa construction fut mouvementée : elle fut décidée suite à un incendie qui, en 1795, avait détruit l'édifice baroque antérieur. Plusieurs idées furent abandonnées – bien souvent parce que Frédéric Guillaume III et le prince héritier, le futur Frédéric Guillaume IV, se mêlèrent des plans – avant que l'on n'adopte l'idée de la construction cubique de Karl Friedrich Schinkel, dans un premier temps avec une couverture plate. Ce n'est qu'à partir de 1843 que Ludwig Persius et Friedrich August Stüler purent réaliser l'imposant dôme, et ce, grâce aux nouvelles techniques, comme celle du dôme métallique nervuré, de la société Borsig, qui permirent de maîtriser les problèmes de statique. Quatre tours d'angles y furent ajoutées comme butées de voûte. En 1945, des tirs d'artillerie endommagèrent gravement l'église Saint-Nicolas. Sa reconstruction ne put être achevée qu'en 1981, avec un aménagement intérieur simplifié.

◁ ▷ ▷▷ Nikolaikirche, Karl Friedrich Schinkel, Ludwig Persius und Friedrich August Stüler, 1830–37, 1843–49, Innenraum und Hauptfassade; Blick in die Kuppel

Nikolaikirche, Karl Friedrich Schinkel, Ludwig Persius, and Friedrich August Stüler, 1830–37, 1843–49, interior and main façade; view of the dome

Église Saint-Nicolas, Karl Friedrich Schinkel, Ludwig Persius et Friedrich August Stüler, 1830-1837, 1843-1849, intérieur et façade principale ; vue sous la coupole.

SELIG·SIND·DIE·DA·LEID·TRAGEN·
DEN·SIE·SOLLEN·GETRÖSTET·WERDEN·
SELIG·SIND·DIE·DA·HUNGERT·UND·
DURSTET·NACH·DER·GERECHTIGKEIT·
DEN·SIE·SOLLEN·SATT·WERDEN·
SIEHE·ICH·BIN·BEI·EUCH·ALLE
TAGE·BIS·AN·DER·WELT·ENDE·
UNSER·WANDEL·IST·IM·HIMMEL·
VON·DAÑEN·WIR·AUCH·WARTEN·DES·
HEILANDES·IESU·CHRISTI·DES·HERRN·
SELIG·SIND·DIE·BARMHERZIGEN·
DEN·SIE·WERDEN·BARMHERZICKEIT·
ERLANGEN·SELIG·SIND·DIE·
REINES·HERZENS·SIND·DEN·SIE
WERDEN·GOTT·SCHAUEN·

Der Bassinplatz stellt ein bemerkenswertes Zeugnis des Potsdamer Städtebaus dar. Das großflächige Areal diente ab 1737 der Entwässerung der am Rande des Holländischen Viertels gelegenen Feuchtwiesen. Hier befand sich ein Bassin, das mit einem ausgeklügelten Abfluss- und Kanalsystem sowie mit dem Heiligen See verbunden war.

Im 19. Jahrhundert zum städtischen Freiraum umgestaltet, flankieren diesen zwei pittoreske Kirchen: Den an das römische Pantheon erinnernden Zentralbau der Französischen Kirche entwarf Georg Wenzeslaus von Knobelsdorff im Jahr 1751, er diente den Hugenotten als Gemeinderaum. Karl Friedrich Schinkel modifizierte das Gotteshaus 1832.

Nach Plänen von Friedrich August Stüler entstand ab 1867 die katholische Kirche St. Peter und Paul, deren Äußeres Vorbilder der Romanik Oberitaliens aufnimmt. Mit dem Grundriss über griechischem Kreuz wird freilich auf die Hagia Sophia in Istanbul angespielt; auch in der überkuppelten Ostapsis dominieren byzantinische Elemente.

The Bassinplatz represents a remarkable example of urban planning in Potsdam. From 1737, this extensive space was used to drain the marshland at the edge of the Dutch Quarter. Here there was a water basin which was linked to an ingenious drainage and channel system and to the Heiliger See.

Redesigned in the 19th century as an open urban space, the square is flanked by two picturesque churches. The central building of the French Church, reminiscent of the Pantheon in Rome, was designed by Georg Wenzeslaus von Knobelsdorff in 1751, and served the Huguenots as a community hall. Karl Friedrich Schinkel modified the church in 1832.

From 1867 the Catholic church of St. Peter and St. Paul, whose exterior is modeled on the Romanesque style of Upper Italy, was built to plans by Friedrich August Stüler. Its ground plan over a Greek cross alludes to the Hagia Sophia in Istanbul, and Byzantine elements also dominate in the domed east apse.

La Bassinplatz est un remarquable témoin de l'urbanisme de Potsdam. Ce vaste site servit à partir de 1737 à l'assèchement des marécages à la périphérie du Quartier Hollandais. Le bassin qui s'y trouvait était relié à un astucieux système d'évacuation et de canaux, ainsi qu'avec le lac Sacré.

Devenu au XIXe siècle un espace libre de la ville, le site fut flanqué de deux églises pittoresques: l'édifice central de l'église Française, de 1751, qui évoque le Panthéon romain,

est une œuvre de Georg Wenzelaus von Knobelsdorff. Il fut utilisé comme maison des œuvres paroissiales par les huguenots. Karl Friedrich Schinkel modifia le temple en 1832.

L'église catholique Saint-Pierre-et-Paul, dont l'esthétique évoque l'art roman du nord de l'Italie, fut construite à partir de 1867 selon des plans de Friedrich August Stüler. Son plan de base sur une croix grecque fait naturellement référence à la Hagia Sophia d'Istanbul. Les éléments byzantins dominent également dans l'abside à l'est surmontée d'une coupole.

▷ Georg Wenzeslaus von Knobelsdorff, Französische Kirche, 1751–53, Umgestaltung 1832/33 durch Karl Friedrich Schinkel, Außenansicht und Portalskulpturen

Georg Wenzeslaus von Knobelsdorff, French Church, 1751–53, redesigned in 1832/33 by Karl Friedrich Schinkel, exterior view and portal sculptures

Georg Wenzeslaus von Knobelsdorff, église Française, 1751-1753, transformée en 1832/1833 par Karl Friedrich Schinkel, vue extérieure et sculptures du portail.

▷ ▷ Friedrich August Stüler u. a., St. Peter und Paul, 1867–70, Ansicht von Norden und Innenraum

Friedrich August Stüler and others, St. Peter and St. Paul, 1867–70, view from north and interior

Friedrich August Stüler entre autres, église Saints-Pierre-et-Paul, 1867-1870, vue du nord et intérieur.

Villen des 19. Jahrhunderts | 19th-Century Villas | Villas du XIXe siècle

Potsdam besitzt unzählige historistische Villen, die vor allem die durchgrünten Vorstädte schmücken. Viele von ihnen folgen dem Vorbild italienischer Landhäuser der Renaissance, die sich etwa ab 1830 höchster Beliebtheit unter Auftraggebern und Architekten erfreute. Die »Potsdamer Turmvilla« mit ihrem die Baugruppen beherrschenden und weithin sichtbaren Belvedere begründete dabei einen eigenen Villentypus.

Potsdam possesses countless historicist villas, which above all adorn the leafy suburbs. Most of them follow the model of Italian Renaissance country houses, which from around 1830 enjoyed huge popularity among clients and architects. The "Potsdam Tower Villa," dominating the groups of buildings with its belvedere, and visible from afar, established a villa type of its own.

Moult villas historiques enjolivent Potsdam, et notamment ses faubourgs paysagers. Beaucoup d'entre elles sont inspirées des maisons de campagne italiennes de la Renaissance particulièrement appréciées, à partir de 1830, par les architectes et leurs clients. La « Potsdamer Turmvilla », avec son haut belvédère visible de loin, fut à l'origine d'un genre de villa particulier.

◁ Villa Henckel, Eduard Titz (?), Friedrich Hitzig (?), Ernst Petzholtz, 1868–70

Villa Henckel, Eduard Titz (?), Friedrich Hitzig (?), Ernst Petzholtz, 1868–70

Villa Henckel, Eduard Titz (?), Friedrich Hitzig (?), Ernst Petzholtz, 1868–1870.

▽ Villa von Haacke, Eduard von Gebhardt, Ferdinand von Arnim, 1847–48

Villa von Haacke, Eduard von Gebhardt, Ferdinand von Arnim, 1847–48

Villa von Haacke, Eduard von Gebhardt, Ferdinand von Arnim, 1847-1848.

Glienicker Brücke und Klein-Glienicke | Glienicker Brücke and Klein-Glienicke | Le Glienicker Brücke et Klein-Glienicke

Ab dem späten 17. Jahrhundert war Potsdam über die Havel bei Glienicke hinweg mit Berlin verbunden. Zunächst ermöglichten Holzbrücken den Kutschverkehr zwischen beiden Städten, ab 1834 garantierte die Steinbrücke Karl Friedrich Schinkels die Überfahrt. Die heutige Glienicker Brücke wurde 1906/07 als Stahlträgerkonstruktion errichtet und trug einst den Namen Kaiser-Wilhelm-Brücke. In der Nachkriegszeit Grenzstation, Militärposten und Schauplatz legendärer Agentenübergaben, dient sie seit 1989 wieder ihrem historischen Zweck. Lediglich eine leichte Farbabweichung im Anstrich erinnert an die einstige Teilung.

Südwestlich der Glienicker Brücke erstreckt sich das bis heute zu Potsdam gehörende Villenviertel Klein-Glienicke, das im 19. Jahrhundert zur beliebten Sommerfrische wurde. Zwischen 1860 und 1887 erbaute hier Ferdinand von Arnim, ein Schüler Schinkels und Mitarbeiter von Ludwig Persius, zehn Häuser im »Schweizer Stil «: Sie sollten alpenländisches Flair und Naturnähe ausstrahlen.

From the late 17th century, Potsdam was linked with Berlin via a bridge crossing the Havel at Glienicke. At first, wooden bridges made carriage traffic possible between the two cities, and from 1834 Karl Friedrich Schinkel's stone bridge enabled the crossing. Today's Glienicker Brücke was built in 1906/07 as a steel girder structure and once bore the name of Kaiser-Wilhelm-Brücke. Used during the postwar period as a border station, military post, and scene of the legendary exchange of captured agents, since 1989 it once again fulfills its historic purpose. Only a slight variation in the color of its paintwork recalls the former division.

Southwest of the Glienicker Brücke lies the villa quarter of Klein-Glienicke, up to today still part of Potsdam, which became a popular summer resort in the 19th century. Here, between 1860 and 1887, Ferdinand von Arnim, a pupil of Schinkel and associate of Ludwig Persius, built ten houses in the "Swiss style," which were supposed to radiate an Alpine atmosphere and closeness to nature.

Á partir de la fin du XVIIᵉ siècle, Potsdam fut relié à Berlin par-delà la Havel, au niveau de Glienicke. Dans un premier temps, des ponts de bois permirent aux calèches de passer d'une ville à l'autre, mais, à partir de 1834, le trafic fut assuré par le pont en pierre de Karl Friedrich Schinkel. Le Glienicker Brücke, tel qu'on le connaît aujourd'hui avec sa structure de poutres métalliques, fut érigé en 1906-1907 et s'appelait à l'origine Kaiser-Wilhelm-Brücke, le pont de l'empereur Guillaume. S'il assume depuis 1989 de nouveau sa fonction historique, il fut pendant l'après-guerre simultanément poste frontière et poste militaire, et le théâtre de remises historiques d'espions. Seule une légère différence de couleur témoigne de la partition antérieure du pont.

Au sud-ouest du Glienicker Brücke s'étire le quartier des villas de Klein-Glienicke qui appartient aujourd'hui encore à Potsdam. Au XIXᵉ siècle, on venait volontiers y chercher un peu de fraîcheur pendant l'été. Entre 1860 et 1887, Ferdinand von Arnim, un élève de Schinkel et collaborateur de Ludwig Persius, construisit ici dix maisons dans le « style suisse » : elles devaient apporter une atmosphère alpine et faire rayonner la proximité avec la nature.

Wissenschaftspark »Albert Einstein« | Albert Einstein Science Park | Le parc scientifique « Albert Einstein »

Seit 1832 dient der 94 Meter hohe, südöstlich von Potsdam gelegene Telegraphenberg astrophysikalischen, meteorologischen und geodätischen Forschungen. 1992 wurden die hier versammelten historisch gewachsenen Einrichtungen unter dem Namen »Wissenschaftspark Albert Einstein« zusammengefasst. Erich Mendelsohns Einsteinturm gilt als Inkunabel der Moderne und als wichtiges Zeugnis expressionistisch-organischer Architektur. Der als astronomische Beobachtungsstation und Laboratorium errichtete Turm ist weit mehr als ein nüchterner Zweckbau: Wie von Bildhauerhand geformt erscheint der Beton seines Sockels hingegossen; der aus technischen Gründen noch in Backstein ausgeführte Turm, der das Teleskop beherbergt, gleicht einer monumentalen Skulptur.

Since 1832 the 94-meter-high Telegraphenberg, southeast of Potsdam, has been used for astrophysical, meteorological, and geodesic research. In 1992 the historically developed facilities gathered here were combined under the name of Albert Einstein Science Park. Erich Mendelsohn's Einstein Tower is considered a forerunner of Modernism and an important example of Expressionist/Organic architecture.

This tower, built as an astronomical observatory and laboratory, is much more than a mundane functional building. As though formed by a sculptor's hand, the concrete of its base appears to have been poured out. The tower, executed in brick for technical reasons, houses the telescope, and looks like a monumental sculpture.

Depuis 1832, la Telegraphenberg, une colline de 94 m de haut au sud-est de Potsdam, accueille un site de recherche d'astrophysique, de météorologie et de géodésie. En 1992, ces instituts historiques réunis ici furent assimilés sous le nom de « Parc scientifique Albert Einstein ». La tour Einstein d'Erich Mendelsohn est considérée comme un incunable du Moderne et un témoin important de l'architecture organique expressionniste. Cette tour, qui abrite une station d'observation astronomique et un laboratoire, est bien plus qu'un bâtiment utilitaire : le béton de son socle semble avoir été coulé par la main d'un sculpteur et la tour érigée en brique pour des considérations techniques – elle abrite le télescope – ressemble à une sculpture géante.

▷ Telegraphenberg, Einsteinturm, Erich Mendelsohn, 1920/21

▽ Telegraphenberg, Astrophysikalisches Observatorium, Paul Spieker u. a., begonnen 1876

Telegraphenberg, Einstein Tower, Erich Mendelsohn, 1920/21

Telegraphenberg, Astrophysical Observatory, Paul Spieker and others, begun in 1876

Telegraphenberg, Tour Einstein, Erich Mendelsohn, 1920/1921.

Telegraphenberg, Institut d'astrophysique, Paul Spieker entre autres, commencé en 1876.

Das heutige Kaufhaus Karstadt in der Brandenburger Straße wurde 1905 in den schönlinigen Formen des Jugendstils errichtet, es galt den Potsdamern als »Stadtpalais«. Bis 2005 erfolgten zahlreiche Umbauten, die Jugendstildecke der einstigen Kantine wurde in den Lichthof versetzt.

Today's Karstadt department store on Brandenburger Straße was built in 1905 in the ornamental style of Art Nouveau, and was considered by Potsdamers as a "Stadtpalais," a city mansion. It was rebuilt several times up to 2005, and the Art Nouveau ceiling of the former staff dining room was moved to the atrium.

L'actuel grand magasin Karstadt, dans la Brandenburger Strasse, connut un passé agité : fondé en 1905 par la société Paul Lindemann & Co et érigé dans le style élégant de l'Art nouveau, il était considéré par les habitants de Potsdam comme un « palais de ville ».

Kaufhaus Karstadt, Fassadendetail, Geländerdetail und Glasdecke im Lichthof (transloziert), Firma F. Schwarz, 1905–07, zahlreiche Umbauten, zuletzt 2005

Karstadt department store, detail of the façade, detail of the railing, and glass ceiling in the atrium (relocated), F. Schwarz company, 1905–07, restructured several times, most recently in 2005

Magasin Karstadt, détail de façade, détail du site et plafond de verre de la cour (transposé), société F. Schwarz, 1905-1907, nombreuses transformations, la dernière en 2005.

Villenbau im frühen 20. Jahrhundert | Early 20th-Century Villas | La construction de villas au début du XXe siècle

Die Erfolgsgeschichte des Potsdamer Villenbaus setzte sich im 20. Jahrhundert ungebrochen fort. Noch lange blieb allerdings die historisierende Turmvilla verpflichtend; moderne Gestaltungselemente drangen nur zögerlich in die Architektur ein. Und dennoch kann vor allem Babelsberg mit Werken der Protagonisten der klassischen Moderne aufwarten: Zu nennen wären u.a. die Bauten von Joseph Maria Olbrich (Entwurf Villa Sarre), Ludwig Mies van der Rohe (Haus Riehl und Villa Urbig, vgl. S. 50–51), Hermann Muthesius (Haus Gugenheim, vgl. S. 50–51), Hans Scharoun (Haus Mattern) und Egon Eiermann (Haus Matthies). In vielen der Potsdamer Werke bleiben freilich die Traditionsgebundenheit der Bauherren und auch die konservative Schulung der Architekten spürbar.

Die Entwicklung, die der Potsdamer Villenbau im frühen 20. Jahrhundert vollzog, belegen die hier gezeigten Beispiele: Noch ganz im „Florentiner Stil" aufgeführt ist die Villa Sarre von 1906. Dagegen präsentiert das 1934 fertig gestellte „Haus am Stinthorn" seine konsequent moderne Fassade und seine funktionale Raumaufteilung.

The success story of villa building in Potsdam continued uninterruptedly into the 20th century. For a long time, however, the historicist tower villa remained mandatory; modern design elements were only hesitantly introduced into the architecture. And yet, Babelsberg, above all, can boast works by the protagonists of classical Modernism. Mention might be made, among others, of the buildings of Joseph Maria Olbrich (design for the Villa Sarre), Ludwig Mies van der Rohe (Haus Riehl and Villa Urbig, see pages 50–51), Hermann Muthesius (Haus Gugenheim, see pages 50–51), Hans Scharoun (Haus Mattern), and Egon Eiermann (Haus Matthies). Admittedly, the clients' commitment to tradition and the architects' conservative training remain palpable in many of the Potsdam works.

The examples shown here demonstrate the development that took place in villa building in Potsdam in the early 20th century. Still presented entirely in the "Florentine style" is the Villa Sarre of 1906; the "Haus am Stinthorn" on the other hand, completed in 1934, shows off a consistently modern façade and functional room layout.

La construction de villas à Potsdam se perpétua sans interruption avec succès au XXe siècle. La villa à référence historique en forme de tour resta toutefois longtemps la référence et les éléments modernes émergèrent timidement dans l'architecture. Babelsberg peut toutefois se targuer de détenir des œuvres de protagonistes du moderne classique : on évoquera entre autres les constructions de Joseph Maria Olbrich (plans de la Villa Sarre), Ludwig Mies van der Rohe (Haus Riehl et Villa Urbig, *voir* pages 50–51), Hermann Muthesius (Haus Gugenheim, *voir* pages 50–51), Hans Scharoun (Haus Mattern) et Egon Eiermann (Haus Matthies). On décèle toutefois clairement dans un grand nombre d'œuvres de Potsdam la fidélité à la tradition des maîtres d'œuvre et le caractère conservateur des architectes.

Les exemples montrés ici attestent de l'évolution de la construction de villas à Potsdam au début du XXe siècle : la « Villa Sarre », de 1906, fut réalisée dans le plus pur « style florentin ». La « Haus am Stirnhorn », en revanche, achevée en 1934, arbore une façade résolument moderne et une répartition fonctionnelle des espaces.

◁ Babelsberg, Villa Sarre, Otto Sior, 1906 (erster, nicht ausgeführter Entwurf von Joseph Maria Olbrich, 1903)

Babelsberg, Villa Sarre, Otto Sior, 1906 (first design by Joseph Maria Olbrich, not realized, 1903)

Babelsberg, Villa Sarre, Otto Sior, 1906 (premier plan, non réalisé, de Joseph Maria Olbrich, 1903).

▽ Neu Fahrland, Haus am Stinthorn, Otto Salvisberg (?), 1933/34

Neu Fahrland, Haus am Stinthorn, Otto Salvisberg (?), 1933 /34

Neu Fahrland, Maison du Stinthorn, Otto Salvisberg (?), 1933-1934.

Nach den massiven Kriegszerstörungen des Alten Rathauses wurden lediglich dessen Fassaden und das kuppelbekrönte Treppenhaus wiederaufgebaut. Um die neue Nutzung als Kulturhaus zu gewährleisten, fügte man dem historischen Kern 1963–66 einen konsequent modernen Neubau mit durchglasten Rasterfassaden an. In seinem Inneren erschließen elegante Treppenanlagen die Geschosse.
Der Neubau verbindet, an Stelle des komplett zerstörten Windelbandschen Hauses, das Alte Rathaus mit dem benachbarten einstigen Wohnhaus Knobelsdorffs, das restauriert und in den Komplex mit einbezogen wurde.

After the substantial destruction wrought by war on the Altes Rathaus (old city hall), only its façades and domed staircase were rebuilt. To ensure its new use as a cultural center, in 1963–66 a consistently modern new extension was added to the historic core, with glazed raster façades. Elegant staircases in the interior give access to the stories.
The new building, on the site of the totally destroyed Windelband House, links the Altes Rathaus with the neighboring former residence of Knobelsdorff, which was restored and incorporated into the complex.

L'ancienne mairie subit d'importants dégâts pendant la guerre, et seuls ses façades et son escalier surmonté d'une coupole furent reconstruits. Afin de satisfaire à sa nouvelle utilisation en tant que maison de la culture, on agrandit le cœur historique d'une construction neuve résolument moderne, avec des façades vitrées. À l'intérieur, un élégant escalier relie les étages.
Au lieu de relier la Windelbandsche Haus entièrement détruite, la construction neuve relie l'ancienne mairie avec l'ancienne maison d'habitation de Knobelsdorff qui fut restaurée et intégrée dans le complexe.

Ernst Pfrogner und Horst Görl, Treppenhäuser im wieder aufgebauten und erweiterten Alten Rathaus, 1963–66

Ernst Pfrogner and Horst Görl, staircases in the rebuilt and extended Altes Rathaus, 1963–66

Ernst Pfrogner et Horst Görl, escaliers dans l'ancienne mairie reconstruite et agrandie, 1963 à 1966.

Biosphärenhalle | Biosphere Hall | La halle de la Biosphère

Im Sommerhalbjahr 2001 veranstaltete Potsdam unter dem Motto »Gartenkunst zwischen gestern und morgen« die erste Bundesgartenschau im neuen Jahrtausend. Veranstaltungsort war das Bornstedter Feld nördlich der Stadt: Das Areal, das bis dahin vorwiegend militärisch genutzt wurde, verwandelte sich in einen 73 Hektar umfassenden Volkspark mit angrenzenden Wohngebieten. Die Kasernen wurden saniert und vielfältig umgenutzt.

Glanzstück der Anlage ist die kühne Betonkonstruktion der Biosphäre, die sich nach außen als Teil der historischen Wallanlagen zu erkennen gibt. Ein weit auskragendes Dach überspannt den Innenraum, der den Besucher in ein tropisches Paradies entrückt und zugleich mit den Grundlagen biogener Technologien vertraut macht.

During the summer months of 2001, Potsdam organized the first German Federal Garden Show of the new millennium with the title "Garden Design between Yesterday and Tomorrow." The venue was the Bornstedter Feld north of the city. This area, which until then had been used predominantly for military purposes, was transformed into a public park spanning 73 hectares with adjoining housing estates. The barracks were refurbished and converted for a variety of uses. The pièce de résistance of the complex is the daring concrete construction of the Biosphere, which is recognizable from the outside as part of the historic ramparts. A widely projecting roof extends across the interior space, which transports visitors into a tropical paradise and at the same time familiarizes them with the basics of biogenic technology.

Au cours de l'été 2001, Potsdam organisa la première exposition horticole nationale du nouveau millénaire sur le thème de «L'art du jardin d'agrément entre aujourd'hui et demain». La manifestation eut lieu sur le Bornstedter Feld, au nord de la ville : le site, jusque-là principalement dédié à une utilisation militaire, fut transformé en un vaste parc populaire de 73 hectares, avec des zones d'habitation contiguës. Les casernes furent assainies et détournées de moult façons de leur utilisation première. L'audacieuse construction de béton de la Biosphère représente le point d'orgue du complexe. De l'extérieur, elle s'identifie comme un élément des fortifications historiques. Son toit en vaste saillie abrite un paradis tropical qui ravit le visiteur et l'initie simultanément aux principes de base des technologies biogènes.

Biosphäre, Halle der ehemaligen Bundesgartenschau, Barkow Leibinger Architekten, 2000/01, Außenaufnahme und Innenraum

Biosphere, hall of the former German Federal Garden Show, Barkow Leibinger Architects, 2000/2001, exterior view and interior space

Biosphère, halle de l'ancienne exposition horticole, Barkow Leibinger Architekten, 2000-2001, vues de l'extérieur et de l'intérieur.

Seit 2006 besitzt Potsdams Havelufer einen expressiven Blickfang: Dem Opernhaus in Sydney nicht unähnlich, schiebt sich der geschwungene, von ausladenden Dachschalen bekrönte Zuschauerraum des Hans-Otto-Theaters den Uferterrassen entgegen. Die 1949 gegründete renommierte Bühne fand hier ein spektakuläres neues Zuhause. Architekt des in der Tradition von Le Corbusier stehenden plastischen Baus ist der Kölner Gottfried Böhm. Ihm gelang es, das von denkmalgeschützten Industriebauten geprägte Gelände an der Schiffbauergasse in einen lebendigen Kulturtreffpunkt zu verwandeln. Die Versorgungsräume des Theaters fanden in einem fünfgeschossigen Kubus Unterkunft, ein historistischer Gasometer wurde mit in die Anlagen einbezogen.

Since 2006 the banks of the Havel at Potsdam have acquired an expressive eye-catching feature: not unlike the Sydney Opera House, the curving auditorium of the Hans-Otto Theater, crowned by projecting roof-shells, thrusts toward the shoreline terraces. The renowned theater company, founded in 1949, has here been given a spectacular new home. This sculptural building in the tradition of Le Corbusier was designed by the Cologne architect Gottfried Böhm. He succeeded in transforming this site in Schiffbauergasse, characterized by heritage-protected industrial buildings, into a lively cultural meeting place. The theater's maintenance rooms were accommodated in a five-story cube, and a historicist gasometer was incorporated in the complex.

Depuis 2006, les berges de la Havel à Potsdam possèdent une attraction significative : non sans similitude avec l'opéra de Sydney, la salle du théâtre Hans Otto, aux formes arrondies couronnées par de vastes avancées de toit, s'élance vers les terrasses des berges. Ce théâtre renommé fondé en 1949 trouva ici un nouveau toit spectaculaire. Ce bâtiment dans la tradition de Le Corbusier est une œuvre de l'architecte de Cologne, Gottfried Böhm. Celui-ci parvint à transformer ce site industriel protégé de la Schiffbauergasse en un point de rencontre culturel animé. Les locaux techniques du théâtre se situent dans un cube de cinq étages. Un gazomètre historique fut intégré dans l'ensemble.

Hans-Otto-Theater, Gottfried Böhm, 2002–06, Außenbau und Innenansicht des Theaterraums

Hans-Otto Theater, Gottfried Böhm, 2002–06, external structure and interior view of the theater

Théâtre Hans Otto, Gottfried Böhm, 2002-2006, vues de l'extérieur et de l'intérieur.

Friedrich Wilhelm von Brandenburg, der Große Kurfürst
*1620 †1688 Kurfürst 1640
1. ∞ Luise Henriette von Oranien *1627 †1667
2. ∞ Dorothea von Holstein-Glücksburg *1636 †1689

Friedrich III.
*1657 †1713 Kurfürst 1688
König Friedrich I. in Preußen 1701
1. ∞ Elisabeth Henriette von Hessen-Kassel
*1661 †1683
2. ∞ Sophie Charlotte von Hannover *1668 †1705
3. ∞ Sophie Luise von Mecklenburg-Schwerin
*1685 †1735

Friedrich Wilhelm I.
*1688 †1740 König 1713
»Soldatenkönig«
∞ Sophie Dorothea von Hannover *1687 †1757

Friedrich	Wilhelmine Friederike Sophie	Friedrich II. (der Große)	Friederike Luise	Philippine Charlotte	Sophie
*1707 †1708	*1709 †1758	*1712 †1786	*1714 †1784	*1716 †1801	*1719 †1765
	∞ Friedrich Markgraf von Brandenburg-Bayreuth *1715 †1763	∞ Elisabeth Christine von Braunschweig-Bayern *1715 †1797	∞ Karl Markgraf von Brandenburg-Ansbach *1712 †1757	∞ Karl I. Herzog von Braunschweig-Wolfenbüttel *1713 †1780	∞ Friedrich Wilhelm Markgraf von Brandenburg-Schwedt *1700 †1771
	Elisabeth Friederike von Brandenburg-Bayreuth *1732 †1780 ∞ Karl II. von Württemberg *1728 †1793			Karl II. Wilhelm Ferdinand *1735 †1806 ∞ Auguste von Großbritannien *1737 †1813	

Stammbaum des preußischen Königshauses | Familiy Tree of the Prussian Royal House | Arbre génealogique de la maison royale de Prusse

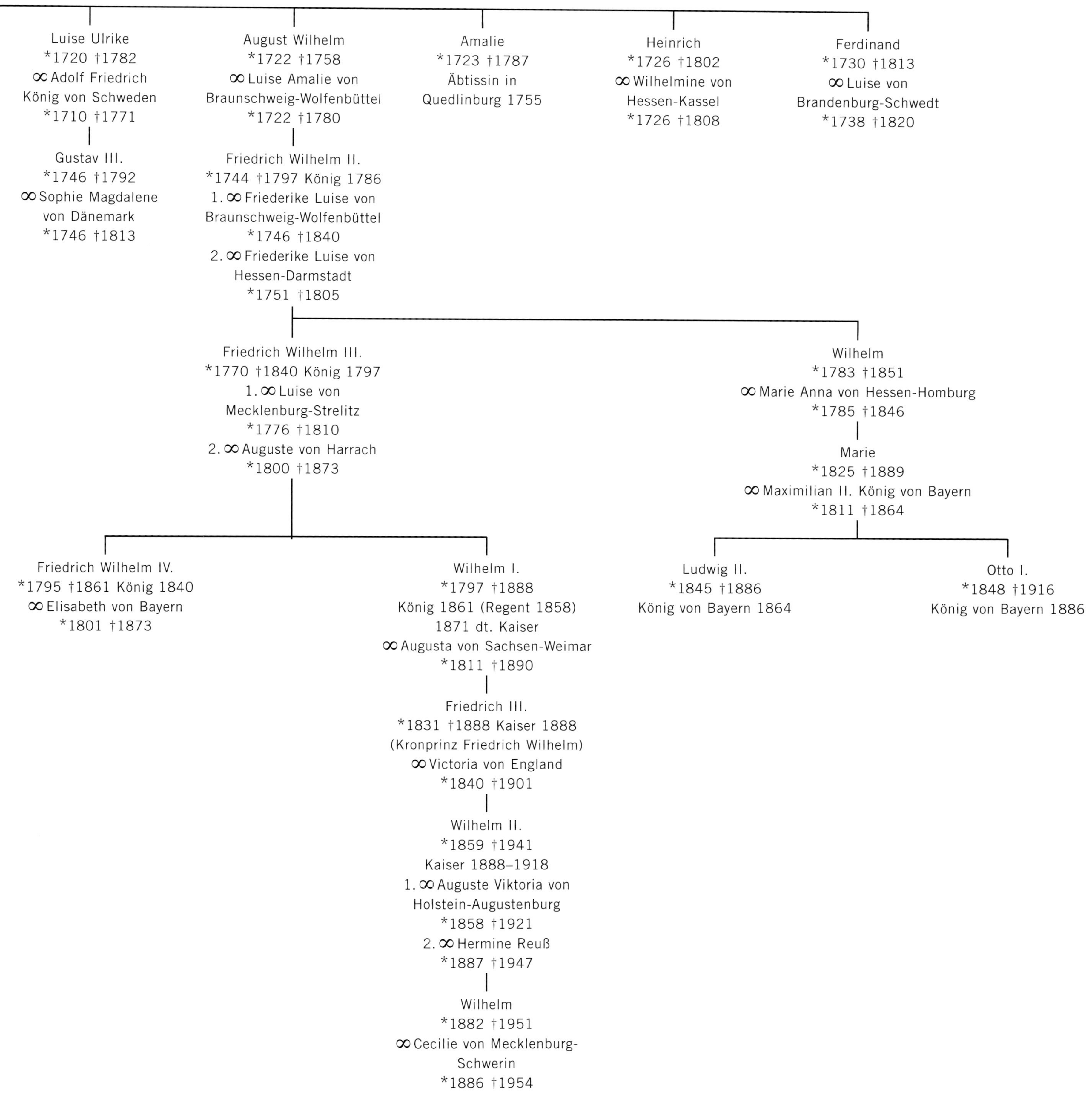

Verzeichnis der Personen, Gebäude und Objekte | Index of Persons, Buildings, and Properties | Index des personnes, des édifices et des lieux

Index of Persons

Index des édifices et des lieux

Bildnachweis | Credits | Crédits photographiques

Alle Fotos von Stiftung Preußische Schlösser und Gärten Berlin-Brandenburg/ h.f.ullmann publishing GmbH/Achim Bednorz außer:

Akg-images: 27 r, 55, 53 o, 53 u, 406

BPK/SMB, Kupferstichkabinett: 31 u

Stiftung Preußische Schlösser und Gärten Berlin-Brandenburg: 22, 42/43, 44/45, 339; 23 u, 38 u, 43 o (photo: Jörg P. Anders); 25, 29, 31 o, 36, 40, 404 (photo: Roland Handrick); 19 o, 26 (photo: Wolfgang Pfauder); 27 l, 49 u (photo: Daniel Lindner); 28 (photo: Schirmer, Herbert; Glanz, Christina); 32 o, 405 (photo: Gerhard Murza); 32 u (photo: Klaus G. Bergmann)

Herausgeber und Fotograf danken den Mitarbeitern der Stiftung Preußische Schlösser und Gärten Berlin-Brandenburg, insbesondere den Kastellanen der Potsdamer Schlösser, für sachdienliche Hinweise und Unterstützung bei der Fotoarbeit.

All photos by Stiftung Preußische Schlösser und Gärten Berlin-Brandenburg/ h.f.ullmann publishing GmbH/Achim Bednorz except:

Akg-images: 27 right, 55, 53 above, 53 below, 406

BPK/SMB, Kupferstichkabinett: 31 below

Stiftung Preußische Schlösser und Gärten Berlin-Brandenburg: 22, 42/43, 44/45, 339; 23 below, 38 below, 43 above (photo: Jörg P. Anders); 25, 29, 31 above, 36, 40, 404 (photo: Roland Handrick); 19 above, 26 (photo: Wolfgang Pfauder); 27 left, 49 below (photo: Daniel Lindner); 28 (photo: Schirmer, Herbert; Glanz, Christina); 32 above, 405 (photo: Gerhard Murza); 32 below (photo: Klaus G. Bergmann)

The editor and the photographer would like to thank the staff of Stiftung Preußische Schlösser und Gärten Berlin-Brandenburg, especially the castellans of the palaces of Potsdam for their relevant information and support during the photo shoots.

Toutes les photos sont de Stiftung Preußische Schlösser und Gärten Berlin-Brandenburg/h.f.ullmann publishing GmbH/Achim Bednorz sauf:

Akg-images: 27 d, 55, 53 h, 53 b, 406

BPK/SMB, Kupferstichkabinett: 31 b

Stiftung Preußische Schlösser und Gärten Berlin-Brandenburg: 22, 42/43, 44/45, 339; 23 b, 38 b, 43 h (photo: Jörg P. Anders); 25, 29, 31 h, 36, 40, 404 (photo: Roland Handrick); 19 h, 26 (photo: Wolfgang Pfauder); 27 g, 49 b (photo: Daniel Lindner); 28 (photo: Schirmer, Herbert; Glanz, Christina); 32 h, 405 (photo: Gerhard Murza); 32 b (photo: Klaus G. Bergmann)

L'éditeur et le photographe remercient les collaborateurs de la Stiftung Preußische Schlösser und Gärten Berlin-Brandenburg, en particulier les intendants des châteaux de Potsdam, pour leurs indications pertinentes et leur soutien lors de la prise des photographies.

Legenden zu den Abbildungen der S. 2–9

2: Park Sanssouci, Skulptur bei der Großen Fontäne: François Gaspard Adam, Allegorie des Feuers, 1756

4/5: Neues Palais, Unteres Konzertzimmer, Details der Rokokodekoration von Johann Christian Hoppenhaupt, 1765–69

6/7: Der Heilige See und das Marmorpalais im Neuen Garten

8/9: Belvedere auf dem Pfingstberg, Gesamtansicht, Baubeginn 1847

Caption for the pictures on p. 2–9

2: Sanssouci Park, sculpture by the great fountain: François Gaspard Adam, Allegory of Fire, 1756

4/5: Neues Palais, Lower Concert Room, details of the Rococo decoration by Johann Christian Hoppenhaupt, 1765–69

6/7: The Heiliger See and the Marmorpalais in the Neuer Garten

8/9: Belvedere on the Pfingstberg, overall view, begun in 1847

Légendes des illustrations p. 2-9

2: Parc de Sans-Souci, sculpture près de la Grande Fontaine: François Gaspard Adam, Allégorie du feu, 1756.

4/5: Nouveau Palais, salle de concert inférieure, détails de la décoration rococo de Johann Christian Hoppenhaupt, 1765-1769.

6/7: Le lac Sacré et le Palais de Marbre dans le Nouveau Jardin.

8/9: Le Belvédère, sur la Pfingstberg, vue globale, commencé en 1847.

Für Ulrike und Jacqueline

© h.f.ullmann publishing GmbH

Editing and production: Rolf Toman, Thomas Paffen
Photographs: Achim Bednorz
Author: Barbara Borngässer
Cover design: Lucas Lüdemann, Benjamin Wolbergs
Lithography and typesetting: Thomas Paffen

Translation from German into English: Christine Shuttleworth
Copy editing: Lizzie Gilbert
Translation from German into French: Didier Debord

Project management for h.f.ullmann: Lucas Lüdemann
Overall responsibility for production: h.f.ullmann publishing GmbH, Potsdam, Germany

Printed in Italy, 2013

ISBN 978-3-8480-0296-2 (Deutsch: Cover Sanssouci)
ISBN 978-3-8480-0625-0 (Deutsch: Cover Grünes Lackkabinett)
ISBN 978-3-8480-0641-0 (Français)
ISBN 978-3-8480-0642-7 (English)

10 9 8 7 6 5 4 3 2 1
X IX VIII VII VI V IV III II I

www.ullmann-publishing.com
newsletter@ullmann-publishing.com